Tanja Jadin, Ortrun Gröblinger, Gerhard Brandhofer & Michael Raunig (Hrsg.)

# Künstliche Intelligenz in der forschungsgeleiteten Hochschullehre

## Heft 1

FSC
www.fsc.org
MIX
Papier aus ver-
antwortungsvollen
Quellen
Paper from
responsible sources
FSC® C105338

Tanja Jadin, Ortrun Gröblinger, Gerhard Brandhofer & Michael Raunig (Hrsg.)

# Künstliche Intelligenz in der forschungsgeleiteten Hochschullehre

## Heft 1

**Zeitschrift für Hochschulentwicklung**
**Jg. 20 / Sonderheft KI-1 (Februar 2025)**

# Impressum

## Zeitschrift für Hochschulentwicklung

herausgegeben vom Verein Forum Neue Medien in der Lehre Austria

**Jg. 20 / Sonderheft KI-1 (Februar 2025)**
Tanja Jadin, Ortrun Gröblinger, Gerhard Brandhofer & Michael Raunig (Hrsg.).
Künstliche Intelligenz in der forschungsgeleiteten Hochschullehre. Heft 1.

**ISBN:** 978-3-7693-1530-1
**DOI** https://doi.org/10.21240/zfhe/SH-KI-1
**ISSN** 2219-6994

**Verlag:** BoD · Books on Demand GmbH, Überseering 33, 22297 Hamburg, bod@bod.de
**Druck:** Libri Plureos GmbH, Friedensallee 273, 22763 Hamburg

# Vorwort

Als wissenschaftliches Publikationsorgan des Vereins Forum Neue Medien in der Lehre Austria kommt der Zeitschrift für Hochschulentwicklung besondere Bedeutung zu. Zum einen, weil sie aktuelle Themen der Hochschulentwicklung in den Bereichen Studien und Lehre aufgreift und somit als deutschsprachige, vor allem aber auch österreichische Plattform zum Austausch für Wissenschafter:innen, Praktiker:innen, Hochschulentwickler:innen und Hochschuldidaktiker:innen dient. Zum anderen, weil die ZFHE als Open-Access-Zeitschrift konzipiert und daher für alle Interessierten als elektronische Publikation frei und kostenlos verfügbar ist.

Ca. 3.000 Besucher:innen schauen sich im Monat die Inhalte der Zeitschrift an. Das zeigt die hohe Beliebtheit und Qualität der Zeitschrift sowie auch die große Reichweite im deutschsprachigen Raum. Gleichzeitig hat sich die Zeitschrift mittlerweile einen fixen Platz unter den gern gelesenen deutschsprachigen Wissenschaftspublikationen gesichert.

Dieser Erfolg ist einerseits dem international besetzten Editorial Board sowie den wechselnden Herausgeber:innen zu verdanken, die mit viel Engagement dafür sorgen, dass jährlich mindestens vier Ausgaben erscheinen. Andererseits gewährleistet das österreichische Bundesministerium für Wissenschaft, Forschung und Wirtschaft durch seine kontinuierliche Förderung das langfristige Bestehen der Zeitschrift. Im Wissen, dass es die Zeitschrift ohne diese finanzielle Unterstützung nicht gäbe, möchten wir uns dafür besonders herzlich bedanken.

Zur Ausgabe

Die vorliegende ZFHE-Sonderausgabe versammelt aktuelle Forschungsvorhaben und -perspektiven, die KI-induzierte Veränderungen der Hochschulbildung im breitesten Sinn ausloten und zugleich auch Reflexions- und Gestaltungsmöglichkeiten aufzeigen. Um das breite Spektrum an Themen, Methoden, Zugängen und Maßnahmen abzubilden, umfasst die Ausgabe zwei Hefte mit einer umfangreichen Auswahl an Beiträgen.

Seit der Ausgabe 9/3 ist die ZFHE auch in gedruckter Form erhältlich und beispielsweise über Amazon beziehbar. Als Verein Forum Neue Medien in der Lehre Austria freuen wir uns, das Thema „Hochschulentwicklung" durch diese gelungene Ergänzung zur elektronischen Publikation noch breiter in der wissenschaftlichen Community verankern zu können.

In diesem Sinn wünsche ich Ihnen viel Freude bei der Lektüre der vorliegenden Ausgabe!

Tanja Jadin
Vizepräsidentin des Vereins Forum Neue Medien in der Lehre Austria

# Inhalt

Tanja Jadin[1], Ortrun Gröblinger[2], Gerhard Brandhofer[3] &
Michael Raunig[4]

# Editorial: Künstliche Intelligenz in der forschungsgeleiteten Hochschullehre

Neben dem speziellen Fokus auf den Einsatz von Künstlicher Intelligenz (KI) in der forschungsgeleiteten Hochschullehre war der Call for Papers zu dieser Sonderausgabe der ZFHE bewusst breit angelegt; eingeladen waren auch Beiträge, die den Einfluss von KI auf die Hochschullehre allgemein und – noch allgemeiner – Veränderungen der Hochschulbildung durch KI thematisieren. Obwohl das Thema KI an Hochschulen bereits seit Jahren praktisch erprobt und beforscht wird, hat die durch die Veröffentlichung von ChatGPT angestoßene breite Verwendung von generativer KI zur Unterstützung von Lehr-Lernprozessen eine neue Ära eingeläutet und eine intensive Auseinandersetzung mit den neuen Rahmenbedingungen und Herausforderungen initiiert.

Der Verein Forum Neue Medien in der Lehre Austria (fnma), der sich schon seit den frühen 2000er-Jahren mit dem Einsatz digitaler Technologien in der Hochschullehre befasst, griff das Thema ebenfalls auf. Diese ZFHE-Sonderausgabe ist Teil des Projekts „Von KI lernen, mit KI lehren. Die Zukunft der Hochschulbildung" von fnma. Im Rahmen des Projekts wurde der zentralen Frage nachgegangen, wie der aktuelle Stand bei der Nutzung von KI an den österreichischen Hochschulen aussieht und

1  FH OÖ; tanja.jadin@fh-hagenberg.at; ORCID 0009-0006-3961-2620
2  Universität Innsbruck; ortrun.groeblinger@uibk.ac.at; ORCID 0000-0003-2982-3206
3  Pädagogische Hochschule Niederösterreich, gerhard.brandhofer@ph-noe.ac.at; ORCID 0000-0002-7373-4107
4  Universität Graz; michael.raunig@uni-graz.at; ORCID 0000-0002-4077-2625



https://doi.org/10.21240/zfhe/SH-KI-1/01

welche Handlungsoptionen sich im Zusammenhang mit den Chancen und Risiken beim Einsatz von KI in der Hochschullehre auftun. Die Projektergebnisse sind auf der Website des Vereins abrufbar.

Die ZFHE-Sonderausgabe sollte komplementär dazu aktuelle Forschungsvorhaben und -perspektiven sammeln, die KI-induzierte Veränderungen der Hochschulbildung im breitesten Sinn ausloten und zugleich auch Reflexions- und Gestaltungsmöglichkeiten aufzeigen – und dies mit Bezug auf das Lehren und Lernen *über* KI (als Lerngegenstand, als Teil der Curricula und generell als „AI Literacy"), *mit* KI (als Herausforderung der Didaktik, des Kompetenzaufbaus und der Lehr-Lern-Infrastruktur) und Lernen *von* KI (im Sinne einer Assistenz oder companionship bei Forschung, Lehre und akademischer Wissensarbeit). Dass dieses Vorhaben geglückt ist, zeigt die erfreuliche Resonanz auf den Call, die mehr als 40 Einreichungen mit einem breiten Methoden- und Themenspektrum umfasste. Um dieses Spektrum abzubilden und verschiedene Zugänge vorzustellen, haben wir uns dazu entschieden, eine umfangreiche Auswahl an Beiträgen in Form einer Doppelausgabe zu veröffentlichen.

Wir bedanken uns an dieser Stelle bei allen Autor:innen für ihre Beiträge und bei allen Gutachter:innen, die uns im Reviewprozess unterstützt haben. Weiters ergeht herzlicher Dank an das Bundesministerium für Bildung, Wissenschaft und Forschung, das das Forschungsprojekt beauftragt und finanziert hat – und damit auch einen Teil dieser Sonderausgabe. fnma hat sich bereiterklärt, die durch den erweiterten Umfang entstehenden Kosten zu tragen; vielen Dank dafür.

Schließlich möchten wir uns bei Elisabeth Stadler vom Redaktionsbüro der ZFHE für die redaktionelle Begleitung und sorgfältige Herstellung der Ausgabe bedanken.

# Zu den Beiträgen – Heft 1

Die Forschung zu KI im Lehr-Lernkontext ist keineswegs abgeschlossen, eindeutige thematische Abgrenzungen bilden sich derzeit noch heraus. Die beiden vorliegenden Teile der Sonderausgabe sind folglich nicht als strikt getrennt, sondern gesamtheitlich zu sehen. Nach genauer Durchsicht der angenommenen Beiträge ergaben sich unterschiedliche Möglichkeiten der Reihung und Kategorisierung, und wir haben versucht, einen roten Faden durch die Ausgabe zu entwickeln.

Im hier vorliegenden ersten Teil sind insbesondere Texte versammelt, die sich der hochschulischen KI-Auseinandersetzung auf der Makro- bzw. Mesoebene widmen. Sie finden hier Beiträge zu den Grundlagen, aber auch Beiträge, die die Lehrpersonen in den Mittelpunkt stellen. Neben unterschiedlichen Perspektiven auf KI umfassen die Themen die neuen Rollen und Beziehungen, die von generativer KI geprägt und bekleidet werden, Einsatzmöglichkeiten und Auswirkungen von KI, theoretische Bezugsrahmen sowie kritische und differenzierte begriffliche Zugänge zu KI, aber auch strategische Maßnahmen. In der Folge geben wir einen kurzen Überblick zu den einzelnen Beiträgen dieses Teils.

In ihrem „heuristischen Ordnungsversuch" setzt sich *Susanne Müller-Lindeque* mit dem vielbeschworenen disruptiven Charakter von generativer KI in der akademischen Lehre auseinander. Aus diskursanalytischer Perspektive werden dabei drei verschiedene „Disruptionsnarrative" in der gegenwärtigen Literatur identifiziert und idealtypisch rekonstruiert, um dafür zu sensibilisieren, wie diese den Diskurs strukturieren, lehrbezogene Werte widerspiegeln und Erwartungs- und Gestaltungsmöglichkeiten des Einsatzes von KI in der Lehre prägen.

*Gabi Reinmann, Alice Watanabe, Dominikus Herzberg* und *Judith Simon* vermissen in der bisherigen Forschung zu KI an Hochschulen eine substanzielle Auseinandersetzung mit den Risiken des (unkritischen) KI-Einsatzes: Die vorwiegend empirischen Studien und darauf basierende Schlussfolgerungen würden potenzielle Kompetenz-, Kontroll- und Sozialverluste und damit die Gefährdung des selbstbestimmten Handelns aus dem Blick geraten lassen. Die Autor:innen plädieren demgegenüber für die verstärkte Berücksichtigung philosophisch-ethischer Überlegungen sowie bildungstheoretischer und gestaltungsbasierter Ansätze zum verantwortungsvollen hochschulischen Umgang mit KI.

Die vielfältigen Einsatzmöglichkeiten von KI im Hochschulbereich werden im Artikel von *Marlene Wagner, Alexandra Gössl, Gerti Pishtari* und *Tobias Ley* untersucht. Durch die Analyse zahlreicher Strategiepapiere wird aufgezeigt, wie KI Lehr-Lern-Prozesse auf verschiedenen Systemebenen unterstützen kann, wobei ein besonderer Fokus auf die Mikroebene gelegt wird. Abschließend werden konkrete Handlungsempfehlungen für Lehrende und Studierende präsentiert, um die Integration von KI in die Hochschullehre zu optimieren.

*Elke Höfler* beleuchtet in ihrem Beitrag die Bedeutung der Entwicklung von AI Literacy und Futures Literacy in der Hochschulbildung. In einer von Volatilität, Unsicherheit, Komplexität und Mehrdeutigkeit (VUCA) geprägten Welt wird betont, dass technologische Kompetenzen und zukunftsorientiertes Denken Hand in Hand gehen müssen, um die Herausforderungen zu bewältigen und Chancen der Künstlichen Intelligenz effektiv zu nutzen.

*Lukas Spirgi, Sabine Seufert, Jan Delcker* und *Joana Heil* wählen in ihrem Beitrag die soziotechnische Systemgestaltung als theoretischen Bezugsrahmen und erörtern die Veränderungen und Erkenntnisse, die sich durch die Nutzung von ChatGPT durch Studierende im Sinne einer soziotechnischen Innovation ergeben. Auf der Grundlage der Ergebnisse einer Online-Befragung unter Studierenden wird eine sorgfältige Gestaltung von Richtlinien und Unterstützungsangeboten bei der Implementierung von generativer KI nahegelegt, die sowohl technische als auch soziale Aspekte aus einer systemischen (Design-)Perspektive berücksichtigt.

*Josefine Hofmann* erörtert die Implikationen, die durch KI-Systeme an Hochschulen im Zusammenhang mit Bewertungsprozessen zu erwarten sind. Diese bringen ethische, technische und rechtliche Herausforderungen mit sich. Es ist wichtig, Fairness und Transparenz sicherzustellen, die Zuverlässigkeit und Sicherheit der Systeme zu gewährleisten und die Einhaltung rechtlicher Rahmen (wie der DSGVO oder der Einwilligung der Studierenden zur Datenverarbeitung) zu beachten.

Der Artikel von *Steven Beyer, Silke E. Wrede, Christine Hoffmann* und *Christine Schulmann* beleuchtet die wachsende Rolle von Künstlicher Intelligenz (KI) in der Hochschullehre. Er stellt ein innovatives Online-Selbstlernangebot vor, das Hochschullehrende dazu befähigt, Chatbots für das wissenschaftliche Arbeiten zu entwickeln. Basierend auf Design Thinking schafft das Programm eine interdisziplinäre Experimentierumgebung, in der Lehrende digitale Kompetenzen aufbauen und neue Lehrkonzepte erproben können.

Der Artikel von *Stefanie Schallert-Vallaster, Charlotte Nüesch, Konstantin Papageorgiou, Lisa Herrmann, Martin Hofmann* und *Josef Buchner* präsentiert ein designbasiertes Forschungsprojekt zur Entwicklung eines Weiterbildungscurriculums für Hochschullehrende. Durch iterative Zyklen wird ein Blended-Learning-Kurs angeboten, dessen Wirksamkeit anhand eines validierten KI-Literacy-Tests und einer KI-Bereitschaftsskala evaluiert wird. Die Ergebnisse des ersten Zyklus werden vorgestellt und dienen als Grundlage für die Kursüberarbeitung.

Im Artikel von *Denise Biesenbach* und *Meike Siegfried-Laferi* wird die Neuaushandlung von Rollenerwartungen und Zuständigkeiten durch die Integration von KI in die Hochschullehre behandelt. Welche Aufgaben sollen als didaktische Routineaufgaben gelten, wenn KI die Lehr-/Lernszenarien beeinflusst? Wie verteilt sich zukünftig die Verantwortung für die Didaktik zwischen Lehrenden und KI-Systemen? Der Beitrag arbeitet heraus, dass angemessene Rollen- und Interaktionsmodelle erst noch zu entwickeln sind.

Der Artikel von *Tanja Jadin, Ursula Rami, Stephanie Schwarz* und *Isabella Buchinger* untersucht die Auswirkungen von Künstlicher Intelligenz auf die Beziehung zwischen Lehrenden und Studierenden in der Hochschullehre. Basierend auf 16 Interviews mit Lehrenden zeigt die Studie die Chancen und Herausforderungen der Integration von KI in den Lehr-Lernprozess auf und betont die zentrale Rolle der Lehrperson für eine lernförderliche Interaktion und Unterstützung.

*Maria Tulis, Leoni Cramer, Franziska Kinskofer* und *Elena Fischer* analysieren motivationale Aspekte und geschlechtsbezogene Unterschiede bei Hochschullehrenden in Zusammenhang mit Künstlicher Intelligenz. Die Analyse von 1.767 Selbstberichten zeigt, dass der wahrgenommene Nutzen und die subjektive Erfolgswahrscheinlichkeit im Umgang mit KI entscheidende Prädiktoren für die Nutzungsabsicht sind. Für das subjektive Kompetenz- und Kontrollerleben ist technische Unterstützung für männliche Lehrende und didaktische Unterstützung für weibliche Lehrende wesentlich.

Susanne Müller-Lindeque[1]

# Disruptionsnarrative im aktuellen KI-in-Lehre-und-Studium-Diskurs: ein heuristischer Ordnungsversuch

## Zusammenfassung

ChatGPT markiert im Digitalisierungsdiskurs eine Zäsur, in der die Rede von Disruption ein spezifisches Verständnis von KI in der Lehre mobilisiert. Dieses orientiert KI-bezogene hochschuldidaktische Aktivitäten wesentlich. Doch gibt es kaum nuancierte Untersuchungen, die fragen, wie Disruption hinsichtlich KI-gestützter Lehre verstanden werden kann. Unter Rückgriff auf die narrative Diskursanalyse, fragt dieser Beitrag, welche narrativen Plots den Diskurs strukturieren und welcher lehrbezogene Erwartungs- und Gestaltungshorizont so konturiert wird. Die entwickelte Heuristik unterscheidet drei Narrative, welche fundamentale akademische Werte in der Lehre zementieren.

## Schlüsselwörter

KI, Lehre, Disruptionsnarrative, narrative Diskursforschung

---

1   Pädagogische Hochschule Luzern; susanne.mueller@phlu.ch; ORCiD 0009-0008-9943-9502



https://doi.org/10.21240/zfhe/SH-KI-1/02

Susanne Müller-Lindeque

# Narratives of disruption in AI in higher education teaching and learning discourse – Towards an exploratory heuristic

## Abstract

ChatGPT marks a turning point in higher education discourse by articulating a specific understanding of AI as educational disruption. This narrative of disruption shapes much of the educational activities in Germanophone higher education. However, little nuanced research has been done into what this means regarding the design of AI-based teaching/learning. This preliminary narrative discourse analysis explores narratives of disruption and tentatively investigates the related politics of narrative plots. The resulting heuristic distinguishes three plots, highlighting fundamental academic values in higher education.

## Keywords

AI, higher education teaching and learning, narratives of disruption, discourse analysis

# 1  Einleitung

ChatGPT hat die akademische Welt wie kaum ein Ereignis in den letzten Jahren in Aufruhr versetzt. So war dessen Veröffentlichung in ihrem Einfluss auf den hochschulischen Digitalisierungs- bzw. den bestehenden KI-in-Lehre-und-Studium-Diskurs (Schmohl et al., 2022) ein in mehrerlei Hinsicht bemerkenswertes Ereignis: Zum einen ist bemerkenswert, dass die breite Verfügbarmachung dieser KI, welche nur ein derartiges Ereignis in einer zeitlich eng getakteten Reihe an vergleichbaren Events darstellt (Williamson et al., 2023) überhaupt eine so große Reaktion an diskursiven Beiträgen im hochschulischen Bildungsbereich auslöste. Die entsprechenden technologischen Entwicklungsprozesse waren dort jedenfalls bekannt und bereits diskutiert (z. B. Schmohl et al., 2022). Generative Tools konnten zuvor aber nicht die Vorrangstellung in der lehrbezogenen Diskussion erzielen, die sie nach dem Release verglichen mit anderen Anwendungsmöglichkeiten in der Lehre in kürzester Zeit erlangt haben. Durch diese unvermittelt einsetzende Dynamik ist das Bild einer einschneidenden technologischen Neuerung erst diskursiv hervorgebracht worden. Zum anderen ist bemerkenswert, dass kaum ein Beitrag ohne den affirmativen Verweis auf generative KI als Disruption bestehender Lehrpraxis auskommt. Trotz der Akzeptanz, die KI als disruptives Moment aktuell diskursiv erfährt und der (eher) optimistischen Konnotierung, bleibt eine nähere Bezeichnung von Disruption als lehrbezogenem Veränderungsmoment oft auffallend vage. Dabei sind begriffliche Schwierigkeiten und Kritiken bezüglich Disruption als spezifischer Konturierung technologiebedingten Wandels in lehrbezogenen Diskursen keine Unbekannten (z. B. Kerres et al., 2020).

Im E-Learning-Diskurs besteht seit einiger Zeit eine historisierende Auseinandersetzung mit Motiven und Narrativen technologiebedingten Wandels (z. B. Bauer et al., 2020; Deimann, 2021; Hofhues & Schiefner-Rohs, 2020), die zu einer reflexiven Kontextualisierung aktueller Digitalisierungsprozesse beiträgt. Hinsichtlich des Aufkommens der Rede von Disruption im hochschulischen Bildungsbereich nimmt etwa der um 2010 einsetzende Diskurs um MOOCs (*Massive-Open-Online-Courses*) eine besondere Stellung ein (Deimann, 2021), da dieser das Optimierungs- bzw. Ersetzungsmotiv maßgeblich strukturierte bzw. durch dieses strukturiert ist (Deimann, 2021; Selwyn, 2013). Gleichzeitig ebnete der Diskurs um MOOCs den Weg für eine differenziertere Betrachtungsweise (Deimann, 2021), in der der technologiebedingte Wandel auch als graduell, kontinuierlich und ambivalent in den Blick gerät (z. B. Williamson et al., 2023). Aus kritischer Perspektive fordern Autor:innen wie Knox (2019, S. 358) konsequent dazu auf,

> […] to avoid the habitual narratives of 'disruption' that too often accompany accounts of supposedly radical new technologies. […] In this narrow view, the relationships between technology and society are framed largely in economic terms, where […] social institutions are increasingly being made amenable to the efficiencies of techno-capitalism.

Diese Schwierigkeiten hallen auch in aktuellen bildungstheoretischen Überlegungen wider: Zum Beispiel fordern Watanabe und Schmohl (2022), Reinmann (2023a) und Reinmann und Watanabe (2024) eine komplexere wertbasierte Auseinandersetzung mit KI in der lehrbezogenen Diskussion. Reinmann und Watanabe (2024, S. 33) schlagen KI als „Spannungsverstärker" in einem ohnehin konfligierenden Spannungsfeld universitärer Lehre vor, welches grundsätzlich durch unterschiedliche Werte, Normativitätsansprüche und Polarisierungstendenzen charakterisiert sei. In Anbetracht der mit generativer KI einhergehenden breiteren ethischen Diskussion, um die Stellung des Menschen (Deutscher Ethikrat, 2023) sind diesbezüglich Wissenschaftsverständnis, mit wissenschaftlicher Integrität verbundene fundamentale akademische Werte sowie Wissens- und Schreibpraktiken von herausragender Bedeutung (Buck & Limburg, 2023).

Diesen exemplarischen Einsichten und Einwänden folgend, deutet sich für KI in der Lehre aktuell eine spezifische diskursive Problemlage an, in welcher ein entsprechender hochschuldidaktischer Erwartungs- bzw. Gestaltungshorizont von KI-gestützten Lehr-/Lernsettings eher limitiert als erweitert würde. Angesichts dessen stellt sich in Ergänzung zu der geforderten normativen Auseinandersetzung auch die Notwendigkeit, die Debatte um eine kritisch-reflexive Dimension zu erweitern (Ohly

& Schreiber, 2024) bzw. die Rede von Disruption durch entsprechende empirische Forschung zu relativieren.

Der Beitrag verfolgt dieses Desiderat unter Rückgriff auf die Methode der narrativen Diskursanalyse (Viehöver, 2015). Ziel ist es, über einen explorativen und dadurch notwendigerweise limitierten Zugriff, aktuell den KI-in-der-Lehre-Diskurs, strukturierende Narrative aus synchroner Perspektive (vorläufig) zu rekonstruieren und deren spezifische rekonfigurative Leistungen zu dokumentieren. Dieser heuristische Ordnungsversuch (Dürbeck, 2018) trägt zu einem nuancierteren Verständnis aktuell narrativ verfügbarer Möglichkeiten bei und kann den zukünftigen ‚Einsatz' von KI in Lehre und Studium orientieren.

## 2 Methodologie

Das Konzept des Narrativs ist vielschichtig (Kreiswirth, 2005) und hat sich in den letzten 30 Jahren über seinen Entstehungskontext in der literarischen Erzähltheorie hinaus in unterschiedliche interdisziplinäre Richtungen entwickelt (Arnold, 2012). Etwas pauschal können Narrative als allgegenwärtiger Modus menschlicher Sinngebung verstanden werden (Koschorke, 2012). Wie Assmann (2016) herausstellt aber weniger verstanden im Sinn eines kreativen Sprechakts oder einer poetischen Erzählung, sondern:

> Das Narrativ ist eine abstrakte Struktur, die zugleich eine Form der Sinngebung ist, in die Handlungen, politische Ziele, Geschichtsbilder und menschliche Erfahrungen gepresst werden. Es ist der rote Faden, der eine klare definierte Auswahl heterogener Ereignisse zusammenhält und ihnen mit Anfang, Mitte und Ende zugleich Struktur, Sinn und Ziel verleiht. (Assmann, 2016, S. 45f.).

Die narrative Diskursanalyse nach Viehöver (2012, 2015) bezieht solche erzähltheoretischen Prämissen ein, weist aber gleichzeitig darüber hinaus. Zentral wird angenommen, „[…] dass Diskurse wesentlich durch narrative Elemente strukturiert werden und dadurch Bedeutung und Kommunikabilität herstellen. Zum anderen sind

Erzählungen auch ein Medium symbolischer Macht, sei es nun in Form von Legitimations- oder Delegitimationserzählungen oder als Medium von Identitäts- und Wissenspolitiken" (Viehöver, 2015, S. 213). Der diskursanalytische Blick fasst zwei narrative Fokusse ins Auge: Einerseits geht es um die Geschichte (das „Was?"), anderseits um den Akt des Erzählens (das „Wie?") (Viehöver, 2015, S. 213). Kurz, „[d]ie Analyse zielt auf die typisierende Rekonstruktion von Narrativen und/oder Narrativierungsweisen" (Viehöver, 2015, S. 214).

Der Begriff des Plots ist für die narrative Analytik wichtig (Viehöver, 2015), auch mit diesem kann Unterschiedliches bezeichnet sein (Abbott, 2007). Im Englischen ist *Plot* oft gleichbedeutend mit *Story*, d.h. der erzählten Geschichte (Abbott, 2007). Viehöver (2015) rekurriert allerdings auf Paul Ricoeur und versteht Plot als konfigurativen Akt (ausführlich; Viehöver, 2012). Denn es

> […] zeigt sich hier im Akt der Konfiguration, der auch die kreative Komponente des erzählerischen Diskurses verkörpert, dass Erzählen nicht nur die Beschreibung von Ereignissen und die erzählerische Nachahmung von Handlungen umfasst, sondern auch die Neukombination von Elementen ermöglicht […] (Viehöver, 2012, S. 69).

Der Fokus ist also auf die spezifische rekonfigurative ‚Arbeit', die Narrative leisten, gerichtet. Dies aufgreifend bietet sich hier auch eine Fokussierung auf einen möglichen „Konflikt der Interpretationen" (Ricoeur, 2010) an. Denn ich gehe mit Viehöver (2015, S. 219) davon aus, „dass Narrative durch einen Konflikt der Interpretationen über die Angemessenheit von bildungspolitischen Innovationsprogrammen geprägt sind".

Diese erkenntnisleitende These hier heuristisch geltend machend, stehen die Identifikation möglicherweise konkurrierender Narrative, deren jeweils spezifische Plots sowie die sich zwischen diesen ergebenden narrativen Dynamiken im Vordergrund (Viehöver, 2015, S. 220–223). Ich verfolge also vorrangig aus synchroner Perspektive eine vorläufige rekonstruktive Annäherung an rekurrierende narrative Elemente/ Narrative:

– Welche narrativen Elemente bzw. Narrative strukturieren den lehrbezogenen KI-Diskurs nach ChatGPT? Wie? Wer erzählt was?

Die narrative Diskursanalyse gilt als Variante einer interpretativen sozialwissenschaftlichen Diskursforschung (Keller, 2008), die entlang offener Herangehensweisen unterschiedliche Strategien der qualitativen Forschung gegenstandsbezogen mobilisiert (Truschkat & Bormann, 2020). Das im Folgenden kurz dargestellte methodische Vorgehen orientiert sich an Keller (2007, S. 79–108).

Der Diskurs um ChatGPT bzw. generative KI in der Lehre ist unübersichtlich und erfordert eine Eingrenzung des Untersuchungsfeldes. Diese erfolgte durch eine Beschränkung auf einen Zeitraum von Dezember 2022 – März 2024, auf Deutsch als Sprache und auf wissenschaftliche bzw. wissenschaftsnahe Beiträge. Diese schienen nach einer ersten Sondierung am ‚gehaltvollsten‘. Die Auswahl der Materialien erfolgte über eine systematische und iterative, jedoch nicht umfassende Literaturrecherche. Sie wurden in zwei Suchdurchgängen für die Schlagworte „Künstliche Intelligenz“ und „ChatGPT“ für 2022 bis 2024 und die Beitragssprache Deutsch in der FIS Datenbank Bildung generiert. Die Beiträge wurden anhand ihres *Abstracts* über eine mindestens implizite Bezugnahme auf Lehre für das ‚Korpus‘ qualifiziert. Die Literaturverzeichnisse der ausgewählten Beiträge wurden zudem nach weiteren ‚Einschlüssen‘ durchkämmt (*Snowballing*). Dieses noch beschränkte ‚Korpus‘ an wissenschaftlichen Veröffentlichungen wurde über eine weitere Recherche einschlägiger Quellen (KI-Themenspezial der Internetplattform Hochschulforum Digitalisierung; Veröffentlichungshinweise des VK KIWA) sukzessiv ergänzt. Aus diesem ersten dokumentenbasierten ‚Korpus‘ wurden in einem zunehmend am *Theoretical Sampling* der *Grounded Theory* orientierten Vorgehen die konkreten Materialien des ersten feinanalytischen Zugriffs ausgewählt (im Literaturverzeichnis mit Stern gekennzeichnet). Diese wurden thematisch codiert und dann in einem iterativen Prozess erste rekursive narrative Elemente identifiziert und schreibend als vorläufige „zugespitzte idealtypische Darstellungen (re-)konstruiert“ (Espinosa et al., 2017, S. 38). Dieser abstrahierende Verdichtungsprozess kann laut Keller (2007) analog zu sozialwissenschaftlicher Typenbildung (Kelle & Kluge, 2010) beschrieben werden, bleibt aber ultimativ Konstruktionsleistung der Interpret:in (Keller, 2007).

Die folgenden ‚Narrative' gelten daher nicht als vollständige bzw. umfassende Rekonstruktionen, sondern als vorläufige interpretative Verdichtungen rekursiver narrativer Elemente.

# 3 KI in Lehre und Studium als technozentrisches Fortschrittsnarrativ, reflexives Gestaltungsnarrativ und akademisches Verlustnarrativ

Dieser Abschnitt repräsentiert drei Narrative, die das diskursive Geschehen im Untersuchungszeitraum maßgeblich geprägt haben.[2] Jedem Narrativ ist ein ‚Ankerzitat' vorangestellt.[3]

## 3.1 Das technozentrische Fortschrittsnarrativ: „Alles ist möglich, wenn man auf der Höhe der Zeit bleibt."

Wissenschaftliches Schreiben ist von den gegenwärtigen äußerst dynamischen Entwicklungen im Bereich der künstlichen Intelligenz (KI) massiv betroffen und unterliegt entsprechend rasanten und weitreichenden Veränderungen. KI-basierte Anwendungen bieten den Schreibenden grundlegend veränderte Möglichkeiten [...] LLM-Anwendungen wohnt somit ein enormes disruptives Potential inne (Limburg et al., 2023, S. 3).

---

2 Die unterschiedliche rekonstruktive Dichte der jeweiligen Darstellungen hängt mit der Materialverfügbarkeit im Untersuchungszeitraum zusammen.

3 Diese Zitate stammen alle aus einer Quelle (Limburg et al., 2023). Diese lotet KI-bezogene Entwicklungen sehr differenziert aus und ist daher besonders illustrativ. Die Autor:innen können aber nicht als Repräsentant:innen der Narrative verstanden werden.

Zu Beginn des Diskurses um ChatGPT äußerten sich bildungstechnologische Expert:innen, welche das Ereignis als Disruption bisheriger Bildungspraxis charakterisierten und als habituelle Fortschrittserzählung (prä-)konfigurierten. In diesem linearen Optimierungsnarrativ wird die KI als einzigartige, epochale und revolutionäre technologische Innovation konstituiert, die einen angesichts diverser hochschulischer Missstände wünschenswerten Bruch mit der bisherigen Lehrpraxis einleitet (Selwyn, 2013). Die KI wird als nicht mehr hintergehbare Errungenschaft (um-)gedeutet, die sich gleichauf mit den großen technologischen Errungenschaften der Neuzeit befindet.

Vertreter:innen dieses oft binär (Chancen vs. Risiken) strukturierten Narrativs mobilisieren die bekannten Topoi der technokapitalistischen Erzählung (z. B. Macgilchrist, 2019): Durch den steten Marktwettbewerb der *Global Players* der *(Ed)Techbranche* angetriebene Innovationen im Bereich KI werden als zentraler Motor von Fortschritt (als Effizienzsteigerung von Produktivität in Wissenschaft und Bildung) gesehen. Das Narrativ geht mit einer spezifischen Zeitlichkeit im Sinn einer konsequenten Zukunftsorientierung und steten Beschleunigung einher. Diese begründet ein quasi alternativloses Linearitäts- bzw. Ersetzungsprinzip durch technologische Innovationen. In dieser Logik entsteht für Hochschulen ein Zugzwang, sich dem Markt gegenüber zu öffnen: Sie werden als Konsumentin, die sich an externe Innovationsanbieter:innen wenden muss, (re-)positioniert, um auf der Höhe der Zeit zu bleiben und den Anschluss an einen umkämpften Bildungsmarkt nicht zu verlieren (Macgilchrist, 2019).

Dennoch lässt sich dieser dynamische Plot nicht (nur) ökonomistisch vereinseitigen; es entwickelt sich eine Perspektivierung, in der die technologische Effizienzsteigerung keinen Selbstzweck darstellt, sondern einen (akademischen) Freiheitsgewinn bedeuten kann. Ohly und Schreiber (2024) bringen diese synthetische Leistung (‚Synthese des Heterogenen'; Viehöver, 2015) unter Rückgriff auf Adorno auf den Punkt: „Der menschenwürdige Sinn des Computers wäre es, das Denken der Lebendigen so sehr zu entlasten, daß es Freiheit gewinnt zu dem nicht schon impliziten Wissen" (Adorno, 1969 zitiert nach Ohly & Schreiber, 2024, S. 1). Dieses Entlastungsversprechen konnte im lehrbezogenen Diskurs eine große Attraktion entfalten, was sich am Beispiel von Kompetenzen zeigen lässt: Neben der Thematisierung neuer instrumentalistischer KI-spezifischer *Digital Skills* entwickelte sich auch eine Diskussion um den durch KI verfügbaren Freiraum zum Erwerb anspruchsvollerer akademischer Kompetenzen (z. B. Spannagel, 2023; kritisch; Reinmann, 2023b). Damit ist ein schwieriges Terrain voller hochschuldidaktischer Herausforderungen angesprochen: Entscheidend für die Erhaltung der Glaubwürdigkeit des Narrativs ist seine konzeptionell-normative bzw. empirische Fundierung.

Abschließend ist ein kursorischer Blick auf die spezifischen (Re-)Positionierungsleistungen[4] des Narrativs wichtig: Zu den Gewinner:innen gehören die sich auf der Höhe ihrer Zeit befindenden, die *Digital Skills* beherrschenden *Early Adopters*, welche es stets schaffen, die neuesten Tools im doppelten Gewinnsinn einzusetzen. Auffallend ist auch die sofortige (Re-)Positionierung der Studierenden als Träger:innen eines vorauseilenden Verdachts des wissenschaftlich missbräuchlichen Einsatzes von KI.

Das technikzentrierte Fortschrittsnarrativ als habituelles Disruptionsnarrativ konnte sich zunächst gut verbreiten und bezieht seine spezifische Anziehungskraft aus dem (re-)konfigurativen Versprechen einer Aussöhnung ökonomischer und akademischer Werte. Grenzen erreicht es aktuell dort, wo das doppelte Gewinnversprechen nicht mehr ‚eingelöst' werden kann: Die Eigenlogik hochschulischer Einrichtungen ist nicht immer mit einer marktbasierten Disruptionslogik vereinbar (Kerres et al., 2020). Auch die verbreitete Erwartung steter technologischer Dynamik, die das Effizienzversprechen infrage stellt und z. T. lähmende Effekte auf lehrbezogene Entwicklungsprozesse zu haben scheint (Macgilchrist, 2019), ist relevant.

---

4  „[…] Modus der sozialen Konstruktion/Dekonstruktion von agency" (Viehöver, 2015, S. 227).

## 3.2 Das reflexive Gestaltungsnarrativ: „Es liegt in unserer Hand …!"

[…] Grund zu Optimismus, da sie deutlich macht, dass die Zukunft, in der künstliche Intelligenzen sicherlich eine große Bedeutung haben werden, nicht deterministisch vorprogrammiert ist, sondern vielmehr Handlungsmöglichkeiten – vielleicht sogar Spielräume – eröffnet. Wir Menschen sind also handlungsmächtige Gestaltende unserer Zukunft. Aus großer Möglichkeit jedoch folgt große Verantwortung […] (Limburg et al., 2023, S. 19).

Zeitlich etwas verzögert breitete sich vor allem ausgehend von den weit vernetzten Akteur:innen der Arbeitsgruppe „Virtuelles Kompetenzzentrum: Künstliche Intelligenz und Wissenschaftliches Arbeiten"[5] ein weiterer einflussreicher Plot aus, den ich als reflexives, spezifischer ‚didaktisiertes' Gestaltungsnarrativ bezeichne. Auch dieser besitzt eine technikoptimistische Grundhaltung, verortet das Veränderungspotenzial KI-gestützter Lehrentwicklung aber nicht in der technologischen Innovation selbst: Ein reflexives Veränderungspotenzial entsteht hier erst durch den kontextgebundenen, didaktisch begründenden Einsatz der Technologie. Der spezifische Mehrwert technikbezogener Lehrentwicklung bleibt an die jeweiligen hochschulischen Verwendungskontexte rückgebunden und kontextuell auszulotende Grenzen des Wandels werden betont. Hierin kann eine Problematisierung der „digitalen entdidaktisierten Toolifikation" (Brandhofer & Wiesner, 2023, S. 11) und eine konkurrierende Position zum obigen Plot gesehen werden. Mit Mehrwert ist ein breites Spektrum normativer Zielsetzungen angesprochen, welches sich von re- bis zu transformativen Positionen (Espinosa et al., 2017) streckt. Letztere setzten sich am markantesten vom Fortschrittsnarrativ ab und sehen KI als (nur eine) Komponente eines breiteren wissenschaftsethischen Gestaltungsauftrags in einer Kultur der Digitalität. Entsprechend werden KI-bezogene Lehrentwicklungsprozesse als potenziell an weitere hochschulische Transformationsdiskurse, seien dies demokratische, nachhaltig-

---

5   https://www.vkkiwa.de/

keitsbezogene oder (post-)digitale, anschlussfähig ausgewiesen. Hierin liegt das spezifische (re-)konfigurative Potenzial dieses Narrativs, das sich durch einen (gestaltungs-)offenen, evolutionsartigen Charakter auszeichnet. Damit sind hochschulisch individuelle wie kollektive Akteur:innen adressiert. Gleichzeitig wirft dieses Narrativ noch wenig thematisierte Fragen hinsichtlich der Grenzen von *Agency* im hochschulischen Kontext auf.

## 3.3  Das akademische Verlustnarrativ „Wozu sind wir hier …?[6]"

> Die Macht und Kontrolle, die KI über wissenschaftliches Schreiben, Sprache und Kommunikation ausüben kann, bedroht die individuelle Vielfalt der Meinungen sowie die Qualitätskontrolle und die Standards guter wissenschaftlicher Praxis. Es besteht die Gefahr einer Entmündigung akademisch Gebildeter, ja ein Anheimstellen der Academia und der höheren Denkfähigkeit selbst […] (Limburg et al., 2023, S. 20).

In Abgrenzung zu den obigen Narrativen stellt das kulturpessimistisch anmutende akademische Verlustnarrativ einen anderen Plot dar. Disruption wird nicht explizit thematisiert oder affirmativ verwendet. Disruptiv erscheint die Technologie eher (implizit) als (unerwünschte) Unterbrechung bestehender bzw. bewährter Lehrpraxis, die als von außen an die Academia herangetragene In-Frage-Stellung, Bedrohung oder Verlust fundamentaler akademischer Werte interpretiert wird. Dem Ereignis wird damit eine entgegengesetzte Bedeutung für die Lehre zugewiesen. Entsprechend entfaltet sich in diesem technoskeptischen bzw. technokritischen ‚Gegennarrativ' die Durchdringung von Forschung und Lehre bzw. des hochschulischen Alltags mit generativer KI als mögliches oder wahrscheinliches Verlustgeschäft universeller wissenschaftlicher Werte bzw. eines liberal-pluralen wissenschaftlichen Selbstverständnisses: Problematisiert werden etwa die Überlegenheit menschlichen Denkens gegenüber KI (Limburg et al., 2023), die ethische Integrität wissenschaft-

---

6  Titel eines Beitrags von Reinmann (2023a).

lichen Arbeitens (Reinmann & Watanabe, 2024) und die Autonomie der Hochschulen (Bahr & Mayer, 2024). Es geht hier in reflexiver(er) Hinsicht also viel fundamentaler um die (zukünftige) Existenzberechtigung der akademischen Welt im Zeitalter von KI. Damit weist der sich andeutende Plot eine tendenziell vergangenheitsbezogene Zeitlichkeit auf, da der Blick auf Bewahrenswertes gerichtet bleibt und Zukünftiges in eher dystopischen Beschreibungen und mit einem etwas fatalistischen Unterton konturiert wird (Limburg et al., 2023). Auch hier wird ein spezifisches narratives Personal (re-)positioniert. Die weiterhin ‚frei' handelnden Wissenschaftler:innen sind die Gewinner:innen, die aber den Lauf der Dinge nicht auf-, sondern allenfalls ‚Inseln' freihalten können (Watanabe & Schmohl, 2022). Dieser innerwissenschaftlich rekurrierende Plot ist noch eher marginal verbreitet.

## 4 Resümee

Ausgangspunkt dieses vorläufigen heuristischen Ordnungsversuchs (Dürbeck, 2018) war die mit der potenziell limitierenden Rede von Disruption zusammenhängende Frage nach der ‚eigentlichen' narrativen Strukturierung des lehrbezogenen KI-Diskurses post ChatGPT sowie nach dem entsprechenden Gestaltungsraum für Lehre und Studium. Die Annäherung zeigte, dass für den Diskurs eine narrative Strukturierung identifizierbar ist, in welcher verschiedene narrative Elemente und Strategien mobilisiert werden, um dem Ereignis im Hochschulkontext Bedeutung zu verleihen. Disruption zeigte sich nicht (nur) als einheitliche, übliche oder ‚dominante' Narrativierung technikinduzierten Wandels im Sinn von Knox (2019), sondern war als dynamischer ‚Konflikt der Interpretationen' (Ricoeur, 2010) rekonstruierbar. Für diesen lassen sich im Untersuchungszeitraum aus synchroner Perspektive mindestens drei rekonstruktiv grob unterscheidbare, z. T. miteinander konkurrierende Narrative ausmachen. Diese artikulieren voneinander abweichende, z. T. konträre Interpretationen der Bedeutung von KI für die Lehre in unterschiedlichen thematischen Akzentuierungen. Verschiedene akademische Werte und hochschul- und wissenschaftspolitische Interessen werden so ausgedrückt. Auffallend ist, dass alle drei Narrative an bestehende hochschulische Digitalisierungs- und/oder breitere Transformationsdiskurse anschließen, um sich Geltung zu verschaffen bzw. Plausibilität zu erlangen (Espinosa et al., 2017). Dies kann strategisch sinnvoll sein, um eine breite Resonanz zu erzeugen bzw. Ressourcen zu mobilisieren, geht aber eventuell zulasten einer reflexiven Dimension (Espinosa et al., 2017). Obwohl sich die narrativ entworfenen Handlungsorienticrungcn in cincm bckanntcn Spcktrum bcwcgen, lassen sich auch ansatzweise wechselseitige Bezugnahmen und (re-)konfigurative Leistungen erkennen. In diesen deutet sich eine reflexive Dimension an.

Trotz der Pluralität der Narrative bestehen in reflexiver Hinsicht gemeinsame Motive. So stellt keines der Narrative die Sinnhaftigkeit einer anthropozentrischen Orientierung von Forschung und Lehre zur Disposition; fundamentale akademische Werte wie Freiheit, Verantwortung und Integrität bleiben – wenn auch unterschiedlich akzentuiert – über die Plots hinweg fest in menschlicher Hand. Noch einmal auf Viehöver (2015) zurückgreifend, ist zu bemerken, dass „[…] ein bildungspolitischer Konsens selbst das Produkt machtvoller narrativer Strategien sein kann" (2015, S. 219).

# Literaturverzeichnis

Abbott, H. P. (2007). Story, plot, and narration. In D. Herman (Hrsg), *Cambridge Companion to Narrative* (S. 39–51). Cambridge UP.

Arnold, M. (2012). Erzählen. Die ethisch-politische Funktion narrativer Diskurse. In M. Arnold, G. Dressel & W. Viehöver (Hrsg.), *Erzählungen im Öffentlichen. Über die Wirkung narrativer Diskurse* (S.17–63). Springer. https://doi.org/10.1007/978-3-531-93256-9

Assmann, A. (2016). Die Grenzenlosigkeit der Kulturwissenschaften. *Kulturwissenschaftliche Zeitschrift, 1*(1), 39–48. https://doi.org/10.25969/mediarep/3587

Bahr, A., & Meyer, M. (2024, 15. Januar*). KI-Modelle an Hochschulen. Auswege aus der digitalen Unmündigkeit.* FAZ.

Bauer, R., Hafer, J., Hofhues, S., Schiefner-Rohs, M., Thillosen, A., Volk, B., & Wannemacher, K. (Hrsg.). (2020). *Vom E-Learning zur Digitalisierung. Mythen, Realitäten, Perspektiven*. Waxmann. https://doi.org/10.25656/01:21507

Brandhofer, G., & Wiesner, C. (2023). Zukunftsorientierte Pädagogik – Die Leitmedientransformation als Auslöser der Neuorientierung. In G. Brandhofer & C. Wiesner (Hrsg.), *Didaktik in einer Kultur der Digitalität. Wirkmächtige Mediendidaktik, zukunftsorientierte Pädagogik* (S. 9–16). Klinkhardt.

*Buck, I., & Limburg, A. (2023). Hochschulbildung vor dem Hintergrund von Natural Language Processing. *die hochschullehre*, *9*(6), 70–84. https://doi.org/10.3278/ HSL2306W

Espinosa, C., Pregernig, M., & Fischer, C. (2017*). Narrative und Diskurse in der Umweltpolitik: Möglichkeiten und Grenzen ihrer strategischen Nutzung. Zwischenbericht. Umweltbundesamt*. https://www.umweltbundesamt.de/publikationen/narrative-diskurse-in-der-umweltpolitik

Deimann, M. (2021). Hochschulbildung und Digitalisierung – Entwicklungslinien und Trends für die 2020er-Jahre. In Hochschulforum Digitalisierung (Hrsg.), *Digitalisierung in Studium und Lehre gemeinsam gestalten Innovative Formate Strategien und Netzwerke* (S. 25–41). Springer. https://doi.org/10.1007/978-3-658-32849-8

Deutscher Ethikrat (2023). *Mensch und Maschine – Herausforderungen durch Künstliche Intelligenz* (Stellungnahme). https://www.ethikrat.org/fileadmin/Publikationen/Stellungnahmen/deutsch/stellungnahme-mensch-und-maschine.pdf

Dürbeck, G. (2018). *Narrative des Anthroprozän – Systematisierung eines interdisziplinären Diskurses*, *3*(1), 1–20. https://doi.org/10.2478/kwg-2018-0001

Hofhues, S., & Schiefner-Rohs, M. (2020). Vom E-Learning zur Digitalisierung: Geschichten eines erhofften Wandels in der Hochschulbildung. In R. Bauer, J. Hafer, S. Hofhues, M. Schiefner-Rohs, A. Thillosen, B. Volk & K. Wannemacher (Hrsg.), *Vom E-Learning zur Digitalisierung. Mythen, Realitäten, Perspektiven* (S. 23–36). Waxmann. https://doi.org/10.25656/01:21507

Kelle, U., & Kluge, S. (2010). *Vom Einzelfall zum Typus. Fallvergleich und Fallkontrastierung in der qualitativen Sozialforschung* (2. Aufl.). Springer. https://doi.org/10.1007/978-3-531-92366-6

Keller, R. (2007). *Diskursforschung. Eine Einführung für Sozialwissenschaftlerinnnen* (3. Aufl.). VS Verlag für Sozialwissenschaften.

Keller, R. (2008). *Wissenssoziologische Diskursanalyse. Grundlegung eines Forschungsprogramms* (2. Aufl.). VS Verlag für Sozialwissenschaften.

Kerres, M., Getto, B., & Buchner, J. (2020). Hochschulbildung in der digitalen Welt: Ein Rahmenmodell für Strategieoptionen. In C. Trültzsch-Wijnen & G. Brandhofer (Hrsg.), *Bildung und Digitalisierung. Auf der Suche nach Kompetenzen und Performanzen* (S. 113–134). Nomos. https://doi.org/10.5771/9783748906247

Knox, J. (2019). What Does the 'Postdigital' Mean for Education? Three Critical Perspectives on the Digital, with Implications for Educational Research and Practice. *Postdigit Sci Educ 1*, 357–370. https://doi.org/10.1007/s42438-019-00045-y

Koschorke, A. (2012). *Wahrheit und Erfindung: Grundzüge einer allgemeine Erzähltheorie*. S. Fischer.

Kreiswirth, M. (2005). Narrative Turn in the Humanities. In D. Herman, M. Jahn & M.-L. Ryan (Hrsg), *Routledge Encyclopedia of Narrative Theory* (S. 377–382). Routledge.

*Limburg, A., Bohle-Jurok, U., Buck, I., Grieshammer, E., Gröpler, J., Knorr, D., Mundorf, M., Schindler, K., & Wilder, N. (2023). *Zehn Thesen zur Zukunft des wissenschaftlichen Schreibens*. Diskussionspapier Nr. 23. Hochschulforum Digitalisierung. https://hochschulforumdigitalisierung.de/sites/default/files/dateien/HFD_DP_23_Zukunft_Schreiben_Wissenschaft.pdf

Macgilchrist, F. (2019). Digitale Bildungsmedien im Diskurs. Wertesysteme, Wirkkraft und alternative Konzepte. *Aus Politik und Zeitgeschichte*. bpb. https://www.bpb.de/shop/zeitschriften/apuz/293124/digitale-bildungsmedien-im-diskurs

*Ohly, L., & Schreiber, G. (2024). KI, Text und Geltung. In G. Schreiber & L. Ohly (Hrsg.), *KI:Text. Diskurse über KI-Textgeneratoren* (S. 1–9). de Gruyter. https:/doi.org/10.1515/9783111351490-001

*Reinman, G. (2023a). Wozu sind wir hier? *Impact free* 51 – Februar 2023. https://gabi-reinmann.de/wp-content/uploads/2023/02/Impact_Free_51.pdf

*Reinmann, G. (2023b). *Deskilling durch Künstliche Intelligenz?* Potenzielle Kompetenzverluste als Herausforderung für die Hochschuldidaktik. Diskussionspapier Nr. 25. Hochschulforum Digitalisierung. https://hochschulforumdigitalisierung.de/sites/default/files/dateien/HFD_DP_25_Deskilling.pdf

*Reinmann, G., & Watanabe, A. (2024). KI in der universitären Lehre. Vom Spannungs- zum Gestaltungsfeld. In G. Schreiber & L. Ohly (Hrsg.), *KI:Text. Diskurse über KI-Textgeneratoren* (S. 29–46). de Gruyter. https:/doi.org/10.1515/9783111351490-001

Ricoeur, P. (2010). *Der Konflikt-der-Interpretationen*. Karl-Alber-Verlag.

Schmohl, T., Watanabe, A., & Schelling, K. (Hrsg.). (2022). *Künstliche Intelligenz in der Hochschulbildung: Chancen und Grenzen des KI-gestützten Lernens und Lehrens.* Transcript. https://doi.org/10.14361/9783839457696

Selwyn, N. (2013, 23. – 25. Mai). *Discourses of 'disruption' in education: a critical analysis* [Konferenzbeitrag]. Fifth International Roundtable on Discourse Analysis, Hong Kong.

*Spannagel, C. (2023, 24. Januar). *ChatGPT und die Zukunft des Lernens: Evolution statt Revolution.* https://hochschulforumdigitalisierung.de/chatgpt-und-die-zukunft-des-lernens-evolution-statt-revolution/

Truschkat, I., & Bormann, I. (Hrsg.) (2020). *Einführung in die Erziehungswissenschaftliche Diskursforschung. Forschungshaltung, zentrale Konzepte, Beispiele für die Durchführung.* Beltz.

Viehöver, W. (2012). „Menschen lesbarer machen". Narration, Diskurs. Referenz. In M. Arnold, G. Dressel & W. Viehöver (Hrsg.), *Erzählungen im Öffentlichen. Über die Wirkung narrativer Diskurse* (S. 65–132). Springer. https://doi.org/10.1007/978-3-531-93256-9

Viehöver, W. (2015). Bologna erzählt. Ein Konflikt der Interpretationen zwischen Erfolgsfiktion und bildungspolitischer Katastrophe. In J. Angermüller, M. Nonhoff, E. Herschinger, F. Macgilchrist, M. Reisigl, J. Wedl, D. Wrana & A. Ziem (Hrsg.), *Diskursforschung. Ein interdisziplinäres Handbuch* (S. 212–244). Transcript. https://doi.org/10.1515/9783839427224.900

Watanabe, A., & Schmohl, T. (2022). Die technologieverliebte Hochschule: Was folgt aus dem KI-gestützten Lernen für den traditionellen Bildungsauftrag. *Zeitschrift für Hochschulentwicklung, 17*(3), 149–166. https://doi.org/10.3217/zfhe-17-03/09

Williamson, B., Macgilchrist, F., & Potter, J. (2023). Re-examining AI, automation and datafication in education. *Learning, Media and Technology, 48*(1),1–5. https://doi.org/10.1080/17439884.2023.2167830

Gabi Reinmann[1], Alice Watanabe[2], Dominikus Herzberg[3] &
Judith Simon[4]


# Selbstbestimmtes Handeln mit KI in der Hochschule: Forschungsdefizit und -perspektiven

## Zusammenfassung


Ein unkritischer Einsatz von KI an der Hochschule kann Kompetenz-, Kontroll- und Sozialverluste befördern und damit selbstbestimmtes Handeln beeinträchtigen, das in Lehre, Studium und Forschung als eigener Wert angesehen werden kann. Die bisherige primär empirisch ausgerichtete Forschung trägt wenig dazu bei, KI-Risiken besser zu verstehen und einen selbstbestimmten Umgang mit KI an der Hochschule auf wissenschaftlicher Basis zu stärken. Der Beitrag diskutiert dieses Forschungsdefizit, schlägt eine wissenschaftsdidaktische Rahmung vor und zeigt bildungstheoretische und gestaltungsbasierte Perspektiven für die Hochschulbildungsforschung auf, die das empirische Vorgehen ergänzen.


## Schlüsselwörter

Selbstbestimmung, KI-Risiken, Empirie, Bildungstheorie, Design-Based Research

---


1   Corresponding author; Universität Hamburg; gabi.reinmann@uni-hamburg.de; ORCiD 0000-0002-3947-3089

2   Universität Hamburg; alice.watanabe@uni-hamburg.de; ORCiD 0009-0000-0731-0579

3   Technische Hochschule Mittelhessen; dominikus.herzberg@mni.thm.de; ORCiD 0000-0002-2291-7253

4   Universität Hamburg; judith.simon@uni-hamburg.de; ORCiD 0009-0007-9958-2520





https://doi.org/10.21240/zfhe/SH-KI-1/03

Gabi Reinmann, Alice Watanabe, Dominikus Herzberg & Judith Simon

# Self-determined action with AI in higher education: Research deficit and perspectives

## Abstract

An uncritical use of AI at universities can lead to a loss of competence, control and social responsibility and thus undermine self-determined action, which can be seen as a value in itself in teaching, learning and research. The research to date, which has been primarily empirical, does little to improve our understanding of AI risks and to scientifically ground a self-determined approach to AI at universities. This paper discusses this research deficit, recommends "Wissenschaftsdidaktik" as a framework and highlights the philosophy of higher education and design-based research perspectives to complement the empirical approach.

## Keywords

self-determination, AI risks, empiricism, philosophy of higher education, design-based research

# 1 Ausgangslage und Anliegen

Im März 2023 hat der Deutsche Ethikrat die Stellungnahme „Mensch und Maschine – Herausforderungen durch Künstliche Intelligenz" veröffentlicht; diese stellt eine umfassende Bestandsaufnahme und theoretische Rahmung für den Umgang mit Künstlicher Intelligenz (KI) dar. Thematisiert werden die Chancen, die KI der Gesellschaft bieten kann, indem sie menschliches Handeln erweitert – exemplifiziert an den Bereichen Medizin, Schule sowie öffentliche Kommunikation und Verwaltung. Dargestellt und abgewogen werden aber auch Risiken, die sich ergeben, wenn KI den Handlungsspielraum des Menschen schmälert oder schließt. Die Stellungnahme erörtert diese Risiken auf Basis philosophischer Konzepte und geht parallel dazu der Frage nach, was den Menschen ausmacht und von der Maschine unterscheidet. Am Ende spricht der Deutsche Ethikrat (2023) Empfehlungen aus, die sich im Kern an dem Leitgedanken ausrichten, die Interessen des Menschen in den Mittelpunkt zu stellen, um dehumanisierende Tendenzen infolge von KI zu vermeiden. Die Hochschule mit Studium, Lehre und Forschung ist als Anwendungsbereich nicht in die Stellungnahme aufgenommen worden. In der deutschsprachigen Auseinandersetzung mit KI an der Hochschule zeigt man gleichzeitig wenig Interesse daran, die Erkenntnisse des Ethikrats (2023) heranzuziehen und für den eigenen Kontext fruchtbar zu machen.

Die aktuelle Forschung zu KI an der Hochschule hat seit 2022 zwar enorm zugenommen, ist aber vorrangig empirisch-deskriptiver Natur und konzentriert sich darauf, die Potenziale von KI für Lehren, Lernen und Forschen zu untersuchen (vgl. Carvalho et al., 2022; Bearman et al., 2023). Viele empirische Studien (auch im deutschsprachigen Bereich) zielen darauf ab, Nutzungsweisen von Studierenden und Lehrenden/Forschenden oder deren Einstellungen zu generativer KI zu erheben und Defizite im Umgang mit KI zu identifizieren (vgl. von Garrel et al., 2023), um auf dieser Basis Konsequenzen etwa für den Kompetenzaufbau abzuleiten. Dass solche Folgerungen Ziele und Werte erforderlich machen, woraufhin Kompetenzen gefördert oder andere Maßnahmen für eine Zukunft mit KI ergriffen werden, wird meist nicht thematisiert (vgl. Reinmann & Watanabe, 2024). Eine philosophische Behandlung der Frage nach dem Einfluss von KI auf menschliches Handeln und Handlungsspielräume, wie sie der Deutsche Ethikrat anstellt, bleiben in der derzeitigen Hochschulbildungsforschung weitgehend außen vor.

In diesem Text wollen wir zum einen zeigen, inwiefern ein Forschungsdefizit zu Risiken für ein selbstbestimmtes Handeln infolge von KI in der Hochschule vorliegt, und zum anderen ausführen, welche alternativen Forschungsperspektiven die derzeit favorisierte empirische Forschung ergänzen könnten. Unsere These ist, dass ein unreflektierter bzw. unkritischer Einsatz von KI an der Hochschule Kompetenz-, Kontroll- und Sozialverluste befördern und damit das selbstbestimmte Handeln beeinträchtigen kann. Wir sehen darin potenziell dehumanisierende Effekte, ohne dass diese beabsichtigt sein müssen. Zur Vermeidung einer solchen Gefahr ist es keine Option, KI aus den Hochschulen zu verbannen; es ist davon auszugehen, dass insbesondere generative KI gekommen ist, um zu bleiben (vgl. Peters et al., 2023, S. 6). Folglich gilt es, KI-Risiken besser zu verstehen, einen selbstbestimmten Umgang mit KI an der Hochschule auf wissenschaftlicher Basis zu stärken und zu dieser Stärkung neben empirischen Zugängen auch andere, vor allem bildungstheoretische und gestaltungsbasierte, Ansätze heranzuziehen. Dies wollen wir im Folgenden näher erläutern und begründen.

# 2 Erkenntnisse zum selbstbestimmten Handeln mit KI in der Hochschule

## 2.1 Risiken für ein selbstbestimmtes Handeln infolge von KI

Selbstbestimmung ist aus psychologischer, didaktischer und philosophischer Sicht von hoher Relevanz für die Gesellschaft. Selbstbestimmtes Handeln setzt voraus, dass Menschen über dazu erforderliche Fähigkeiten und Fertigkeiten verfügen, prinzipiell frei entscheiden können und in der Lage sind, sich in einer Gemeinschaft mit ihrem selbstbestimmten Handeln zu arrangieren. So gelten etwa im Rahmen der empirisch gut untersuchten Selbstbestimmungstheorie die Bedürfnisse nach Kompetenz- und Autonomieerleben sowie sozialer Eingebundenheit als *psychologisch* grundlegend (vgl. Ryan & Deci, 2008). Bildungstheoretische Modelle wie das von Klafki (1991) erklären Selbstbestimmung, Mitbestimmung und Solidarität zu zentralen *didaktischen* Zielen, um menschliche Handlungsmöglichkeiten zu erweitern. *Philosophische* Konzepte wie Handlung, Freiheit, Verantwortung und Vernunft gelten gemeinhin als wichtige Bestimmungsstücke für ein selbstbestimmtes Leben (vgl. Deutscher Ethikrat, 2023).

Aus unserer Sicht lässt sich entsprechend folgern, dass Kompetenz-, Autonomie- und Sozialverluste ein erhebliches Risiko für selbstbestimmtes Handeln darstellen. Dieses Risiko wird mit dem Einsatz von KI an der Hochschule potenziell erhöht; es gibt gute Gründe anzunehmen, dass Kompetenz-, Kontroll- und Sozialverluste Folgen des KI-Einsatzes sein können: *Kompetenzverluste* sind möglich, wenn Menschen wichtiges Wissen und Können nicht mehr einüben oder gar nicht erst aufbauen, weil Aufgaben, für die man dieses Wissen und Können benötigt, von KI erfüllt werden (vgl. Reinmann, 2023). *Kontrollverluste* können eintreten, wenn Datafizierung in Lehr-, Lern- und Forschungsumgebungen dominant wird, sodass KI-induzierte Entscheidungen implizit oder explizit über den reflektierten Entscheidungen von Individuen stehen (vgl. Lindebaum & Fleming, 2023). *Sozialverluste* sind denkbar, wenn Individualisierung in Bildungsprozessen oder Optimierung in Forschungsabläufen Kommunikation und Kooperation unter Peers bzw. Kolleginnen[5] unwahrscheinlicher machen (vgl. Herzberg, 2024). Kompetenzverluste tangieren übergreifend auch Fragen der Identität und Moral des Menschen, Kontrollverluste unter anderem die Themen Freiheit sowie Verantwortung und Sozialverluste etwa Aspekte wie Vertrauen in sozialen Gemeinschaften (vgl. Simon, 2020).

Nun sind zwar in der Bildungs- und Forschungspraxis ethische Themen (Technikethik, KI-Ethik) zu (generativer) KI präsent (vgl. Jacobs & Simon, 2022; van Elk et al., 2023); es ist im Hochschulkontext also davon auszugehen, dass potenzielle negative Effekte der KI-Nutzung *nicht* intendiert sind. Das ändert jedoch nichts daran, dass es unbeabsichtigte Folgen im Umgang mit KI an der Hochschule gibt, die als solche nicht bewusst sind, implizit bleiben oder als irrelevant ausgeblendet werden. Reduzieren sich dadurch allmählich menschliche Handlungsmöglichkeiten, steht dies im Widerspruch zum Bildungsauftrag und Erkenntnisziel der Hochschule.

## 2.2  Defizitärer Forschungsstand

Selbstbestimmtes Handeln mit KI einerseits und Risiken des KI-Einsatzes andererseits werden in der wissenschaftlichen Literatur stellenweise, insgesamt aber wenig in den Blick genommen und kaum für den Kontext Hochschule spezifiziert: Im Bildungsbereich ist die Forschung zu Selbstbestimmung international eine vorrangig psychologische. Versuche, die Selbstbestimmungstheorie für Fragen zu generativer KI fruchtbar zu machen, begrenzen sich derzeit auf deskriptive Ziele etwa im Bereich der Einstellung zu KI (vgl. Bergdahl et al., 2023). Vereinzelt gibt es Vorschläge zur philosophischen Deutung der Selbstbestimmungstheorie (vgl. Arvanitis & Kalliris, 2023). Dem Ziel selbstbestimmten Handelns ähnlich ist die Forderung nach Empowerment; unter Rückgriff auf dieses Konzept plädieren internationale Autorinnen unter anderem für eine ethische Ausrichtung der Forschung zu KI im Bildungsbereich (vgl. Gašević et al., 2023). Aus philosophischer wie technischer Sicht werden

---

5  Wir wechseln in diesem Text männliche und weibliche Formen ab.

„vertrauenswürdige KI" oder „verantwortungsvolle KI-Systeme" erforscht, welche die Selbstbestimmung (kontextunabhängig) befördern können (vgl. Simon, 2017; AI-HLEG, 2019; Rieder et al., 2021).

Unter dem Stichwort Deskilling werden in der internationalen Forschung Kompetenzverluste durch KI seit einigen Jahren thematisiert (vgl. Rafner et al., 2021; Arnold et al., 2023); systematische Studien zum Deskilling im Kontext Higher Education fehlen allerdings (vgl. Reinmann, 2023). Für den deutschsprachigen Bereich ist festzuhalten, dass Risiken wie Kompetenzverluste selbst in Leitlinien zu KI für die Hochschulpraxis noch nicht berücksichtigt werden (vgl. Tober, 2024); allenfalls die Schreibdidaktik greift diese (unter praktischen Implikationen) auf (vgl. Limburg et al., 2023). Möglichkeiten der Einschränkung sozialer Beziehungen oder die Beschneidung individueller Autonomie infolge von KI (vgl. Watanabe, 2023) bleiben ebenfalls unterbelichtet – von einigen Ausnahmen abgesehen: So untersuchen etwa Vertreter kritischer Wissenschaftszweige (vgl. van der Gun & Guest, 2023) unbeabsichtigte dehumanisierende Tendenzen infolge der Durchdringung der Gesellschaft mit KI, aber wiederum ohne eine Spezifizierung auf Studium, Lehre und Forschung vorzunehmen. Umfängliche Vorschläge gibt es aus der Forschung zur humanen Gestaltung soziotechnischer Konstellationen im Sinne von „Human-Centered Artificial Intelligence" (Réis et al., 2024); aber auch das erfolgt ohne Bezug auf Hochschule bzw. wird von der Hochschulbildungsforschung bislang nicht explizit aufgegriffen.

## 2.3  Mangelnde bildungstheoretische Untermauerung

Unserer Einschätzung nach zeigt der aktuelle Forschungsstand, dass die Risiken für ein selbstbestimmtes Handeln infolge von KI an der Hochschule noch zu wenig erforscht sind und als Forschungsgegenstand offenbar weniger Interesse wecken als Nutzungspotenziale von KI. Nun ist einzuräumen, dass die Entwicklung insbesondere generativer KI inzwischen eine Geschwindigkeit erreicht hat, die es für die empirische Forschung schwierig macht, positive wie negative Folgen für selbstbestimmtes Handeln im Kontext Hochschule systematisch zu untersuchen. Wir gehen davon aus, dass empirische Forschung in diesem Zusammenhang an grundsätzliche

Grenzen stößt und einer Ergänzung durch weitere Forschungszugänge, vor allem philosophischer bzw. bildungstheoretischer, bedarf. Theoretische Forschung kann dazu beitragen, über reaktive oder affirmative Untersuchungen im Zuge der genannten Dynamik hinauszukommen und für implizite Risiken zu sensibilisieren. Gemeint sind an dieser Stelle *nicht* ethische Reflexionen zu KI im Allgemeinen, die national und international bereits intensiv angestellt werden (vgl. Rudschies et al., 2021; Funk, 2023; Bendel, 2024; Simon et al., 2024). Es geht uns vielmehr um auf Hochschulbildung spezifizierte theoretische Arbeit über Risiken von KI zum besseren Verständnis dieser Phänomene sowie als Grundlage für didaktisches Handeln.

In der internationalen Literatur ist eine „Philosophy of Higher Education" zwar nicht so sichtbar wie andere Forschungszugänge zum Hochschulkontext (vgl. Clark, 2015), aber immerhin mit eigenen Zeitschriften und Buchreihen existent (z. B. Journal wie Philosophy and Theory of Higher Education) – auch mit Blick auf KI (vgl. Peters et al., 2023). Im Vergleich dazu spielen philosophische Arbeiten in der deutschsprachigen Hochschulbildungsforschung eine deutlich geringere Rolle (vgl. Terhart, 2006; Reinmann, 2015). Bezogen auf das Thema „KI an der Hochschule" konzentriert man sich, wie bereits erwähnt, auf deskriptive Empirie, am Rande auch auf die Entwicklung von Kompetenzrahmen. Kaum berücksichtigt wird, dass auch theoretisches Forschen (vgl. Reinmann, 2015) sowie Forschung infolge von Modellieren, Entwerfen und Projektieren (vgl. Archer, 1979) zu Erkenntnissen führen können. Eine philosophische Untermauerung, wie sie der Deutsche Ethikrat (2023) für ausgewählte Anwendungsbereiche realisiert hat, findet sich speziell für Belange im Hochschulkontext nicht.

Genuin bildungsphilosophische Ausführungen zur Hochschule liegen bereits länger zurück (vgl. Ricken et al., 2013); die deutschsprachige Bildungstheorie (synonym: Bildungsphilosophie) legt ihren Fokus auf die Schule. Experten auf dem Gebiet der Philosophie schließlich wenden sich selten eigeninitiativ der Forschung im Kontext Hochschule zu, wofür es unterschiedliche Gründe gibt. Es fehlt folglich eine *spezifische* Expertise unter anderem aus der Philosophie für eine Hochschulbildungsforschung, die zum selbstbestimmten Handeln mit KI wirksam beitragen und das Risiko dehumanisierender Effekte reduzieren kann.

# 3 Perspektiven zur Erforschung selbstbestimmten Handelns mit KI

## 3.1 Gründe für einen wissenschaftsdidaktischen Forschungsrahmen

In den bisherigen Erörterungen wurden das selbstbestimmte Handeln mit KI ebenso wie Kompetenz-, Autonomie und Sozialverluste als Risiken für die Selbstbestimmung in der Hochschule auf Lehren, Lernen, Bildung *und* Forschung bezogen. Damit wollen wir dem Umstand Rechnung tragen, dass Wissenschaft bzw. einzelne Fachwissenschaften Gegenstand und Enkulturationsraum der akademischen Lehre sind, Forschung und Lehre also nicht separat betrachtet werden sollten, wenn es um unbeabsichtigte dehumanisierende Effekte von KI im Hochschulkontext geht. So gesehen liegt Forschung zum selbstbestimmten Handeln mit KI in der Hochschule im Schnittfeld von Bildungs-, Hochschul- und Wissenschaftsforschung, was eine Einordnung in die Forschungslandschaft erschwert. Eine wissenschaftsdidaktische Rahmung integriert das Schnittfeld und eignet sich inhaltlich ebenso wie methodologisch für unser Anliegen.

Das Konzept der Wissenschaftsdidaktik hat seinen Ursprung in den 1970er-Jahren und wird seit einiger Zeit erneut aufgegriffen und diskutiert (vgl. Huber, 2018; Reinmann & Rhein, 2022, 2023). Während Hochschuldidaktik eine Institutionendidaktik ist und als solche fachübergreifend (als allgemeine Didaktik) agiert, versteht sich Wissenschaftsdidaktik als genuiner Bestandteil fachwissenschaftlichen Handelns, bezieht also auch die Forschung mit ein: Sie konzentriert sich auf die Vermittlung des speziellen Weltaufschlusses, der in den Wissenschaften angelegt ist, und versteht sich immer auch als Bestandteil disziplinärer Arbeit. Gleichzeitig bleiben genuin didaktische Besonderheiten wie das Angewiesensein auf Werte und Normen in der Wissenschaftsdidaktik bedeutsam; damit ist ein direkter Bezug zu philosophischen und ethischen Fragen gegeben. Der didaktische Fokus impliziert zudem, dass Hochschulbildungsforschung stets (auch) eine Forschung für die hochschulische Bildungspraxis ist. Das Konzept der Wissenschaftsdidaktik lenkt also zum einen die Aufmerksamkeit auf die Verknüpfung von Lehren, Lernen, Bildung und Forschung, wie sie für das selbstbestimmte Handeln mit KI in der Hochschule erforderlich ist. Zum anderen lädt es dazu ein, verschiedene Erkenntniszugänge anzuwenden und dabei insbesondere bildungsphilosophische bzw. -theoretische Zugänge zu nutzen sowie Strategien gestaltungsbasierten Forschens zu integrieren, um erzielte Erkenntnisse für die Hochschulbildung praktisch werden zu lassen.

## 3.2 Theoretische Forschungsperspektive

Theoretisches – und damit auch bildungstheoretisches – Forschen lässt sich im Gegensatz etwa zu empirischem Forschen nicht in klar abgrenzbare Phasen unterteilen, sondern basiert auf Systematisierung, Begriffsschärfung und -bildung, Begründung und argumentativem Belegen (vgl. Wissenschaftsrat, 2012; Bellmann, 2020). Bildungstheoretische Forschung umfasst

> „jede wissenschaftlich qualifizierte Form der theoretischen (begrifflich-analytischen, hermeneutischen, geschichts-, gesellschafts-, sprach- oder sonst wie theoretisch inspirierten) Beschäftigung mit Fragen, Themen, Problemen, Gestaltungsaufgaben und Konflikten im Bereich von Erziehung, Bildung und Unterricht" (Terhart, 2006, S. 10).

Eingeschlossen sind die klassische Auseinandersetzung mit philosophischen Werken durch Quellen- und Textarbeit, der diskursive Austausch mit Expertinnen auf diesem Gebiet oder (philosophische) Gedankenexperimente (vgl. Bertram, 2019). Ziel ist es, Phänomene „von innen heraus" zu verstehen, dabei auch normative Erkenntnisse zu generieren und Werturteile zu ermöglichen oder mögliche Welten mental zu ergründen. Entsprechend ist die theoretische Vorgehensweise in der Stellungnahme des Deutschen Ethikrats (2023), mit der wir eingestiegen sind, auch für Studium und Lehre in ihrer Verknüpfung mit der Forschung relevant. Die dort angestellten philosophischen Überlegungen zu Handlungsfähigkeit, Autonomie und Autorschaft geben zum einen wertvolle inhaltliche Impulse dazu, wie sich selbstbestimmtes Handeln mit KI im Kontext Hochschule theoretisch fassen lässt. Zum anderen zeigt die Stellungnahme, welchen Beitrag insbesondere die Philosophie leisten kann, um unbeabsichtigte dehumanisierende Effekte durch KI zu vermeiden und selbstbestimmtes Handeln mit KI zu stärken.

Der KI-Einsatz in der Hochschule und damit verbundene Risiken wie Kompetenz-, Kontroll- und Sozialverlust werden bildungstheoretisch als lebensweltliche Phänomene betrachtet, zu denen mithilfe verschiedener philosophischer Konzepte, Begriffe oder Theorien neue Erkenntnisse einschließlich ethisch-normativer Implikationen gewonnen werden können (vgl. Watanabe, 2024a; 2024b). Philosophische Begriffe, Konzepte und Theorien etwa aus Ethik, Technikfolgenabschätzung, Politischer Philosophie usw. sind in diesem Zusammenhang als Werkzeuge und „Brillen" (Neuweg, 2022, S. 45ff.) zu verstehen, mit denen Facetten von Phänomenen rund um KI-gestütztes Lehren, Lernen und Forschen wahrgenommen und interpretiert werden, die in einer rein empirischen Forschung unberücksichtigt oder unentdeckt bleiben würden. Des Weiteren können gedankenexperimentelle Vorgehensweisen sowohl zur Bildung und Schärfung relevanter Begriffe als auch zum konsequenten Durchdenken möglicher Szenarien zum Einsatz von KI beitragen (vgl. Gehring, 2024).

Ein zentrales Ziel theoretischen Forschens im hier skizzierten wissenschaftsdidaktischen Forschungsrahmen besteht darin, Einsichten aus Philosophie und Ethik von Technik im Allgemeinen und KI im Besonderen für die Hochschulbildungsforschung fruchtbar zu machen. Hierzu sind Expertinnen aus Philosophie und KI-Forschung für das Thema zu gewinnen, die bislang kaum direkt in Hochschulfragen involviert waren. Deren Expertise gilt es im Sinne einer interdisziplinären theoretischen Zusammenarbeit einzubeziehen, um neue Fragen und Blickwinkel auf den KI-Einsatz anzuwenden und das theoretische Feld zur Stärkung selbstbestimmten Handelns mit KI in der Hochschule zu erweitern.

## 3.3 Gestaltungsbasierte Forschungsperspektive

Versteht man Hochschulbildungsforschung als eine Forschung, die immer *auch* Erkenntnisse für die Praxis generiert, liegt es nahe, in der Erforschung selbstbestimmten Handelns mit KI die Gestaltung didaktischer Interventionen einzubeziehen. Um dies zu realisieren, liegt methodologisch der Ansatz Design-Based Research (DBR) nahe – ein in die Zukunft gerichtetes Forschungsgenre, das immer auch Aussagen darüber macht, was *möglich* ist (vgl. Bakker, 2018). Für den Hochschulkontext liegt bereits ein spezifiziertes Strukturmodell vor, das sich an einem entwurfstheoretischen Ansatz aus den Designwissenschaften (vgl. Kretz, 2020) orientiert (vgl. Reinmann et al., 2024). Die Besonderheit des Modells liegt darin, dass theoretische, empirische und (im weitesten Sinne) praktische Aktivitäten *gemeinsam* eine wissenschaftliche Form von Entwurfshandeln bilden: Diese reichen mit konkreten Konzepten/Interventionen in die *Praxis* hinein (verändernde Dimension), verfolgen *empirische* Ziele (untersuchende Dimension) und sind *theoriebildend* (ordnende Dimension). In einem iterativ-zyklischen (für DBR typischen) Prozess entstehen praktische Lösungen, empirische Einsichten und lokale Theorien (mit begrenztem Geltungsbereich). Der im Forschenden Entwerfen ausführlich entfaltete iterative Prozess ist kompatibel mit hermeneutisch-iterativen Denkweisen im skizzierten theoretischen Forschungsprozess.

Konkret lassen sich für die Thematik des selbstbestimmten Handelns mit KI via Forschenden Entwerfens verschiedene praktisch relevante Interventionen in den Blick nehmen: angefangen von „philosophischen Interpretationsfolien" für die Reflexion und Exploration von KI-Risiken wie Kompetenz-, Autonomie- und Sozialverlusten (Watanabe, 2024b) über didaktische Konzepte zur Stärkung von Kompetenzerleben, Selbstkontrolle und sozialer Eingebundenheit von Studierenden in KI-gestützten Lehr-Lernsettings bis zu sozio-technischen Konstellationen für Lehrpersonen in der Hochschuldidaktik, in denen menschliche Urteilskraft primär bleibt – um nur einige Beispiele zu nennen.

# 4    Schlussbemerkung

Die skizzierten theoretischen und gestaltungsbasierten Forschungszugänge unter einer wissenschaftsdidaktischen Rahmung, wie sie hier in Umrissen aufgezeigt wurden, stehen vor mehreren Schwierigkeiten[6]: *Thematisch* konzentriert sich die aktuelle Forschung auf KI-Potenziale und eine damit verbundene umfassende und unhinterfragte Integration von KI in den Hochschulkontext. Eine Diskussion und Bearbeitung möglicher Risiken des KI-Einsatzes im Bereich Hochschule beschränkt sich derzeit fast ausschließlich auf juristische, z. B. prüfungs- und datenschutzrechtliche, Belange. Macht man Kompetenz-, Autonomie- und Sozialverluste infolge von KI zum Forschungsthema, wird dies rasch als kulturpessimistischer Nebenschauplatz missverstanden und entsprechend abgelehnt. Umso wichtiger ist uns noch einmal der Hinweis, dass ein besseres Verständnis potenzieller KI-Risiken eine Grundlage für selbstbestimmtes Handeln mit KI ist und damit eine Voraussetzung *für* einen verantwortungsvollen Umgang mit KI in Studium, Lehre und Forschung darstellt. *Methodologisch* setzt man in der Forschung zu KI in der Hochschule derzeit, wie wir gezeigt haben, primär auf empirische Forschung. Aktuelle Förderprogramme bieten, allen Aufrufen zu Interdisziplinarität und Innovation zum Trotz, kaum einen passenden Platz für Forschungskonzeptionen, die insbesondere bildungstheoretische, aber auch gestaltungsbasierte Strategien der Erkenntnisgewinnung verfolgen. Dazu kommt, dass sich trotz wachsendem Interesse das Konzept der *Wissenschaftsdidaktik* noch nicht flächendeckend etabliert hat und Fragen zum Einsatz von KI in Studium und Lehre einerseits und in der Forschung andererseits aktuell eher getrennt (in der Bildungsforschung oder Wissenschaftsforschung) untersucht werden.

---

6    … die wir im Zuge von Antragstellungen bei großen Fördereinrichtungen bereits erfahren haben.

# Literaturverzeichnis

AI HLEG (High-Level Expert Group on Artificial Intelligence) (2019). *Ethics Guidelines for Trustworthy AI*. https://digital-strategy.ec.europa.eu/en/library/ethics-guidelines-trust-worthy-ai

Archer, B. (1979). *The three Rs. Design Studies, 1*(1), 18–20.

Arnold, V., Collier, P. A., Leech, S. A., Rose, J. M., & Sutton, S. G. (2023). Can knowledge based systems be designed to counteract deskilling effects? *International Journal of Accounting Information Systems, 50*, 1–20. https://doi.org/10.1016/j.accinf.2023.100638

Arvanitis, A., & Kalliris, K. (2023). Philosophical perspectives on autonomy in self-determination theory. In R. M. Ryan (Hrsg.), *The Oxford handbook of self-determination theory* (S. 423–437). Oxford University Press.

Bakker, A. (2018). *Design research in education. A practical guide for early career re-searcher*. Routledge.

Bearman, M., Ryan, J., & Ajjawi, R. (2023). Discourses of artificial intelligence in higher education: a critical literature review. *Higher Education, 86*, 369–385. https://doi.org/10.1007/s10734-022-00937-2

Bellmann, J. (2020). Theoretische Forschung. Unterscheidung und Bezeichnung eines spezifischen Modus der Wissensproduktion. *Zeitschrift für Pädagogik, 66*(6), 788–806. https://doi.org/10.25656/01:25813

Bendel, O. (2024). KI-basierte Textgeneratoren aus der Sicht der Ethik. In G. Schreiber & L. Ohly (Hrsg.), *KI:Text: Diskurse über KI-Textgeneratoren* (S. 291–306). De Gruyter.

Bergdahl, J., Latikka, R., Celuch, M., Savolainen, I., Soares Mantere, E., Savela, N., & Oksanen, A. (2023). Self-determination and attitudes toward artificial intelligence: Cross-national and longitudinal perspectives. *Telematics and Informatics, 82*, 102013. https://doi.org/10.1016/j.tele.2023.102013

Bertram, G. W. (2019). *Philosophische Gedankenexperimente. Ein Lese- und Studienbuch*. Reclam.

Carvalho, L., Martinez-Maldonado, R., Tsai, Y.-S., Markauskaite, L., & De Laat, M. (2022). How can we design for learning in an AI world? *Computers and Education: Artificial In-telligence, 3*, 100053. https://doi.org/10.1016/j.caeai.2022.100053

Clark, J. A. (2015). Does philosophy of education have a future? *Educational Philosophy and Theory, 47*, 863–869. https://doi.org/10.1080/00131857.2015.1035153

Deutscher Ethikrat (2023). *Mensch und Maschine – Herausforderungen durch Künstliche Intelligenz.* https://www.ethikrat.org/fileadmin/Publikationen/Stellungnahmen/deutsch/stellungnahme-mensch-und-maschine.pdf

Funk, M. (2023). *Künstliche Intelligenz, Verkörperung und Autonomie. Theoretische Probleme – Grundlagen der Technikethik.* Band 4. Springer.

Gašević, D., Siemens, G., & Sadiq, S. (2023). Empowering learners for the age of artificial intelligence. *Computers and Education: Artificial Intelligence, 4*, 100130. https://doi.org/10.1016/j.caeai.2023.100130

Gehring, P. (2024). Rechtspolitische Bemessung möglicher gesellschaftlicher Gefahren digitaler Technologien? Zwei Gedankenexperimente mit anschließender Erwägung. In G. Schreiber & L. Ohly (Hrsg.), *KI:Text: Diskurse über KI-Textgeneratoren* (S. 355–360). De Gruyter.

Herzberg, D. (05.02.2024). *Generative KI, Vollzüge in Sprache, Gedanken zur Bildung.* https://youtu.be/MKGp2kkFlzs

Huber, L. (2018). SoTL weiterdenken. Zur Situation und Entwicklung des Scholarship of Teaching and Learning (SoTL) an deutschen Hochschulen. *Das Hochschulwesen, 1+2*, 33–41.

Jacobs, M., & Simon, J. (2022). Reexamining computer ethics in light of AI systems and AI regulation. *AI and Ethics.* https://doi.org/10.1007/s43681-022-00229-6

Klafki, W. (1991). Neue Studien zur Bildungstheorie und Didaktik. *Zeitgemäße Allgemeinbildung und kritisch-konstruktive Didaktik.* Beltz.

Kretz, S. (2020). *Der Kosmos des Entwerfens. Untersuchungen zum entwerfenden Denken.* Walther König.

Limburg, A. et al. (2023). *Zehn Thesen zur Zukunft des Schreibens in der Wissenschaft. Hochschulforum Digitalisierung.* https://hochschulforumdigitalisierung.de/sites/default/files/dateien/HFD_DP_23_Zukunft_Schreiben_Wissenschaft.pdf

Lindebaum, D., & Fleming, P. (2023). ChatGPT undermines human reflexivity, scientific responsibility and responsible management research. *British Journal of Management.* https://doi.org/10.1111/1467-8551.12781

Neuweg, G. H. (2022). *Lehrerbildung. Zwölf Denkfiguren im Spannungsfeld von Wissenschaft und Können*. Waxmann.

Peters, M. A. et al. (2023). AI and the future of humanity: ChatGPT-4, philosophy and education – Critical responses. *Educational Philosophy and Theory*.

https://doi.org/10.1080/00131857.2023.2213437

Rafner, J. F., Dellermann, D., Hjorth, H. A., Verasztó, D., Kampf, C. E., Mackay, W. E., & Sherson, J. (2021). Deskilling, upskilling, and reskilling: a case for hybrid intelligence. *Morals + Machines, 2*, 24–39. https://doi.org/10.5771/2747-5174-2021-2-24

Reinmann, G., & Rhein, R. (Hrsg.) (2022). *Wissenschaftsdidaktik I. Einführung*. transcript.

Reinmann, G., & Rhein, R. (Hrsg.) (2023). *Wissenschaftsdidaktik III. Perspektiven*. transcript.

Reinmann, G., & Watanabe, A. (2024). KI in der universitären Lehre: Vom Spannungs- zum Gestaltungsfeld. In G. Schreiber & L. Ohly (Hrsg.), *KI:Text: Diskurse über KI-Textgeneratoren* (S. 29–46). De Gruyter.

Reinmann, G. (2015). Forschung zum universitären Lehren und Lernen: Hochschuldidaktische Gegenstandsbestimmung. *Das Hochschulwesen, 5+6*, 178–188.

Reinmann, G. (2023). Deskilling durch Künstliche Intelligenz? Potenzielle Kompetenzverluste als Herausforderung für die Hochschuldidaktik. *Hochschulforum Digitalisierung*. https://hochschulforumdigitalisierung.de/sites/default/files/dateien/HFD_DP_25_Deskilling.pdf

Reinmann, G., Herzberg, D., & Brase, A. (2024). *Forschendes Entwerfen. Ein Wegweiser für Design-Based Research in der Hochschuldidaktik*. transcript.

Réis, C., Denis, J.-L., Axente, M. L., & Kishimoto, A. (Hrsg.) (2024). *Human-Centered AI. A multidisciplinary perspective for policy-makers, auditors, and users*. CRC Press.

Ricken, N., Koller, H.-C., & Keiner, E. (Hrsg.) (2013). *Die Idee der Universität – revisited*. Springer.

Rieder, G., Simon, J., & Wong, P.-H. (2021). Mapping the stony road towards trustworthy AI: Expectations, problems, conundrums. In M. Pelillo & T. Scantamburlo (Hrsg.), *Machines we trust – Perspectives on dependable AI* (S. 21–37). MIT Press.

Rudschies, I., Schneider, I., & Simon, J. (2021). Value pluralism in the AI ethics debate – Different actors, different priorities. *AI, Ethics, and Society, 29*(3), 1–14. https://doi.org/10.29173/irie419

Ryan, R. M., & Deci, E. L. (2008). Self-determination theory and the role of basic psychological needs in personality and the organization of behavior. In O. P. John, R. W. Robins & L. A. Pervin (Hrsg.), *Handbook of personality: Theory and research* (S. 654–678). The Guilford Press.

Simon, J. (2017). Values in design and responsible innovation. In S. O. Hansson (Hrsg.), *Methods for the ethics of technology* (S. 219–235). Rowman & Littlefield International.

Simon, J. (Hrsg.) (2020). *The Routledge handbook of trust and philosophy*. Routledge.

Simon, J., Rieder, G., & Branford, J. (2024). The Philosophy and Ethics of AI: Conceptual, Empirical, and Technological Investigations into Values. *DISO 3*(10). https://doi.org/10.1007/s44206-024-00094-2

Terhart, E. (2006). Bildungsphilosophie und empirische Bildungsforschung – (k)ein Missverhältnis? In L. Pongratz, M. Wimmer & W. Nieke (Hrsg.), *Bildungsphilosophie und Bildungsforschung* (S. 9–36). Janus.

Tober, J. (2024). *Leitlinien zum Umgang mit generativer KI. Hochschulforum Digitalisierung.* https://hochschulforumdigitalisierung.de/wp-content/uploads/2024/02/HFD_Blickpunkt_KI-Leitlinien_final.pdf

van der Gun, L. & Guest, O. (2023). Artificial Intelligence: Panacea or non-intentional dehumanisation? *SocArXiv Papers.* https://doi.org/10.31235/osf.io/rh4fw

van Elk, N., Filipovic, A., Tröbinger, C., Michl, J., & Unterreiter, L. (2023). *Ethik der KI-Technologien in der Hochschulorganisation. Förder-, hochschul- und bildungspolitische Handlungsempfehlungen. Policy Paper.* Universität Wien. https://doi.org/10.13140/RG.2.2.34853.68324

von Garrel, J., Mayer, J., & Mühlfeld, M. (2023). *Künstliche Intelligenz im Studium: Eine quantitative Befragung von Studierenden zur Nutzung von ChatGPT & Co.* https://doi.org/10.48444/h_docs-pub-395

Watanabe, A. (2023). Exploring totalitarian elements of artificial intelligence in higher education with Hannah Arendt. *International Journal of Technoethics, 14*(1), 1–15. https://doi.org/10.4018/IJT.329239

Watanabe, A. (2024a). Theoretische Tauchgänge. Hannah Arendt und ihr fragmentarisches Denken als Wegweiser für Abduktion und die Hochschuldidaktik. *die hochschullehre, 10,* 160–173. https://doi.org 10.3278/HSL2414W

Watanabe, A. (2024b). *Forschen in Fragmenten. Eine bildungsphilosophische Untersuchung des KI-Einsatzes in der Hochschulbildung.* Doktorarbeit. Staats- und Universitätsbibliothek Hamburg Carl von Ossietzky.

Wissenschaftsrat. (2012). *Empfehlungen zur Weiterentwicklung der wissenschaftlichen Informationsinfrastrukturen in Deutschland bis 2020.* (Drs. 2359-12). https://www.wissenschaftsrat.de/download/archiv/2359-12.html

Marlene Wagner[*,1], Alexandra Gössl[*,2], Gerti Pishtari[3] &
Tobias Ley[4]


# Potenziale von Künstlicher Intelligenz für die Hochschullehre – eine Analyse von Strategiepapieren

## Zusammenfassung


In diesem Beitrag wird untersucht, welche Potenziale Künstliche Intelligenz (KI) für das Lehren und Lernen an Hochschulen bietet und welche Lehr-Lern-Prozesse durch den Einsatz von KI-Systemen sinnvoll unterstützt werden können. Dazu wurden zahlreiche Strategiepapiere zu KI, welche in den letzten Jahren im deutschsprachigen Raum sowie von EU-Institutionen und internationalen Organisationen (z. B. UNESCO, OECD) publiziert wurden, gesammelt und analysiert. Um die Potenziale von KI systematisch zu erfassen und zu bewerten, wurde das Modell der fünf Systemebenen der Lernumwelt Hochschule (Makro-, Exo-, Meso-, Mikro- und Individualebene) herangezogen. Dieses Modell ermöglicht eine strukturierte Betrachtung der verschiedenen Einflussbereiche und Ebenen, auf denen KI in der Hochschullehre wirken kann. Ein besonderer Fokus wurde dabei auf die Mikroebene gelegt, die sich direkt mit den Lehr-Lern-Prozessen befasst. Abschließend werden konkrete Handlungsempfehlungen für Lehrende und Studierende präsentiert, darunter die gezielte



*    Marlene Wagner und Alexandra Gössl teilen sich die Erstautorenschaft.

1    Corresponding author; Universität für Weiterbildung Krems, marlene.wagner@donau-uni.ac.at; ORCID 0000-0002-0822-7387

2    Universität für Weiterbildung Krems; alexandra.goessl@donau-uni.ac.at; ORCID 0000-0001-9451-6881

3    Universität für Weiterbildung Krems; gerti.pishtari@donau-uni.ac.at; ORCID 0000-0001-9451-6881

4    Universität für Weiterbildung Krems & Universität Tallinn; tobias.ley@donau-uni.ac.at; ORCID 0000-0002-2804-2304





https://doi.org/10.21240/zfhe/SH-KI-1/04

Integration von KI-gestützten Tools wie ChatGPT in die Lehre, die Anpassung der Prüfungsformate und Bewertungskriterien, die Förderung von kritischem und strukturiertem Denken sowie die Einhaltung ethischer Richtlinien im Umgang mit KI.

**Schlüsselwörter**

Künstliche Intelligenz, Lehr-Lern-Prozesse, Hochschulbildung, Strategiepapiere, ökologische Systemtheorie

## Potential of artificial intelligence for higher education teaching – An analysis of strategy papers

### Abstract

This paper explores the potential of artificial intelligence (AI) for teaching and learning in higher education and identifies which teaching-learning processes can be effectively supported by AI systems. Numerous strategy papers on AI drawn from the past years in the German-speaking region, EU institutions and international organisations (e.g. UNESCO, OECD) were collected and analysed. To systematically capture and evaluate the potential of AI, the model of the five system levels of the higher education learning environment (macro, exo, micro and individual levels) was used. This model enables a structured consideration of the various areas of influence and levels on which AI can impact higher education teaching. A special focus was placed on the micro level, which is directly related to the teaching and learning processes. Finally, concrete recommendations for teachers and students are presented, including the targeted integration of AI-supported tools such as ChatGPT into teaching, the adaptation of examination formats and assessment criteria, the promotion of critical and structured thinking and compliance with ethical guidelines when dealing with AI.

### Keywords

artificial intelligence, teaching-learning processes, higher education, policy papers, ecological systems theory

# 1 Einleitung

Der Einsatz von Künstlicher Intelligenz (KI) in der Hochschulbildung eröffnet neue Potenziale und Herausforderungen. KI wird bereits seit etwa 30 Jahren im Bildungsbereich genutzt, vor allem zur Lernunterstützung, Ressourceneinschätzung, automatisiertem Feedback und zur Verbesserung der Lernerfahrung (vgl. Ouyang et al., 2022; Zawacki-Richter et al., 2019). Durch die jüngsten Entwicklungen generativer KI und ihre große Verbreitung nutzen Lehrende und Studierende KI-Systeme intensiv, während detaillierte Informationen zu konkreten Einsatzmöglichkeiten und Auswirkungen fehlen. Hochschulen und politische Entscheidungsträger:innen waren auf diese Entwicklungen unzureichend vorbereitet.

Ziel dieser Untersuchung ist es, die Potenziale von KI für Lehr-Lern-Prozesse an Hochschulen zu analysieren. Hierzu wurden Strategiepapiere aus dem deutschsprachigen Raum, der EU sowie internationalen Organisationen (z. B. UNESCO, OECD) ausgewertet, die aktuelle Trends und Rahmenbedingungen widerspiegeln. Die Analyse basiert auf dem Modell der fünf Systemebenen der Lernumwelt Hochschule (Makro-, Exo-, Meso-, Mikro- und Individualebene, vgl. Braun et al., 2014) mit besonderem Fokus auf die Mikroebene. Dabei werden Lehrprozesse (z. B. Strukturierung, Herausforderung) und individuelle Lernaktivitäten (z. B. innere und äußere Lernaktivitäten) gemäß dem Angebots-Nutzungs-Modell betrachtet, um KI gezielt zur Verbesserung der Lehrqualität und Lernergebnisse zu integrieren.

# 2    Einsatz von KI-Systemen in der Lernumwelt Hochschule

## 2.1    Überblick über KI-Anwendungen in der Hochschullehre

Holmes et al. (2022) schlagen eine „Taxonomy of AIED (Artificial Intelligence in Education)" vor, die KI-Anwendungen zur Unterstützung des Bildungsprozesses in drei Hauptkategorien unterteilt: Studierende, Lehrende und Institutionen. Im Folgenden wird versucht, die in den Strategiepapieren identifizierten KI-Anwendungen dieser Taxonomie zuzuordnen.

**Studierenden-fokussierte AIEDs:**

Diese Kategorie umfasst KI-gestützte Werkzeuge, die gezielt zur direkten Unterstützung von Lernprozessen bei Studierenden konzipiert sind. Sie bieten unter anderem adaptive Anweisungen und Feedback, um das Lernen zu personalisieren und zu optimieren. In den Strategiepapieren erwähnte Beispiele dafür sind:

*Adaptive Lernumgebungen* (vgl. de Witt et al., 2020), *Intelligente Tutorensysteme* (vgl. Wannemacher & Bodmann, 2021), *Educational Data Mining (EDM)* (vgl. de Witt et al., 2020), *Chatbots* (vgl. Birkelbach et al., 2019), *Massive Open Online Course (MOOCs)* (vgl. Birkelbach et al., 2019), *Augmented (AR) and Virtual Reality (VR)* (vgl. Birkelbach et al., 2019; OECD, 2023; UNESCO, 2021), *Automatisierte Textgenerierung* (vgl. de Witt et al., 2020).

**Lehrenden-fokussierte AIEDs:**

KI-gestützte Systeme dieser Kategorie ergänzen Lehrkräfte in ihrer pädagogischen Praxis, ohne diese zu ersetzen, und tragen ebenso zur Verbesserung der Unterrichtsmethoden bei. In den Strategiepapieren erwähnte Beispiele dafür sind:

*Automatisierte Beurteilung und Benotung* (vgl. UNESCO, 2021; Wannemacher & Bodmann, 2021), *mit KI verknüpfte Lern-Management-Systeme* (vgl. Birkelbach et al., 2019).

**Institutionen-fokussierte AIEDs:**

In dieser Kategorie stehen administrative und organisatorische Anwendungen von KI in Bildungseinrichtungen im Fokus. Dazu gehören Systeme zur Unterstützung von Zulassungsverfahren, zur Planung von Kursen und Studienplänen und zur Identifikation gefährdeter Studierender. Beispiele aus den Strategiepapieren dafür sind:

*Empfehlungssysteme* (vgl. de Witt et al., 2020), *Edu-Robots / Smart Robots* (vgl. de Witt et al., 2020; OECD, 2023; UNESCO, 2021).

## 2.2. Systemebenen der Lernumwelt Hochschule

Gemäß Braun et al. (2014) und in Anlehnung an Bronfenbrenners (1981) ökologisches Modell umfasst die Lernumwelt fünf Systemebenen (siehe Abb. 1):

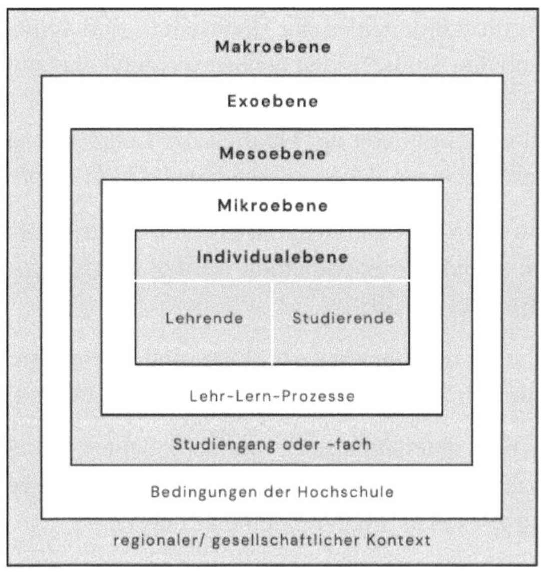


Abb. 1: Systemebenen der Lernumwelt Hochschule (eigene Darstellung in Anlehnung an Braun et al., 2014)

1. *Individualebene*: bezieht sich auf Eigenschaften der Lehrenden (z. B. Alter, Lehrerfahrung, professionelles Wissen, Überzeugungen) und Studierenden (z. B. Vorwissen, Motivation).

2. *Mikroebene:* umfasst die Lehr-Lern-Prozesse innerhalb der Lehrveranstaltungen.

3. *Mesoebene:* bezieht sich auf Merkmale eines Studiengangs, wie Curriculum und Studienorganisation.

4. *Exoebene*: betrifft die Bedingungen an der jeweiligen Hochschule (z. B. Universität oder Fachhochschule).

5. *Makroebene*: bezieht sich auf den regionalen und gesellschaftlichen Kontext der Hochschule (z. B. Unterschiede zwischen Bundesländern und Nationen).

Im Angebots-Nutzungs-Modell für Lehr-Lern-Prozesse an Hochschulen (vgl. Braun et al., 2014) erfolgt eine weitere Differenzierung eben dieser Prozesse auf der Mikroebene. Die Lehrveranstaltungen an der Hochschule sind demnach als ein *Angebot* zu verstehen, das von den Studierenden *genutzt* werden kann, wobei die gewünschte Wirkung jedoch nicht immer garantiert ist. Die Nutzung des Angebots durch die Studierenden hängt einerseits von der Qualität der Lehre und andererseits von den individuellen Voraussetzungen der Studierenden ab (*Individualebene*).

Die Lehrprozesse in der Veranstaltung sind gekennzeichnet durch die Prozessqualität und die Didaktik. Bei der Prozessqualität werden folgende vier Dimensionen unterschieden (vgl. Braun et al., 2014):

– *Strukturierung*: Eine durchgegliederte, klare und störungspräventive Veranstaltungsführung, die den Studierenden Sicherheit, Stabilität und klare Regeln bietet.

– *Unterstützung*: Ein unterstützendes, studierendenorientiertes Veranstaltungsklima ist charakterisiert durch Verständnis, regelmäßiges Feedback und eine positive Beziehung zwischen Studierenden und Lehrenden.

– *Orientierung*: Das Verhalten der Lehrenden und Studierenden wird durch gemeinsam geteilte Normen und Werte sowie Kohärenz zwischen den Mitgliedern einer Lerngruppe indirekt gefördert.

– *Herausforderung*: In der Lehrveranstaltung werden zur Förderung der kognitiven Aktivierung Lernaufgaben eingesetzt, die zwar herausfordernd sind, aber von den Studierenden noch gelöst werden können.

Neben der Prozessqualität spielt die **didaktische Gestaltung** eine entscheidende Rolle. Merkmale für die Gestaltung von Hochschullehre sind etwa Kompetenzorientierung, kooperatives und problembasiertes Lernen, Selbststeuerung des Lernens sowie der Einsatz digitaler Medien (vgl. Braun et al., 2014).

Die Nutzung des Lehrangebots durch die Studierenden hängt von mehreren **individuellen Faktoren** ab. Ein wichtiger Faktor ist die aktive Lernzeit. Die Lernprozesse der Studierenden können weiters durch äußere und innere Lernaktivitäten beschrieben werden. Äußere Lernaktivitäten beziehen sich auf äußerlich sichtbare Verhaltensweisen wie aktives Zuhören, Ausprobieren, Gruppenarbeit oder Teilnahme an Diskussionen. Entscheidend für den Lernerfolg sind vor allem innere Lernaktivitäten wie das Verstehen und Verarbeiten von Informationen oder das Erarbeiten und Organisieren von Wissensstrukturen (vgl. Braun et al., 2014).

# 3    Auswahl der Strategiepapiere

Im Projekt „Von KI lernen, mit KI lehren: Die Zukunft der Hochschulbildung" wurden Strategiepapiere zu KI in der Hochschullehre aus dem deutschsprachigen Raum und von EU-Institutionen gesammelt und analysiert (Brandhofer et al., 2024). Die Identifikation relevanter Papiere erfolgte über eine Google-Recherche mit deutschen und englischen Suchbegriffen sowie gezielt auf den Websites von Bildungsministerien Deutschlands, Österreichs, der Schweiz und EU-Institutionen.

Insgesamt wurden 24 Strategiepapiere einbezogen (4 aus Österreich, 10 aus Deutschland, 2 aus der Schweiz, 3 von EU-Organisationen, 5 von internationalen Organisationen). Für die Fragestellungen dieses Beitrags wurden 14 Strategiepapiere analysiert, die im Literaturverzeichnis mit einem * gekennzeichnet sind.

Tab. 1: Inklusions- und Exklusionskriterien für die Auswahl der Strategiepapiere

| Kriterium | Inklusionskriterien | Exklusionskriterien |
|---|---|---|
| **Inhalt** | Künstliche Intelligenz in der Hochschullehre | Allgemeine Papiere zu Digitalisierung in der Hochschullehre |
| **Bildungskontext** | Hochschule | Primar- und Sekundarstufe<br><br>Weiterbildung (*können am Rande erwähnt werden*) |
| **Disziplin** | Alle Disziplinen | - |
| **Zeitraum** | Keine Einschränkung | - |
| **Art des Dokuments** | Strategiepapier, Whitepaper, Diskussionspapier, Sammelband | Blogbeiträge auf Webseiten |
| **Sprache** | Deutsch, Englisch | Andere Sprachen |
| **Länder** | Österreich, Deutschland, Schweiz | Andere Länder |
| **Verfasser / Organisationen** | Ministerien als Auftraggeber<br><br>Hochschulübergreifende Vereinigungen (z. B. Hochschulforum Digitalisierung)<br><br>EU-Institutionen<br><br>Internationale Vereinigungen (z. B. UNESCO) | Strategiepapiere einzelner Universitäten |

# 4 Potenziale von KI für die Hochschullehre

## 4.1 Individual- und Mikroebene

Im Folgenden werden die in den Strategiepapieren dargelegten Potenziale von KI für Lehr-Lernprozesse zusammengefasst und es wird versucht, diese dem Angebots-Nutzungsmodell von Braun et al. (2014) zuzuordnen.

- *Strukturierung*: KI-Anwendungen können administrative Aufgaben übernehmen, das Lernverhalten analysieren und individuelle Lernpfade vorschlagen. Sie unterstützen Lehrende bei der Leistungsbewertung, der strukturierten Rückmeldung und der Überwachung von Diskussionsforen, etwa durch Kategorisierung von Beiträgen oder automatische Beantwortung einfacher Fragen. So steigert KI die Effizienz der Lehre und ermöglicht Lehrenden mehr Zeit für die individuelle Betreuung der Studierenden (vgl. Birkelbach et al., 2019; BMBWF, 2023; Holmes et al., 2022; OECD, 2023; Schmohl et al., 2023; UNESCO, 2021).

- *Unterstützung*: KI-Anwendungen können leistungsschwächere Studierende identifizieren und so Studienabbrüchen vorbeugen. Sie unterstützen selbstgesteuertes Lernen durch personalisierte, realitätsnahe Aufgaben und ermöglichen individuelles Feedback, z. B. zu sprachlichem Ausdruck, Grammatik und Rechtschreibung. Personalisiertes Lernen wird insbesondere durch KI-Anwendungen wie Intelligente Tutorensysteme, Chatbots und Augmented/Virtual Reality ermöglicht (vgl. Birkelbach et al., 2019; BMBWF, 2023; de Witt et al., 2020; Holmes et al., 2022; OECD, 2023; Schmohl et al., 2023; UNESCO, 2023a; Vincent-Lancrin & Van der Vlies, 2020).

- *Orientierung*: KI-Systeme können gemeinsame Normen und Werte durch standardisierte Informationen und Verhaltensrichtlinien fördern. Sie unterstützen die Kohärenz in Lerngruppen, erleichtern Kommunikation und Zusammenarbeit und geben Feedback zu Gruppenprozessen sowie Verbesserungspotenzialen (vgl. Birkelbach et al., 2019; de Witt et al., 2020; Schleiss et al., 2023).

- *Herausforderung*: KI-Anwendungen ermöglichen Differenzierung durch Texte und Aufgaben in verschiedenen Schwierigkeitsgraden. Sie können komplexe, aber lösbare Aufgaben generieren, die Studierende herausfordern und ihre Problemlösungsfähigkeiten fördern (vgl. Birkelbach et al., 2019; BMBWF, 2023; Schmohl et al., 2023).

KI-Anwendungen bieten außerdem Potenziale für die **didaktische Gestaltung** von Lehr-Lern-Prozessen. Sie unterstützen bei der Planung von Unterricht, z. B. durch Ideensammlung, Erstellung von Aufgabenvarianten oder Generierung von Texten, Bildern und Musik. Ebenso werden ihnen großes Potenzial bei der Vermittlung von 21st-Century Skills wie Kooperation, Kommunikation, kritisches Denken sowie kognitive und metakognitive Fähigkeiten zugesprochen. KI-Anwendungen ermöglichen neue kooperative Lernformate für geografisch getrennte Studierende und fördern dadurch interkulturelle Kompetenzen. Durch Zeit- und Ressourceneinsparungen eröffnen sich zudem alternative Beurteilungsformen wie persönliche Gespräche oder kritische Reflexion (vgl. Birkelbach et al., 2019; BMBWF, 2023; de Witt et al., 2020; OECD, 2023).

Gemäß dem Angebots-Nutzungs-Modell von Braun et al. (2014) hängt die **Nutzung des Lehrangebots** von der Lernzeit sowie äußeren und inneren Lernaktivitäten ab. KI kann die Lernzeit optimieren, z. B. durch personalisierte Lernpläne und effiziente Überwachung der Lernaktivitäten. Sie unterstützt äußere Lernaktivitäten wie Gruppenarbeit und Simulationen durch Sprachassistenten, virtuelle Labore und Feedback-Systeme. Innere Lernaktivitäten wie das Organisieren und Elaborieren von Wissen werden durch adaptive Lernsysteme gefördert, die sich dem individuellen Lernfortschritt anpassen (vgl. Birkelbach et al., 2019; de Witt et al., 2020; UNESCO, 2023a).

## 4.2 Mesoebene

Auf der Mesoebene bietet KI Vorteile für die Gestaltung und Optimierung von Curricula. Sie fungiert als Qualitätssicherungsinstrument, indem sie fachliche Lücken und Redundanzen in Lehrplänen identifiziert. Durch die Analyse und den Vergleich von Lernzielen mit den tatsächlichen Studienstrukturen können Diskrepanzen aufgedeckt und behoben werden (vgl. Schmohl et al., 2023).

Darüber hinaus können KI-Anwendungen administrative Prozesse wie Bewerbungs- und Zulassungsverfahren optimieren, indem sie Bewerbungen analysieren und eine Vorauswahl treffen. Sie unterstützen zudem die Studienberatung, indem sie Studierenden maßgeschneiderte Empfehlungen geben und sie durch den akademischen Prozess begleiten (vgl. Schmohl et al., 2023).

## 4.3 Exoebene

Auf der Exoebene des Modells nach Braun et al. (2014) werden die Bedingungen der Hochschulen betrachtet. Für die Analyse wurden sieben Richtlinien-Papiere ausgewählt, die von größeren österreichischen Universitäten zum Zeitpunkt der Untersuchung veröffentlicht wurden (Alpen-Adria Universität Klagenfurt[5], Universität Graz[6], Technische Universität Graz[7], Leopold-Franzens-Universität Innsbruck[8], Technische Universität Wien[9], Universität Wien[10], Wirtschaftsuniversität Wien[11]). Diese Richtlinien enthalten Vorgaben zur Verwendung von KI im Lehrbetrieb. Die

---

5   https://www.aau.at/wp-content/uploads/2023/08/MK-Leitfaden_wiss.-Arbeiten-final-29-08-2023.pdf

6   https://lehren-und-lernen-mit-ki.uni.at/

7   https://www.tugraz.at/studium/lehre-an-der-tu-graz/strategie-lehre-und-lernen/kuenstliche-intelligenz-ki-in-der-lehre

8   https://www.uibk.ac.at/de/universitaet/digitalisierung/ki-uni-innsbruck/

9   https://www.tuwien.at/studium/lehren-an-der-tuw/digital-gestuetzte-lehre/kuenstliche-intelligenz-in-der-lehre

10  https://phaidra.univie.ac.at/detail/o:1879857

11  https://www.wu.ac.at/mitarbeitende/infos-fuer-lehrende/ki-in-der-lehre/

Zulässigkeit des Einsatzes von KI-Tools wird dabei von den Lehrveranstaltungsleitenden festgelegt, wobei Studierende den Einsatz von KI in ihren Arbeiten kennzeichnen müssen. Der Fokus liegt auf der praktischen Anwendung von KI in der Lehre, einschließlich Workshops, Tool-Sammlungen und Szenarien. Ergänzend werden die Richtlinien durch Rahmenbedingungen zu Datenschutz, Ethik, Bias, Transparenz und Recht begleitet.

## 4.4 Makroebene

Die *Makroebene* umfasst internationale und nationale politische Maßnahmen, die den Zugang zu globalen Bildungsangeboten erleichtern und die Inklusion sowie das Wohlbefinden von Studierenden fördern (vgl. Braun et al., 2014). KI unterstützt dies, indem Echtzeit-Sprachübersetzungsprogramme (z. B. bei Online-Konferenzen) und die Integration von KI in Massive Open Online Courses (MOOCs) den Zugang zu personalisierten Kursen erleichtern, besonders für Menschen aus bildungsfernen oder einkommensschwachen Ländern (vgl. Birkelbach et al., 2019; OECD, 2023).

Ein zentrales Ziel des Sustainable Development Goals (SDG) 4 ist die inklusive Bildung, die durch KI wesentlich unterstützt wird. KI hilft Menschen mit körperlichen Beeinträchtigungen (z. B. Seh- oder Hörbeeinträchtigungen, Legasthenie) durch Technologien wie Text-to-Speech, automatische Untertitel oder Umformulierungen in einfache Sprache. Studierende mit Autismus profitieren von der Interaktion mit virtuellen Charakteren. KI-Tools verbessern auch die Zugänglichkeit für nicht-muttersprachliche Studierende und erkennen Muster im Lernfortschritt, um gezielte Unterstützungsmaßnahmen vorzuschlagen (vgl. Birkelbach et al., 2019; Holmes et al., 2022; OECD, 2023; Schmohl et al., 2023; UNESCO, 2023a; Vincent-Lancrin & Van der Vlies, 2020).

# 5 Handlungsempfehlungen aus den Strategiepapieren

Aus der Analyse der Strategiepapiere und der Einordnung der Potenziale Künstlicher Intelligenz in verschiedene Systemebenen der Hochschule (Braun et al., 2014) ergeben sich insbesondere für die Mikro- und Individualebene Handlungsempfehlungen für Lehrende und Studierende.

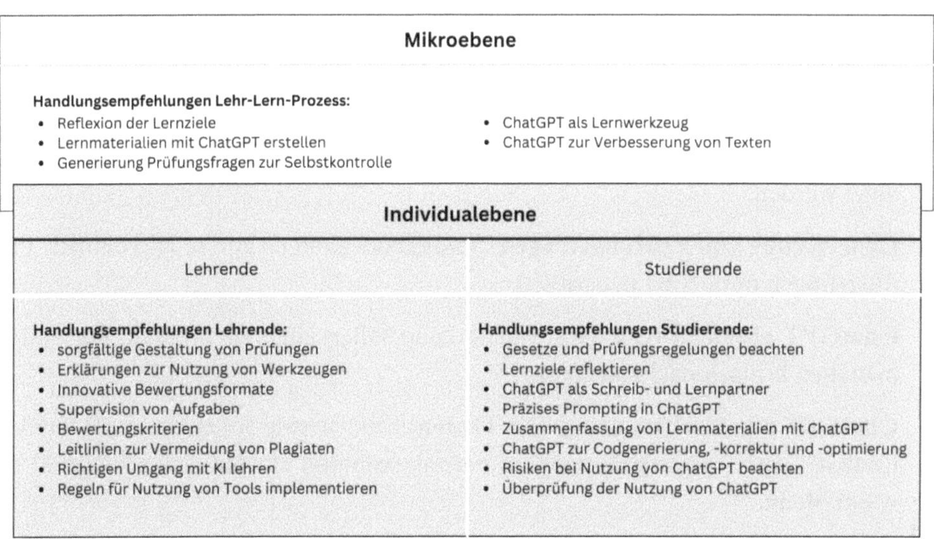


Abb. 2: Handlungsempfehlungen auf Mikro- und Individualebene (eigene Darstellung)

## 5.1 Handlungsempfehlungen für Lehrende

Im Diskussionspapier von Gimpel et al. (2023a) wird ein detaillierter Katalog an Handlungsempfehlungen für Lehrende und Studierende in Bezug auf generative KI-Modelle und Systeme vorgeschlagen. Für den Lehr-Lern-Prozess werden zunächst die folgenden Empfehlungen angesprochen:

- **Reflexion der Lernziele:** Die Lernziele eines Kurses sollten klar definiert werden, und die Grenzen der generativen KI sollen genutzt werden, um kritisches und strukturiertes Denken zu fördern. Präzises Prompting soll als wichtige Fähigkeit für die zukünftige Arbeit mit KI vermittelt werden.

- **Erstellung von Lernmaterialien**: Generative KI, wie ChatGPT, kann zur Erstellung von Lernmaterialien sowie zur Förderung von personalisiertem Lernen genutzt werden.

- **Generierung von Prüfungsfragen**: Studierende können zur Selbstkontrolle Prüfungsfragen mittels KI generieren.

- **ChatGPT als Lernwerkzeug:** Studierende sollen angeregt werden, über Informationen kritisch nachzudenken.

- **ChatGPT zur Verbesserung von Texten:** Studierende sollen angeregt werden, ChatGPT zur Textverbesserung zu nutzen, während akademische Integrität gewahrt bleibt.

Gimpel et al. (2023a) formulieren auch Richtlinien für die Bewertung von Studierenden im Kontext des verstärkten Einsatzes generativer KI.

- **Sorgfältige Gestaltung von Prüfungen:** Prüfungen sollen so gestaltet werden, dass erlaubte Werkzeuge spezifiziert und persönliche Reflexion stärker fokussiert werden.

- **Erklärungen zur Nutzung von Werkzeugen:** Studierende sollen die Anwendung von KI spezifizieren und darüber informieren.

- **Innovative Bewertungsformate:** wie etwa mündliche Präsentationen oder Gruppenprojekte sind zu bevorzugen.

- **Supervision von Aufgaben:** diese soll überdacht werden, sodass Studierende einzelne Arbeitsschritte spezifizieren und mitteilen, für welchen Teil der Arbeit ChatGPT verwendet wurde, um eine bessere Nachvollziehbarkeit zu ermöglichen.

- **Bewertungskriterien:** diese sollen überarbeitet werden, wobei der Fokus auf der Qualität der Forschungsfrage, Kohärenz, Einzigartigkeit und persönlicher Reflexion liegen soll.

- **Leitlinien zur Vermeidung von Plagiaten:** diese sollen eingeführt werden, um Studierende über die Risiken und ihre Verantwortung aufzuklären und Plagiate zu verhindern.

- **Richtiger Umgang mit KI:** dieser soll gelehrt werden, indem KI-Anwendungen in den Lehrplan integriert werden, wobei die Notwendigkeit kritischer Reflexion betont wird.

- **Regeln für die Nutzung von Tools:** diese sollen implementiert werden, abhängig von den Kursanforderungen, und die Studierenden sollen die genutzten Hilfsmittel dokumentieren.

Der Bayerische Ethikrat (2022) empfiehlt die Integration digitaler Lehrinhalte zu KI in der Hochschullehre sowie die Nutzung digitaler Lernplattformen. Er betont auch den Aufbau wissenschaftsbasierter und ethischer Lehrformate, ein interdisziplinäres KI-Lehrangebot und die Einbindung des Themas in das lebenslange Lernen. Auch die UNESCO (2023b) gibt Handlungsempfehlungen zur Anwendung von ChatGPT und KI in der Hochschullehre, die den vorher genannten Vorschlägen ähneln.

## 5.2 Handlungsempfehlungen für Studierende

Gimpel et al. (2023a) geben folgende Empfehlungen für Studierende im Umgang mit Künstlicher Intelligenz, insbesondere ChatGPT:

- Einhaltung von **Gesetzen, Prüfungsregelungen und guter wissenschaftlicher Praxis,** inklusive der Angabe, wenn KI-generierter Text verwendet wird.

- **Reflexion der Lernziele**, um kritisches und strukturiertes Denken zu fördern.

- **ChatGPT als Schreibpartner** nutzen, jedoch nicht als Ersatz für Kreativität und kritisches Denken; Verifikation der Informationen ist notwendig.

- Verwendung von **ChatGPT als Lernpartner** zur Wissensaneignung und -überprüfung.

- **Präzises Prompting** ist entscheidend für wertvolle Ergebnisse.

- **Zusammenfassungen mit ChatGPT** sollten vorsichtig genutzt werden, um das Auslassen wichtiger Details zu vermeiden.

- Studierende können **ChatGPT zur Codegenerierung, -korrektur und -optimierung** während des Programmierens verwenden.

- **Risiken wie Urheberrecht und akademische Integrität** sind zu beachten, die Verantwortung für die eigene Arbeit bleibt bei den Studierenden.

- Bei der Nutzung von ChatGPT sollen die **universitären Regeln** beachtet und die **Vertrauenswürdigkeit der Ergebnisse** hinterfragt werden.

Die UNESCO (2023b) hebt die Notwendigkeit klarer Richtlinien, die Verknüpfung von ChatGPT-Einsatz mit Lernergebnissen und die regelmäßige Überprüfung akademischer Integrität hervor. Sie betont auch die Wichtigkeit der Diskussion über den Einfluss von ChatGPT.

# 6 Fazit und Ausblick

Die vorliegende Analyse hat gezeigt, dass Künstliche Intelligenz ein großes Potenzial zur Optimierung der Lehr- und Lernprozesse an Hochschulen besitzt und alle fünf Systemebenen betrifft:

- **Makroebene**: KI fördert Inklusion und Wohlbefinden der Studierenden durch den erleichterten Zugang zu globalen Bildungsressourcen.

- **Exoebene**: Institutionelle Rahmenbedingungen und Richtlinien unterstützen den ethischen Einsatz von KI und bieten praxisorientierte Beispiele.

- **Mesoebene**: KI verbessert Qualitätssicherung, Effizienz und maßgeschneiderte Studienberatung.

- **Mikroebene**: Adaptive Lernumgebungen, intelligente Tutoring-Systeme und personalisiertes Feedback verbessern die Prozessqualität und Didaktik erheblich.

- **Individualebene**: KI unterstützt die Planung und Vorbereitung von Unterricht sowie personalisierte Lernpfade und Feedback für Studierende.

Der Fokus der Arbeit lag auf den Potenzialen von KI, wobei Risiken wie ethische Bedenken, Datenschutzprobleme, Bias in Algorithmen und Ungleichheit durch Kommerzialisierung nicht unbeachtet bleiben dürfen. Möglicherweise wurden relevante Dokumente aus anderen Regionen oder Institutionen übersehen, und neue Entwicklungen könnten nicht berücksichtigt worden sein. Auch die subjektive Ausrichtung der Analyse ist zu beachten.

Für eine umfassende Bewertung des KI-Einsatzes in der Hochschullehre sind empirische Studien erforderlich, die sich auf die tatsächlichen Effekte und Langzeitwirkungen konzentrieren. Zukünftige Forschung sollte auch die Akzeptanz von KI bei Lehrenden und Studierenden sowie die Entwicklung ethischer Leitlinien und Datenschutzstrategien untersuchen. Die Integration von KI erfordert interdisziplinäre Ansätze, die technische, didaktische und ethische Perspektiven vereinen. Insgesamt bietet KI in der Hochschullehre großes Potenzial, erfordert jedoch eine kritische und ausgewogene Betrachtung, die sowohl Chancen als auch Herausforderungen berücksichtigt, um einen nachhaltigen und gewinnbringenden Einsatz zu gewährleisten.

## Literaturverzeichnis

*Bayerischer Ethikrat (2022). *Kompetenzen zum Umgang mit Künstlicher Intelligenz stärken – Empfehlungen des Bayerischen Ethikrats zu KI als Bildungsgegenstand.* https://www.bayern.de/wp-content/uploads/2022/12/Stellungnahme-Bay.-Ethikrat-zu-KI-Bildung_neu.pdf

*Birkelbach, L., Mader, C., & Rammel, C. (2019). *White Paper. Lernen mit Künstlicher Intelligenz – Potential und Risiken von KI-Lernumgebungen im Hochschulbereich. WU Wien, beauftragt durch das BMBWF.* https://www.bmbwf.gv.at/dam/jcr:f525d2c6-efaf-4534-9c87-9fadb2a81a55/Studie_Lernen%20mit%20kuenstlicher%20Intelligenz.pdf

Brandhofer, G., Gröblinger, O., Jadin, T., Raunig, M., & Schindler, J. (2024). *Von KI lernen, mit KI lehren: Die Zukunft der Hochschulbildung.* Projektbericht. https://www.fnma.at/medien/fnma-publikationen

Braun, E., Weiß, T., & Seidel, T. (2014). Lernumwelten in der Hochschule. In T. Seidel & A. Krapp (Hrsg.), *Pädagogische Psychologie* (S. 433–453). Beltz.

Bronfenbrenner, U. (1981). *Die Ökologie der menschlichen Entwicklung.* Klett.

Bundesministerium für Bildung, Wissenschaft und Forschung (BMBWF) (2023). *Auseinandersetzung mit Künstlicher Intelligenz im Bildungssystem.* https://www.bmbwf.gv.at/dam/jcr:b77eacd7-3926-460e-955a-0754e419e577/ki_bildungssystem.pdf

*de Witt, C., Rampelt, F., & Pinkwart, N. (2020). *Künstliche Intelligenz in der Hochschulbildung.* https://ki-campus.org/sites/default/files/2020-10/Whitepaper_KI_in_der_Hochschulbildung.pdf

* Gimpel, H., Hall, K., Decker, S., Eymann, T., Lämmermann, L., Mädche, A., Röglinger, M., Ruiner, C., Schoch, M., Schoop, M., Urbach, N., & Vandrik, S. (2023a). *Unlocking the power of generative AI models and systems such as GPT-4 and ChatGPT for higher education: A guide for students and lecturers,* Hohenheim Discussion Papers in Business, Economics and Social Sciences, No. 02-2023, Universität Hohenheim, Fakultät Wirtschafts-

und Sozialwissenschaften, Stuttgart, https://nbn-resolving.de/urn:nbn:de:bsz:100-opus-21463

* Gimpel, H., Jung, C., Utz, L., & Wöhl, M. (2023b) / Uni Hohenheim. *Von Null auf Chat-GPT. Eine Schritt-für-Schritt Anleitung, um sich mit der künstlichen Intelligenz vertraut zu machen.* https://digital.uni-hohenheim.de/fileadmin/einrichtungen/digital/Von_Null_auf_ChatGPT_-_Anleitung.pdf

*Holmes, W., Persson, J., Chounta, I.-A., Wasson, B., & Dimitrova, V. (2022). *Artificial Intelligence and Education. A critical view through the lens of human rights, democracy and the rule of law.* Council of Europe. https://rm.coe.int/artificial-intelligence-and-education-a-critical-view-through-the-lens/1680a886bd

*OECD (2023). *Opportunities, guidelines and guardrails on effective and equitable use of AI in education.* OECD Publishing, Paris. https://www.oecd.org/education/ceri/Opportunities,%20guidelines%20and%20guardrails%20for%20effective%20and%20equitable%20use%20of%20AI%20in%20education.pdf

Ouyang, F., Zheng, L., & Jiao, P. (2022). *Artificial intelligence in online higher education: A systematic review of empirical research from 2011 to 2020.* Education and Information Technologies, 27(6), 7893–7925. https://doi.org/10.1007/s10639-022-10925-9

* Schleiss, J., Mah, D.-K., Böhme, K., Fischer, D., Mesenhöller, J., Paaßen, B., Schork, S., & Schrumpf, J. (2023) / KI-Campus. *Künstliche Intelligenz in der Bildung. Drei Zukunftsszenarien und fünf Handlungsfelder (Diskussionspapier).* https://ki-campus.org/sites/default/files/2023-03/2023-03%20Diskussionspapier_KI_Bildung_ZukunMsszenarien_Handlungsfelder_KI-Campus.pdf

*Schmohl, T., Watanabe, A., & Schelling, K. (Hg.). (2023). *Künstliche Intelligenz in der Hochschulbildung. Chancen und Grenzen des KI-gestützten Lernens und Lehrens.* Transcript. https://www.transcript-verlag.de/978-3-8376-5769-2/kuenstliche-intelligenz-in-der-hochschulbildung/

*UNESCO (2021). *AI and education. Guidance for policy-makers.* https://unesdoc.unesco.org/ark:/48223/pf0000376709

*UNESCO (2023a). *Harnessing the era of artificial intelligence in higher education. A primer for higher education stakeholders.* https://unesdoc.unesco.org/ark:/48223/pf0000386670

*UNESCO (2023b). *ChatGPT and artificial intelligence in higher education. Quick start guide*. https://unesdoc.unesco.org/ark:/48223/pf0000385146

*Vincent-Lancrin, S., & Van der Vlies, R. (2020). *Trustworthy artificial intelligence (AI) in education: Promises and challenges*. OECD Education Working Papers No. 218. https://www.oecd-ilibrary.org/education/trustworthy-artificial-intelligence-ai-in-education_a6c90fa9-en;jsessionid=peajTVsLFyRxfyNfUnsk05nMp-uhrravSHM2SL_u.ip-10-240-5-99

*Wannemacher, K., & Bodmann, L. (2021). *Künstliche Intelligenz an den Hochschulen. Potenziale und Herausforderungen in Forschung, Studium und Lehre sowie Curriculumentwicklung*, (59). https://hochschulforumdigitalisierung.de/sites/default/files/dateien/HFD_AP_59_Kuenstliche_Intelligenz_Hochschulen_HIS-HE.pdf

Zawacki-Richter, O., Marín, V. I., Bond, M., & Gouverneur, F. (2019). Systematic review of research on artificial intelligence applications in higher education – where are the educators? *International Journal of Educational Technology in Higher Education, 16*(1), 39. https://doi.org/10.1186/s41239-019-0171-0

Elke Höfler[1]

# Hochschulen zwischen künstlicher Intelligenz und möglichen Zukünften

## Zusammenfassung

In der von Volatilität, Unsicherheit, Komplexität und Ambiguität geprägten VUCA-Welt intensiviert die fortschreitende Entwicklung von Künstlicher Intelligenz (KI) sowohl die bestehenden Herausforderungen als auch die Chancen, indem bestehende Strukturen destabilisiert und Unsicherheiten verstärkt werden. Ein zentraler Schlüssel, diesen Dynamiken erfolgreich zu begegnen, liegt in der gleichzeitigen Entwicklung von AI Literacy und Futures Literacy. AI Literacy befähigt dazu, KI-Technologien kompetent und kritisch zu nutzen; Futures Literacy hingegen unterstützt das Antizipieren möglicher Zukünfte und das Entwickeln kreativer, resilienzfördernder Handlungsoptionen. Beide Kompetenzen müssen gemeinsam gedacht, gefördert und strategisch miteinander verknüpft werden, um langfristig sinnvolle Entscheidungen zu ermöglichen.

Dieser Beitrag stellt sieben methodische Ansätze vor, die die Entwicklung dieser Kompetenzen unterstützen können. Die vorgestellten Methoden sollen zukünftig einer empirischen Fundierung unterzogen werden, um ihre Wirksamkeit und Relevanz im Hochschulkontext zu überprüfen. Ziel ist es, evidenzbasierte Bildungsstrategien zu entwickeln, die Lernende dazu befähigen, sich in einer sich dynamisch wandelnden Welt selbstbestimmt und erfolgreich zu orientieren.

---

1    Universität Graz; elke.hoefler@uni-graz.at; ORCiD 0000-0002-8218-5605


https://doi.org/10.21240/zfhe/SH-KI-1/05

**Schlüsselwörter**

Hochschullehre, AI Literacy, Futures Literacy, VUCA

# Universities at the crossroads of artificial intelligence and possible futures

## Abstract

In the VUCA world, characterized by volatility, uncertainty, complexity, and ambiguity, the rapid advancement of artificial intelligence (AI) intensifies both existing challenges and opportunities by destabilizing established structures and amplifying uncertainties. A key to successfully addressing these dynamics lies in the simultaneous development of AI literacy and futures literacy. AI literacy empowers individuals to engage with AI technologies competently and critically, while futures literacy supports the anticipation of possible futures and the creation of innovative, resilience-enhancing strategies. Both competencies must be conceptualized, promoted, and strategically interconnected to enable meaningful long-term decision-making.

This contribution presents seven methodological approaches designed to support the development of these competencies. These methods are intended to undergo empirical validation to assess their effectiveness and relevance within the higher education context. The ultimate goal is to establish evidence-based educational strategies that empower learners to navigate a rapidly changing world with autonomy and success.

**Keywords**

higher education, AI literacy, futures literacy, VUCA

# 1    Einführende Beobachtung

Die umfassenden Entwicklungen im Kontext *Künstlicher Intelligenz* (KI) haben in den letzten Jahren ein immer tiefgreifenderes Bewusstsein dafür geschaffen, wie entscheidend es ist, der breiten Öffentlichkeit ein fundiertes Verständnis zu und über KI zu vermitteln. In der Gesellschaft im Allgemeinen und in Bildungseinrichtungen im Speziellen wird zunehmend daran gearbeitet, die notwendigen Kompetenzen, auch *AI Literacy* genannt, zu fördern, die es den Menschen ermöglichen, KI-Technologien zu verstehen, kritisch zu hinterfragen und verantwortungsvoll anzuwenden. Diese Bemühungen sind zweifellos von großer Bedeutung, denn nur wer die Grundlagen dieser Technologie versteht, kann aktiv und selbstbestimmt an der digitalen Zukunft teilhaben, wie auch die Forschung zeigt: In einer bibliometrischen Studie, die sich mit Publikationen im Bereich AI Literacy zwischen 1989 und 2021 beschäftigt, konnten Tenório et al. (2023) zeigen, dass die USA, China, Spanien und Deutschland sich am stärksten mit diesem Thema beschäftigt haben, wobei anhand einer Analyse von Schlüsselwörtern *maschinelles Lernen, Daten, Big Data, Deep Learning* und *Ethik* als Forschungsschwerpunkte identifiziert werden konnten. Almatrafi et al. (2024) betonen in ihrer Überblicksstudie eine doppelte Forschungsorientierung. Es sei wichtig, zum einen allgemeine Ansätze zur Vermittlung von AI Literacy, die grundlegende Fähigkeiten über verschiedene Disziplinen hinweg abdecken, zu entwickeln und deren Auswirkungen empirisch zu erforschen, zum anderen jedoch auch fachspezifische Ansätze, da AI Literacy aufgrund fachbereichsspezifischer Anforderungen variieren kann. Zudem fehle es aktuell an einer klaren Abgrenzung naher Begriffe, wie *Kompetenz* und *Literacy*, und Forschung sei überwiegend top-down gesteuert, es mangle an Studien zur aktuellen Nutzung von KI, nicht nur im Bildungskontext, sowie zur Haltung von Nutzerinnen und Nutzern gegenüber KI. Die Autor:innen plädieren schließlich aus pädagogischer Perspektive dafür, dass methodisch-didaktisch verschiedene Lehr- und Lernszenarien zur Vermittlung von AI Literacy entwickelt, implementiert und auf ihre Effektivität hin untersucht werden sollten.

Viele forschungsgeleitete Überlegungen konzentrieren sich demnach noch stark auf die Gegenwart und die unmittelbaren Herausforderungen, die KI aktuell mit sich bringt. Es ist jedoch wichtig, sich bewusst zu machen, dass KI weit über das hinausgeht, was wir heute sehen und erleben. Dies verdeutlicht auch der Hype Cycle für KI 2023, der von Gartner Inc. veröffentlicht worden ist:

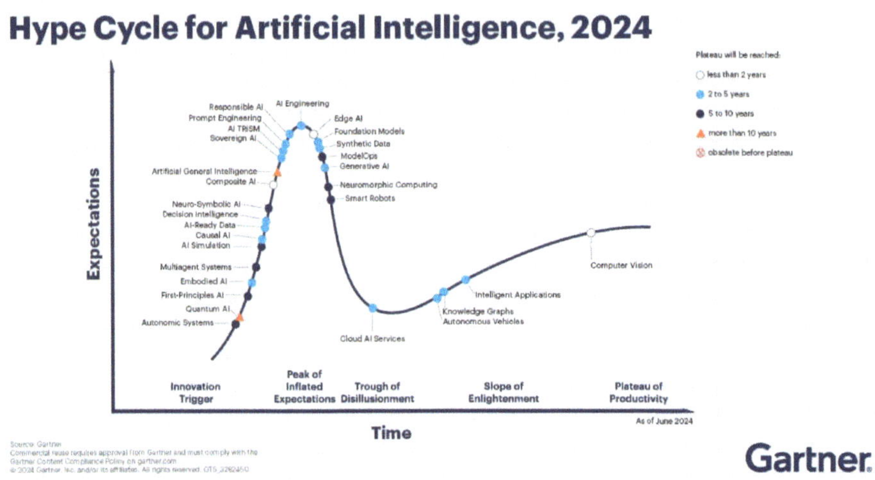


Abb. 1: Hype Cycle für KI 2023 (Gartner Inc., 2024)

Wie in Abbildung 1 ersichtlich ist, hat KI als eine zutiefst disruptive Technologie das Potenzial, ganze Branchen, Arbeitsmärkte und Gesellschaftsstrukturen tiefgreifend zu verändern. Die im Hype Cycle, der den Reifegrad einer Technologie abbildet, zu findenden KI-Anwendungen decken unterschiedlichste Bereiche ab, von autonomem Fahren über Wissensgraphen bis zur generativen KI, die aktuell rund um ChatGPT große Beachtung und Beforschung erfährt. Es erscheint demnach unerlässlich, in Bildungseinrichtungen – mit Blick auf zukünftige Entwicklungen oder Weiterentwicklungen – neben der Vermittlung von AI Literacy auch visionäre und zukunftsorientierte Ansätze zu fördern, die uns nicht nur auf die aktuellen Entwicklungen, sondern vor allem auf die langfristigen Implikationen dieser Technologie vorbereiten.

Vor diesem Hintergrund erfordert es mehr als nur ein solides Verständnis der gegenwärtigen KI-Anwendungen. Es bedarf einer agilen und vorausschauenden Haltung, um auf die kontinuierlich auftretenden technologischen Veränderungen vorbereitet zu sein und aktiv an der Gestaltung unserer gemeinsamen Zukunft mitzuwirken. Nur durch die Kombination von AI Literacy mit einem visionären, disruptiven Denken können wir sicherstellen, dass wir nicht nur die Technologien der Gegenwart meistern, sondern auch in der Lage sind, die Zukunft aktiv und innovativ zu gestalten – im Sinne einer nachhaltigen und menschenzentrierten Entwicklung, wie im Kompetenzbereich „Verankerung von Nachhaltigkeitswerten" des GreenComp zu lesen ist, der die Rolle des Menschen im Kontext von „Fördern der Natur" festschreibt (siehe dazu Stahl, 2022).

Ziel dieses Beitrags ist es, Vision, Agilität und AI Literacy gemeinsam zu denken und methodische Überlegungen als Handlungsempfehlungen für die forschungsgeleitete Hochschullehre zu nennen, die es ermöglichen, mögliche Zukünfte zu imaginieren und damit zu antizipieren.

# 2　Von AI zu Futures Literacy

## 2.1　Herausforderung und Lösung: VUCA

VUCA ist ein Akronym, das ursprünglich aus dem Militärwesen stammt und mittlerweile in unterschiedlichen gesellschaftlichen Bereichen verwendet wird, um die Bedingungen zu beschreiben, unter denen Organisationen und Gesellschaften heute operieren müssen. Es steht für *Volatility* (Volatilität), *Uncertainty* (Unsicherheit), *Complexity* (Komplexität) und *Ambiguity* (Mehrdeutigkeit). Diese Begriffe fassen die Herausforderungen der modernen Welt zusammen: Märkte verändern sich schnell, Technologien entwickeln sich rasant, geopolitische Instabilität und Umweltkrisen schaffen Unsicherheiten, und die globale Vernetzung sorgt dafür, dass Probleme oft vielschichtig und schwer vorhersehbar sind. In dieser VUCA-Welt wird es zunehmend schwieriger, langfristige Vorhersagen zu treffen oder klare, lineare Lösungswege zu identifizieren.

*Volatilität* beschreibt die Geschwindigkeit und Unbeständigkeit von Veränderungen. Trends und Märkte können sich schnell wandeln, und was heute als stabil gilt, kann morgen ins Wanken geraten. *Unsicherheit* bezieht sich auf die Unvorhersehbarkeit von Ereignissen, die uns vor unklare Herausforderungen stellen, ohne dass ausreichende Informationen verfügbar sind, um die Zukunft sicher einschätzen zu können. *Komplexität* kennzeichnet die Vielzahl von miteinander vernetzten Variablen und Faktoren, die zusammenwirken, um das Gesamtbild der Realität zu formen. Oft ist es schwer, die Ursache-Wirkungs-Beziehungen klar zu erkennen. Schließlich steht *Mehrdeutigkeit* dafür, dass viele Situationen in der heutigen Welt mehrdeutig sind und mehrere Interpretationen oder Deutungen zulassen, was die Entscheidungsfindung weiter erschwert. Bennett und Lemoine (2014, S. 312) haben die ambivalente Situation bereits vor zehn Jahren wie folgt beschrieben:

> „If VUCA is seen as general, unavoidable, and unsolvable, leaders will take no action and fail to solve an actual problem. Alternatively, if leaders misread the environment and prepare for the wrong challenge, they will misdirect resources and fail to address the actual problem."

Die Autoren sehen VUCA jedoch nicht als Beschreibung aktueller Herausforderungen, die die Menschheit erstarren lassen soll, sondern betonen auch einen notwendigen visionären Blick, das Lesen der Umgebung und das Inangriffnehmen der Challenge.

So kann VUCA auch anders verstanden werden, nämlich als Ansatz zur Lösung der Herausforderungen, wenn das Akronym anders gelesen wird. In dieser alternativen Deutung steht es ebenfalls für vier Konzepte, die jedoch darauf abzielen, den schwierigen Bedingungen der VUCA-Welt erfolgreich zu begegnen:

– *Vision* statt *Volatility*: In einer sich ständig verändernden Umgebung ist es wichtig, eine klare Vision zu haben. Eine starke Vision gibt Orientierung und Stabilität, auch wenn sich die äußeren Bedingungen schnell ändern. Sie hilft Bildungseinrichtungen und Einzelpersonen, ihre langfristigen Ziele im Auge zu behalten und sich nicht von kurzfristigen Schwankungen beirren zu lassen.

– *Understanding* statt *Uncertainty*: Unsicherheit kann durch ein besseres Verständnis der Situation abgemildert werden. Wer über die richtigen Informationen verfügt und Zusammenhänge erkennt, kann fundiertere Entscheidungen treffen. *Understanding* betont die Notwendigkeit von umfassender Analyse und klarem Denken, um Unsicherheit zu reduzieren. Damit kann auch die Vision geschärft werden.

– *Clarity* statt *Complexity*: Angesichts der Komplexität moderner Systeme ist es wichtig, Klarheit zu schaffen. Dies bedeutet, sich auf das Wesentliche zu konzentrieren, die wichtigsten Hebel zu identifizieren, die Hintergründe zu verstehen und die Kommunikation transparent und zielgerichtet zu gestalten. Klarheit hilft dabei, sich nicht im Dschungel von Daten und Informationen zu verlieren. Empirische Forschungsbefunde können hierbei eine zentrale Basis zur Entscheidungsfindung bieten.

– *Agility* statt *Ambiguity*: Mehrdeutigkeit erfordert eine flexible und agile Haltung. Anstatt sich von unklaren Situationen lähmen zu lassen, sollten Organisationen und Menschen die Fähigkeit entwickeln, schnell auf neue Informationen und sich verändernde Bedingungen zu reagieren. Agilität bedeutet die Bereitschaft, Strukturen und Denkweisen anzupassen, um in einem dynamischen Umfeld erfolgreich zu sein. Agile Methoden zu erlernen, kann helfen, agil zu agieren.

VUCA beschreibt ein dynamisches Umfeld, das durch den technologischen Fortschritt, insbesondere im Bereich der Künstlichen Intelligenz (KI), noch weiter beschleunigt wird. KI trägt einerseits zur Komplexität und Unvorhersehbarkeit bei, indem sie bestehende Systeme revolutioniert und ganze Branchen disruptiv verändert. Andererseits stellt sie neue Herausforderungen dar, da ihre langfristigen Auswirkungen oft schwer vorhersehbar sind. Gleichzeitig bietet KI jedoch auch Lösungen, indem sie Muster erkennt, Vorhersagen trifft und inmitten der Unsicherheiten Klarheit schafft. So wird sie zu einem Schlüsselinstrument, damit Menschen sich in einer VUCA-Welt orientieren können und zukunftsfähige Ansätze entwickeln lernen. Voraussetzung hierfür ist jedoch, dass Mensch und Maschine interagieren, wie Molenaar (2021, 2022) feststellt und wie von Ninaus und Sailer (2022a, b) für das Bildungssystem auf Lernprozesse umgelegt worden ist. Forschung im Feld, unter anderem zur Evaluierung von Lehrkonzepten und Lernmaterialien, und ihre Ergebnisse spielen hierbei eine zentrale Rolle.

## 2.2  AI Literacy & VUCA

Das Verständnis und die Kompetenz, die erforderlich ist, um KI kritisch zu hinterfragen, zu nutzen und ihre gesellschaftlichen, ethischen und technologischen Implikationen zu verstehen, wird als *AI Literacy* bezeichnet (siehe hierzu Ng et al., 2021). Sie umfasst das Wissen über die Funktionsweise von KI-Systemen, ihre Stärken und Grenzen sowie die Fähigkeit, die Auswirkungen von KI auf das eigene Leben und die Gesellschaft zu reflektieren. AI Literacy geht über technisches Wissen hinaus und beinhaltet auch die Entwicklung ethischer und sozialer Kompetenzen im Umgang mit KI.

Die Verbindung zwischen AI Literacy und der VUCA-Welt liegt darin, dass eine solide AI Literacy Menschen und Bildungsinstitutionen hilft, sich besser in einer von Volatilität, Unsicherheit, Komplexität und Mehrdeutigkeit geprägten Welt zurechtzufinden. KI kann sowohl zur Erhöhung der Komplexität beitragen als auch helfen, diese zu bewältigen. Die Rolle des Menschen besteht jedoch darin, kritisch zu sein und die Ergebnisse einer KI-Analyse zu interpretieren, wie auch Ninaus und Sailer (2022 a, b) betonen. Das Wissen um mögliche Verzerrungen, sowohl im Lernprozess als auch den Trainingsdaten, ist hier beispielsweise entscheidend. Dann kann AI Literacy es ermöglichen, KI-Technologien nicht nur zu nutzen, um mit den Herausforderungen der VUCA-Welt umzugehen, sondern auch, deren Auswirkungen kritisch zu hinterfragen und nachhaltige, zukunftsorientierte Entscheidungen zu treffen. In einer Welt, in der Ungewissheit und Wandel allgegenwärtig sind, bietet AI Literacy den notwendigen Rahmen, um Klarheit im Sinne des C in VUCA in komplexen Kontexten zu schaffen, agile Handlungsansätze zu entwickeln und strategisch auf technologische Disruptionen zu reagieren.

Gerade Lehrkräfte stehen vor der Herausforderung, nicht nur Fachwissen über Künstliche Intelligenz vermitteln zu müssen, sondern auch eine offene, reflektierte und zukunftsorientierte Haltung gegenüber technologischen Entwicklungen selbst zu haben und bei ihren Lernenden zu fördern. Wie Schiavo et al. (2024) zeigen konnten, ist *Literacy* von zentraler Bedeutung, wenn es um *Anxiety* und *Acceptance* im Kontext von KI geht. Steigt die *Literacy*, beeinflusst dies die *Acceptance* positiv und minimiert gleichzeitig *Anxiety*. Studien wie diese sind wichtig, da sie dabei helfen, passende Fortbildungen für Lehrkräfte zu entwickeln, die sich auf Fachwissen, Medienkompetenz, Methodenwissen beziehen, aber auch die Haltung der Lehrenden in den Fokus nehmen.

Diese Haltung gilt es zu definieren, legt man sie auf VUCA um, so lassen sich folgende vier Aspekte erkennen:

1. **Offenheit für Veränderung**: In der VUCA-Welt, die von raschen technologischen und gesellschaftlichen Umbrüchen geprägt ist, müssen Lehrpersonen bereit sein, sich kontinuierlich weiterzubilden und flexibel auf neue Entwicklungen zu reagieren. Offenheit gegenüber neuen Lehrmethoden, Technologien und Lerninhalten ist essenziell, um Lernende auf die zukünftigen Anforderungen vorzubereiten.

2. **Kritische Reflexion**: Lehrpersonen sollten eine kritische Haltung gegenüber KI einnehmen, die nicht nur auf den Nutzen dieser Technologie abzielt, sondern auch ihre ethischen, sozialen und gesellschaftlichen Implikationen hinterfragt. Dies bedeutet, Lernende zu ermutigen, über die Auswirkungen von KI auf Datenschutz, Arbeitsmärkte und soziale Gerechtigkeit nachzudenken (siehe hierzu auch das *Intelligent-TPACK*-Rahmenmodell von Celik, 2023).

3. **Förderung von Agilität und Kreativität**: Angesichts der Unsicherheit und Mehrdeutigkeit der VUCA-Welt sollten Lehrpersonen Lernende dazu anregen, agil

und kreativ zu sein. Das bedeutet, sie zu befähigen, in dynamischen und komplexen Situationen flexibel zu agieren, innovative Lösungen zu entwickeln und sich an unvorhersehbare Veränderungen anzupassen.

4. **Empowerment der Lernenden**: Die Lehrperson sollte als Begleiter:in agieren, die Lernenden nicht nur Wissen vermittelt, sondern sie dazu ermutigt, selbstbewusst mit KI-Technologien umzugehen. Ziel ist es, Lernende zu befähigen, KI kritisch und verantwortungsvoll einzusetzen und selbstständig in einer von KI beeinflussten Welt zu navigieren.

Die Haltung von Lehrpersonen erfordert in diesem Kontext demnach neben dem Fachwissen eine Balance aus technologischem Optimismus, kritischer Reflexion und der Bereitschaft, lebenslang zu lernen. Nur so können sie dazu beitragen, dass Lernende nicht nur AI Literacy entwickeln, sondern auch die notwendigen Fähigkeiten und Haltungen erwerben, um in der VUCA-Welt erfolgreich und vorausschauend zu agieren, statt zu reagieren.

## 2.3  Futures Literacy & VUCA

Menschen neigen dazu, die Zukunft immer vor dem Hintergrund der Vergangenheit und der Gegenwart als lineare Entwicklungen zu sehen, wie der Neurowissenschaftler Henning Beck (2023, Kapitel 3) und der Physiker Ranga Yogeshwar (2020, Kapitel 4) in ihrer Rolle als Wissenschaftskommunikatoren festhalten. Umso wichtiger erscheint es, das Imaginieren, Reflektieren und Antizipieren möglicher Zukünfte zu erlernen und zu trainieren. *Futures Literacy* ist, so von der UNESCO (o. J.) definiert, die Fähigkeit, sich die Zukunft in verschiedenen Formen vorzustellen, um besser auf die Gegenwart reagieren und diese gestalten zu können. Es ist eine Schlüsselkompetenz, die Menschen in die Lage versetzt, mögliche, wahrscheinliche und wünschenswerte Zukünfte zu antizipieren und zu reflektieren (vgl. Sippl et al., 2023). Drei zentrale Fähigkeiten stehen, so The New Institute (2021), im Vordergrund:

1. **Antizipation**: Die Fähigkeit, zukünftige Entwicklungen und Trends zu erkennen und Szenarien zu entwerfen, die mögliche Zukünfte beschreiben. Es geht darum,

Veränderungen proaktiv zu antizipieren, anstatt nur auf sie zu reagieren. Antizipation ermöglicht es, in einer unvorhersehbaren Welt frühzeitig Muster zu erkennen und strategische Entscheidungen zu treffen, die auf möglichen zukünftigen Entwicklungen basieren.

2. **Imagination**: Die kreative Fähigkeit, sich alternative Zukünfte vorzustellen, die über die konventionellen Erwartungen hinausgehen. Hier werden neue Ideen, Visionen und Innovationspotenziale entwickelt, um verschiedene Zukunftsszenarien durchzuspielen. Imagination fördert Kreativität und Innovation, indem sie neue, ungewöhnliche Lösungen für komplexe Probleme ermöglicht, die in der VUCA-Welt auftreten können. Sie hilft auch, sich auf disruptive Technologien wie KI vorzubereiten, indem alternative Zukünfte entwickelt werden, in denen diese Technologien eine zentrale Rolle spielen.

3. **Reflexion**: Die Fähigkeit, die eigenen Annahmen über die Zukunft kritisch zu hinterfragen und zu reflektieren, warum bestimmte Zukunftsbilder bevorzugt oder abgelehnt werden. Dies hilft, blinde Flecken und Vorurteile zu erkennen und ermöglicht ein offeneres Denken über zukünftige Möglichkeiten. Reflexion erlaubt es, voreingefahrene Vorstellungen über KI und die Zukunft zu hinterfragen und so offen für neue Perspektiven und Handlungsoptionen zu bleiben.

Die Fähigkeit, zukünftige Entwicklungen zu antizipieren, alternative Zukünfte zu imaginieren und die eigenen Annahmen zu reflektieren, hilft Einzelpersonen und Bildungsorganisation, besser auf die Herausforderungen und Chancen der VUCA-Welt vorbereitet zu sein (vgl. Höfler, 2024a).

Im Zusammenhang mit KI scheint Futures Literacy besonders relevant: KI verändert die Art und Weise, wie wir arbeiten, lernen, lehren, leben und Entscheidungen treffen. Eine ausgeprägte Futures Literacy ermöglicht es, die potenziellen Auswirkungen von KI auf verschiedene Bereiche der Gesellschaft besser zu verstehen und sich darauf vorzubereiten. Durch die Entwicklung von Futures Literacy können Menschen die disruptive Natur von KI proaktiv gestalten, anstatt nur passiv darauf zu reagieren. Dies erfordert die Fähigkeit, sich unterschiedliche Zukünfte vorzustellen, in denen KI sowohl Herausforderungen als auch Chancen mit sich bringt, und diese kritisch zu reflektieren. Wie Tenório et al. (2023) gezeigt haben, hat sich die Forschung bislang auf einzelne Aspekte im Bereich KI fokussiert, die insbesondere im technischen Bereich liegen. Almatrafi et al. (2024) betonen, dass es unterschiedlicher Zugänge bedarf und vor allem auch im didaktisch-methodischen Bereich neue Ansätze notwendig sind.

In einer Welt, die von Unsicherheit und technologischen Umbrüchen geprägt ist, hilft Futures Literacy somit, Orientierung zu finden und aktiv die Zukunft zu gestalten – sei es im Umgang mit KI oder in der Bewältigung der VUCA-Herausforderungen. Einige methodisch-didaktische Szenarien können dabei unterstützen.

# 4  Methodische Empfehlungen

Um das Dreieck aus Futures Literacy, AI Literacy und die Herausforderungen der VUCA-Welt effektiv in Bildungsprozessen zu fördern, gibt es mehrere didaktische Methoden, die auf kreative und kritische Denkprozesse, Problemlösungsfähigkeiten sowie auf die Fähigkeit zur Antizipation und Reflexion abzielen. Diese Methoden sind ideal, um Lernende darauf vorzubereiten, sich in einer dynamischen, von Technologie und Unsicherheit geprägten Welt zurechtzufinden.

1. Die **Szenariotechnik** ist eine Methode, die Futures Literacy direkt fördert, indem Lernende alternative Zukunftsszenarien entwickeln und durchspielen. Sie werden ermutigt, mögliche, wahrscheinliche und wünschenswerte Zukünfte zu antizipieren und zu analysieren. Dies fördert die Fähigkeit, langfristige Auswirkungen von KI und anderen Technologien im Sinne einer Technikfolgenabschätzung in einem VUCA-Kontext zu reflektieren und kritisch zu hinterfragen (vgl. Höfler, 2024b).

2. **Design Thinking** setzt stark auf Kreativität, Imagination und Problemlösung. Durch iterative Prozesse, in denen Prototypen entwickelt, getestet und verbessert werden, werden Lernende ermutigt, innovative Lösungen zu entwickeln, die auf komplexe, unvorhersehbare Probleme reagieren. Dies schärft ihre Fähigkeit, auf

zukünftige Herausforderungen, insbesondere im Bereich der KI, agil und visionär zu reagieren.

3.  Im **projektbasierten Lernen** (PBL) arbeiten Lernende an realen Problemen, die oft unvorhersehbar und mehrdeutig sind – genau wie die Herausforderungen der VUCA-Welt. PBL fördert die Anwendung von AI Literacy, indem Lernende KI-Technologien direkt nutzen oder untersuchen, um Lösungen zu erarbeiten, und Futures Literacy, indem sie reflektieren, wie diese Lösungen langfristig wirken könnten.

4.  Die **Zukunftswerkstatt** fördert Futures Literacy, indem Lernende in einer mehr-stufigen Diskussion über Probleme der Gegenwart und mögliche Zukünfte ein-gebunden werden. Die Teilnehmenden durchlaufen eine Kritik-, Fantasie- und Realisierungsphase, in der sie Zukunftsszenarien erarbeiten und sich vorstellen, wie Technologien wie KI diese Zukünfte gestalten können. Dies schult ihr Den-ken in Bezug auf zukünftige Entwicklungen und KI.

5.  **Planspiele** simulieren reale oder zukünftige Situationen, in denen Lernende in verschiedene Rollen schlüpfen und Entscheidungen treffen müssen. Sie eignen sich hervorragend, um Futures Literacy zu fördern, indem die Teilnehmenden komplexe Szenarien mit mehreren Variablen antizipieren und durchspielen. Sie fördern auch AI Literacy, da KI-basierte Szenarien eingebaut werden können, die die Auswirkungen und Herausforderungen der Technologie in der und für die Gesellschaft reflektieren (vgl. Klein & Wendt, 2024).

6.  **Backcasting** geht einen umgekehrten Weg: Diese Methode beginnt mit einer ge-wünschten Zukunftsvision und arbeitet rückwärts, um die notwendigen Schritte zu identifizieren, die erforderlich sind, um diese Vision zu erreichen. Lernende stellen sich eine konkrete Zukunft vor und entwickeln den Weg dorthin. Gleich-zeitig ermöglicht Backcasting das Einbeziehen von KI und die Reflexion über deren Rolle bei der Verwirklichung dieser Zukunft, was AI Literacy stärkt.

7.  **Agile Lernmethoden**, wie Scrum oder Kanban oder auch Design Thinking, ba-sieren auf Flexibilität und schnellem Anpassungsvermögen, Eigenschaften, die

sowohl in der VUCA-Welt als auch im Bereich der KI besonders wichtig sind. Durch iterative Lernprozesse und Feedback-Schleifen fördert agiles Lernen die Fähigkeit, auf neue Herausforderungen, wie sie in der Zukunft und durch KI auftreten, schnell und effizient zu reagieren. Sie lassen sich sowohl in Planspiele als auch in PBL als Methoden integrieren. Die vierte Ausgabe der Zeitschrift *Pädagogik* (Beltz, 2023) zeigt für Schule und Unterricht unterschiedliche Möglichkeiten zur Integration von Agilität in Lehr- und Lernprozessen auf.

Die Berücksichtigung dieser Methoden schafft eine Umgebung, die Futures Literacy und AI Literacy fördert. Sie helfen Lehrenden und Lernenden nicht nur, die Technologie zu verstehen, sondern auch, visionär zu denken, flexibel auf Ungewissheit zu reagieren und langfristige, ethische und gesellschaftliche Fragen zu berücksichtigen. Solche Ansätze bereiten darauf vor, in einer komplexen und sich ständig wandelnden Welt aktiv und reflektiert zu agieren.

## 5 Fazit

In der VUCA-Welt, die von Volatilität, Unsicherheit, Komplexität und Mehrdeutigkeit geprägt ist, stehen wir, nicht nur im Bildungssystem, vor großen Herausforderungen, aber auch vor vielfältigen Chancen. Diese werden durch die fortschreitende Entwicklung von KI noch intensiviert. KI kann einerseits bestehende Strukturen destabilisieren und Unsicherheiten verstärken, andererseits eröffnet sie neue Wege und Möglichkeiten zur Innovation, Problemlösung und Effizienzsteigerung. Um diese komplexe Dynamik erfolgreich zu navigieren, ist es entscheidend, dass wir sowohl die Herausforderungen als auch die Chancen klar erkennen und aktiv in Angriff nehmen.

Ein zentraler Schlüssel dazu liegt in der Entwicklung von AI Literacy, die die AI Acceptance steigert und die AI Anxiety (vgl. Schiavo et al., 2024) minimiert und damit Futures Literacy fördert (vgl. UNESCO, o. J.). Beide Kompetenzen müssen miteinander verknüpft, gemeinsam gedacht und parallel gefördert werden, um sicherzustellen, dass wir nicht nur ein fundiertes Verständnis von KI und ihren technischen Implikationen entwickeln, sondern auch die Fähigkeit, über mögliche Zukünfte nachzudenken und strategische Entscheidungen zu treffen, die langfristig sinnvoll sind. AI Literacy ermöglicht es uns, KI-Technologien kompetent und kritisch zu nutzen, während Futures Literacy uns befähigt, zukünftige Szenarien zu antizipieren und kreative, resiliente Handlungsoptionen zu entwickeln.

Von großer Bedeutung ist dabei, wie Almatrafi et al. (2024) in ihrer Überblicksstudie zeigen, ein empirisch fundierter, forschungsgeleiteter Ansatz. Die Entwicklung und Auswahl geeigneter Methoden und Ansätze zur Förderung von AI und Futures Literacy darf nicht auf reiner Intuition oder theoretischen Annahmen beruhen. Stattdessen sollten diese Methoden und Ansätze kontinuierlich wissenschaftlich untersucht werden, um ihre Wirksamkeit und Relevanz im jeweiligen Kontext der Hochschule und ihrer Entwicklung zu überprüfen. Nur durch eine solche evidenzbasierte Herangehensweise lässt sich sicherstellen, dass die eingesetzten Bildungsstrategien tatsächlich dazu beitragen, dass Menschen sich in einer sich schnell wandelnden Welt erfolgreich und selbstbestimmt zurechtfinden (vgl. Molenaar 2021, 2022 sowie Ninaus & Sailer, 2022a, b). Empirische Studien bieten nicht nur wichtige Erkenntnisse über die Wirksamkeit von Lehrmethoden, sondern helfen auch dabei, die langfristigen Auswirkungen auf die Kompetenzen der Lernenden zu bewerten und weiterzuentwickeln.

# 6 Acknowledgment

In diesem Artikel wurden Anwendungen Künstlicher Intelligenz verwendet. Die Übersetzung des Abstracts erfolgte mithilfe von *DeepL Translate* (https://www.deepl.com/de/translator), eine Hilfe beim Umformulieren einzelner Sätze bot *ChatGPT* (https://chatgpt.com/).

# Literaturverzeichnis

Beltz (2023). Agile Methoden für Schule und Unterricht. *Pädagogik 4/2023.*

Almatrafi, O., Johri, A., & Lee, H. (2024). A systematic review of AI literacy conceptualization, constructs, and implementation and assessment efforts (2019–2023*). Computers and Education Open, 6,* 100173. https://doi.org/10.1016/j.caeo.2024.100173

Beck, H. (2023). *12 Gesetze der Dummheit. Denkfehler, die vernünftige Entscheidungen in der Politik und bei uns allen verhindern.* Econ.

Bennett, N., & Lemoine, G. J. (2014). What a difference a word makes: Understanding threats to performance in a VUCA world. *Business Horizons, 57*(3), 311–317.

Celik, I. (2023). Towards Intelligent-TPACK: An empirical study on teachers' professional knowledge to ethically integrate artificial intelligence (AI)-based tools into education. *Computers in Human Behavior, 138,* 107468. https://doi.org/10.1016/j.chb.2022.107468

Gartner Inc. (2024). *Hype Cycle for Artificial Intelligence,* 2024. https://emt.gartnerweb.com/ngw/globalassets/en/articles/infographics/hype-cycle-for-artificial-intelligence-2024.jpg

Höfler, E. (2024a). Agil und visionär: Wie wir mit dem Hype um KI umgehen können. *Personal in Hochschule und Wissenschaft entwickeln, 4,* 347–359.

Höfler, E. (2024b). Zukünfte als Szenarien – Szenarien als Zukünfte. *Future & Education. 30. Schule der Zukunft,* 93–94.

Klein, M., & Wendt, F. (2024). Simulierte Realität – Lernen mit Planspielen. *Future & Education. 30. Schule der Zukunft,* 99–100.

Molenaar, I. (2021). Personalisation of learning: Towards hybrid human-AI learning technologies. In Organisation for Economic Co-operation and Development (Hrsg.), *OECD Digital Education Outlook 2021: Pushing the frontiers with artificial intelligence, blockchain and robots.* OECD Publishing. https://read.oecd.org/10.1787/2cc25e37-en?format=html

Molenaar, I. (2022). Towards hybrid human-AI learning technologies. *European Journal of Education, 57*(4), 632–645. https://doi.org/10.1111/ejed.12527

Ng, D. T. K., Leung, J. K. L., Chu, S. K. W., & Qiao, M. S. (2021). Conceptualizing AI literacy: An exploratory review. *Computers and Education: Artificial Intelligence* 2. 10041 https://doi.org/10.1016/j.caeai.2021.100041

Ninaus, M., & Sailer, M. (2022a). Closing the loop – The human role in artificial intelligence for education. *Frontiers in Psychology*, *13*, 956798. https://doi.org/10.3389/fpsyg.2022.956798

Ninaus, M., & Sailer, M. (2022b). Zwischen Mensch und Maschine: Künstliche Intelligenz zur Förderung von Lernprozessen. *Lernen und Lernstörungen*, *11*(4), 213–224. https://doi.org/10.1024/2235-0977/a000386

Schiavo, G., Businaro, S., & Zancanaro, M. (2024). Comprehension, apprehension, and acceptance: Understanding the influence of literacy and anxiety on acceptance of artificial Intelligence. *Technology in Society*, *77*, 102537. https://doi.org/10.1016/j.techsoc.2024.102537

Sippl, C., Brandhofer, G., & Rauscher, E. (Hrsg.) (2023). *Futures Literacy. Zukunft lernen und lehren.* StudienVerlag. https://doi.org/10.53349/oa.2022.a2.170

Stahl, D. (2022). *GreenComp: Lebenslanges Lernen für eine nachhaltige Zukunft.* https://epale.ec.europa.eu/de/blog/greencomp-lebenslanges-lernen-fuer-eine-nachhaltige-zukunft

The New Institute (2021). *Futures Literacy.* https://thenew.institute/redefining-the-possible/futures-literacy.html

Tenório, K., Olari, V., Chikobava, M., & Romeike, R. (2023). Artificial intelligence literacy research field: A bibliometric analysis from 1989 to 2021. In *Proceedings of the 54th ACM Technical Symposium on Computer Science Education* (Vol. 1, S. 1083–1089). Association for Computing Machinery (ACM). https://doi.org/10.1145/3545945.3569874

UNESCO (o. J.). *Futures Literacy.* https://www.unesco.org/en/futures-literacy

Yogeshwar, R. (2020). *Nächste Ausfahrt Zukunft. Geschichten aus einer Welt im Wandel.* KiWi.

# Lukas Spirgi[1], Sabine Seufert[2], Jan Delcker[3] & Joana Heil[4]


# Soziotechnische Systemgestaltung im Kontext generativer KI: Eine empirische Untersuchung

## Zusammenfassung


Das Aufkommen von ChatGPT hat disruptive Auswirkungen auf die Hochschulbildung. Nach dem sozio-technischen Systemdesign sind Hochschulen als Organisationen zu verstehen, in denen technische und soziale Subsysteme interagieren. Den Kern des Systemdesigns bildet dabei die (neue) Aufgabenteilung bei der Interaktion zwischen Menschen und Maschine. Diese Studie untersucht generative KI (Chat-GPT) als soziotechnische Innovation in der Hochschulbildung, indem sie die ethischen Grundsätze für die Nutzung von KI sowie die Häufigkeit und Art der Nutzung von ChatGPT durch Studierende analysiert. Die befragten Studierenden ($N = 699$) zeigen große Unsicherheiten sowie Bedenken hinsichtlich der ethischen Nutzung von ChatGPT. Die Studierenden nutzen ChatGPT vor allem als Hilfe beim wissenschaftlichen Schreiben und vereinzelt als Lernhilfe ($\approx 10$ %). Weibliche Studierende nutzen ChatGPT signifikant weniger als männliche Studierende. Die durchgeführte Clusteranalyse ergibt drei Typen: gelegentliche Nutzer:innen ($\approx 50$ % aller Studierenden), regelmäßige Nutzer:innen ($\approx 35$ %) und intensive Nutzer:innen ($\approx 15$ %). Die Ergebnisse der Studie liefern einen Diskussionsbeitrag zur Hochschulentwicklung aus der Perspektive der soziotechnischen Systemgestaltung.


---


1 Corresponding Author; Universität St. Gallen; lukas.spirgi@unisg.ch; ORCiD 0009-0003-7182-949X

2 Universität St. Gallen; sabine.seufert@unisg.ch; ORCiD 0000-0002-3807-6460

3 Universität Mannheim; delcker@uni-mannheim.de; ORCiD 0000-0002-0113-4970

4 Universität Mannheim; joana.heil@uni-mannheim.de; ORCiD 0000-0001-5069-0781





https://doi.org/10.21240/zfhe/SH-KI-1/06

Lukas Spirgi, Sabine Seufert, Jan Delcker & Joana Heil

**Schlüsselwörter**

ChatGPT, Generative KI, Hochschulbildung, KI-Ethik, Soziotechnische Systemgestaltung

# Socio-technical system design in the context of generative AI: An empirical study

## Abstract

The emergence of ChatGPT has had disruptive effects on higher education. Socio-technical system design conceives of universities as organisations in which technical and social subsystems interact. The core of system design is the (new) division of tasks in the interaction between humans and machines. In order to examine ChatGPT as a socio-technical innovation in higher education, this study analyses the ethical principles for the use of AI and the frequency and type of ChatGPT use by students. The students surveyed ($N = 699$) showed great uncertainty and concern regarding the ethical use of ChatGPT. The students use ChatGPT primarily as an aid to academic writing and occasionally as a learning aid ($\approx 10\%$). Female students use ChatGPT significantly less than male students. The cluster analysis revealed three types: occasional users ($\approx 50\%$ of all students), regular users ($\approx 35\%$) and intensive users ($\approx 15\%$). The results of the study contribute to the discussion about university development from the perspective of socio-technical system design.

## Keywords

ChatGPT, generative AI, higher education, AI ethics, socio-technical system design

# 1 Einleitung

Mit Tools wie ChatGPT hat generative Künstliche Intelligenz (gen KI) Einzug in den Alltag von Studierenden gehalten. Während gen KI früher ein abstraktes Thema war, ist sie nun als eine Art „Volks-KI" für jedermann zugänglich (Seufert & Spirgi, 2023). Aufgrund der Neuheit des Phänomens gibt es bisher nur begrenzte empirische Untersuchungen zum Einsatz von gen KI in der Hochschulbildung (Kim, 2022; Lim et al., 2023; von Garrel et al., 2023). Disruptive Entwicklungen wie das Aufkommen von ChatGPT in der Hochschulbildung haben eine starke transformative Kraft und erfordern eine Weiterentwicklung traditioneller Bildungsmodelle (Chiu, 2024) und somit auch des Organisationssystem von Hochschulen (Seufert et al., 2019). In diesem Zusammenhang gewinnt die soziotechnische Gestaltung von Bildungseinrichtungen zunehmend an Bedeutung (Hardwig, 2023). In der Literatur zur Entwicklung von Bildungsorganisationen sind soziotechnische Begriffe und Konzepte bisher nicht berücksichtigt worden, obwohl der Einsatz digitaler Tools beim Lehren und Lernen ein typisches Anwendungsfeld wäre (Hardwig, 2023). Eine systematische Integration soziotechnischer Systemgestaltung bietet somit nicht nur einen umfassenden konzeptionellen Rahmen, sondern auch eine effektivere Unterstützung für digitales Lehren und Lernen (Hardwig, 2023). Das Aufkommen von gen KI kann als eine neue, soziotechnische Innovation für Hochschulen betrachtet werden. Gen KI ist eine Technologie, die Deep-Learning-Modelle nutzt, um menschenähnliche Inhalte wie Bilder und Wörter basierend auf den Eingabeaufforderungen des Nutzenden, auch bekannt als „Prompts", zu erzeugen (Lim et al., 2023). Bislang existieren nur wenig empirische Forschungen zur Auswirkung von gen KI auf die Hochschulbildung (Kim, 2022; Lim et al., 2023; von Garrel et al., 2023). An dieser Forschungslücke setzt der Beitrag an. Ziel ist es, aus der Perspektive der Studierenden die ethische Nutzung von gen KI (z. B. ChatGPT) für die Aufgabenspektren „Schreiben" und „Lernen" näher zu untersuchen, um damit Erkenntnisse für eine soziotechnische Systemgestaltung von Hochschulen zu gewinnen.

# 2 Theoretischer Hintergrund

## 2.1 Hochschulen als soziotechnische Systeme

Der Ansatz der soziotechnischen Systemgestaltung betrachtet Organisationen als ein Zusammenspiel von sozialen und technischen Subsystemen (Bostrom & Heinen, 1977a; Götzen et al., 2023). Es sollen sowohl die technologischen Anforderungen als auch die sozialen Bedürfnisse der beteiligten Menschen berücksichtigt werden (Bostrom & Heinen, 1977a). Die soziotechnische Systemgestaltung ermöglicht folglich eine ganzheitliche Betrachtung von Arbeitsprozessen, indem nicht nur technische Abläufe, sondern auch soziale Interaktionen und Strukturen innerhalb einer Organisation berücksichtigt werden (Mumford, 2000). Dieses soziotechnische Paradigma der Wirtschaftsinformatik liefert somit einen Bezugsrahmen zum Verständnis und zur Gestaltung von digitalen Innovationen in Organisationen (Bostrom & Heinen, 1977b). Der Ansatz der soziotechnischen Designs betont laut Mumford (2000) vor allem, dass die Rechte und Bedürfnisse der Beschäftigten in einer Organisation auch bei Veränderungen in Technologie und Organisationsstrukturen stets eine hohe Priorität haben sollten.

In Zeiten rascher technologischer Entwicklungen, wie wir sie derzeit aufgrund der gen KI erleben, erfährt die soziotechnische Systemgestaltung einen starken Aufschwung (Latniak et al., 2023). Dies liegt insbesondere daran, dass ethische Überlegungen im Kontext der gen KI eine große Rolle spielen und die Verantwortung gegenüber den Nutzer:innen (z. B. Beschäftigte, Lehrende und Lernende an Hochschulen) und der Gesellschaft nicht zugunsten des technologischen Fortschritts vernachlässigt werden sollte. Im Zentrum einer soziotechnischen Systemarchitektur ist die sinnvolle Gestaltung der Interaktion zwischen Mensch und Subsystemen (Bostrom & Heinen, 1977a; Götzen et al., 2023). Im nächsten Kapitel wird aufgezeigt, welche Aspekte für eine ethische Nutzung von KI als wichtig erachtet werden (global anerkannte Kriterien) und welche Arten der Mensch-Maschine-Interaktion (Nutzungsszenarien) an Hochschulen verbreitet sind. Die Forschungsfragen der vorliegenden

Studie, die im Rahmenmodell der soziotechnischen Systemgestaltung verankert sind (vgl. F1, F2, F3 in Abbildung 1), werden in Abschnitt 3.1 näher erläutert.

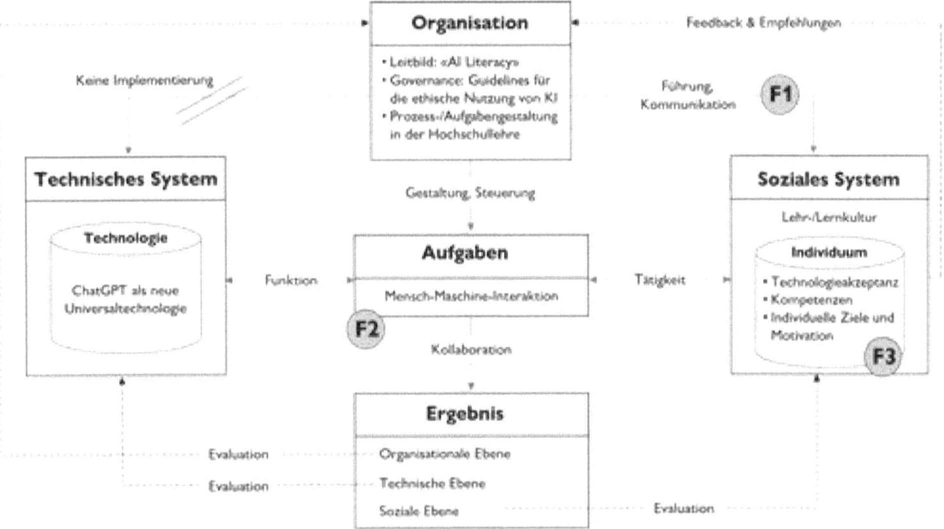


Abb. 1: Soziotechnische Systemgestaltung als theoretischer Bezugsrahmen (Seufert & Spirgi, 2024) auf Basis von (Götzen et al., 2023)

## 2.2 Ethische Nutzung von gen KI und Nutzungsszenarien in der Hochschulbildung

Um die ethischen Herausforderungen in der Nutzung von gen KI zu adressieren, wurden in den letzten Jahren Leitlinien für Lehrkräfte entwickelt (Eropean Commission, 2020; Europäische Kommission, 2022; OECD, 2020). Hochschulen sind gefordert, eigene Richtlinien zur KI-Nutzung zu erarbeiten (Solis, 2023). Die Forschungsgruppe Jobin et al. (2019) führte eine Meta-Analyse bestehender ethischer Richtlinien für KI durch. Ihre Analyse ergab einen weltweiten Konsens über fünf ethische Grundsätze: Transparenz, Gerechtigkeit und Fairness, Datenschutz und Privatsphäre, Integrität und Solidarität sowie verantwortungsvolle KI-Entwicklung. Wie Jobin et al. (2019) betonen, ist es wichtig, ethische Leitlinien an spezifische KI-Systeme und Anwendungsbereiche anzupassen.

Gen KI (z. B. ChatGPT) kann von den Studierenden als Schreibassistent (SA) sowie als Lernassistent (LA) verwendet werden. Diese Rollen werden auch in erhobenen Nutzungsszenarien aktueller empirischer Studien ersichtlich (vlg. Lingard, 2023; Punar Özçelik & Yangın Ekşi, 2024; von Garrel et al., 2023).

In der Rolle als SA unterstützt gen KI die Studierenden beim Erstellen von Texten. Als Grundlage für die Erstellung verschiedener Nutzungsszenarien in der Rolle SA kann die Arbeit der internationalen Forschungsgemeinschaft für Computerlinguistik dienen, die ethische Richtlinien für den Einsatz von KI-gestützten Schreibwerkzeugen formuliert hat (Boyd-Graber et al., 2023). Diese Richtlinien umfassen sechs Stufen, die sich auf die zunehmende Leistung der gen KI bei der Textgenerierung und auf die Neuheit der generierten Texte beziehen:

- *Level 1 Assistance purely with the language of the paper*: Der gen KI-Assistent übernimmt die Aufgabe, die ursprünglichen Inhalte des Autors umzuformulieren und zu verfeinern. Die Endkorrektur erfolgt durch den Menschen.

- *Level 2 Short-form input assistance*: Der gen KI-Assistent fungiert als Schreibhilfe für kurze Texte, während der Mensch für die Überprüfung des erstellten Textes verantwortlich ist.

- *Level 3 Literature search*: Der gen KI-Assistent übernimmt die Rolle eines Suchwerkzeugs, während der Mensch für das Lesen und die Diskussion der Quellen verantwortlich ist

- *Level4 Low-novelty text*: Der gen KI-Assistent ist für die Erstellung von Texten verantwortlich, die allgemein akzeptierte Konzepte beschreiben oder eine Literaturübersicht zusammenfassen.

- *Level 5 New ideas*: Der gen KI-Assistent generiert Forschungsideen, indem das System beispielsweise Thesen für die Diskussion formuliert oder das Forschungsproblem einschränkt.

- *Level 6 New ideas + new text*: Der gen KI-Assistent übernimmt die Ideengenerierung und Texterstellung, während der Mensch für die Überprüfung der Korrektheit verantwortlich ist und entscheidet, ob der generierte Text übernommen werden soll.

In der Rolle als LA unterstützt gen KI die Studierenden beim Lernen. Gen KI wird in dieser Rolle ein wichtiger Teil der Lernstrategie von Studierenden (Zimmerman, 1990). Lernstrategien können als innere Programme zur Steuerung von Lernprozessen definiert werden und lassen sich dabei in kognitive und metakognitive Lernstrategien unterscheiden (Wild & Schiefele, 1994). Kognitive Lernstrategien (KL) beziehen sich auf die verschiedenen Techniken und Methoden, die eine Person verwendet, um Informationen zu verarbeiten, zu speichern, zu verstehen und abzurufen (Nückles, 2021). Metakognitive Lernstrategien (ML) beziehen sich auf das Bewusstsein und die Kontrolle über den eigenen Lernprozess. Sie umfassen das Setzen von Lernzielen, das Überwachen des Fortschritts, das Reflektieren der Effektivität von Lernstrategien und deren Anpassung. Metakognitive Strategien unterstützen das Planen, Überwachen und Regulieren des eigenen Lernens (Hasselhorn & Andju, 2021).

Sowohl für den Einsatz generativer KI zur Unterstützung kognitiver als auch metakognitiver Lernstrategien lassen sich vielfältige Nutzungsszenarien entwickeln.

- *Kognitive Unterstützung:* Der gen KI-Assistent generiert gezielte Fragen zur Prüfungsvorbereitung und liefert präzise Erklärungen zu spezifischen Themen.

- *Metakognitive Unterstützung:* Der gen KI-Assistent unterstützt den Lernerfolg durch die Erstellung von Lern- und Zeitplänen.

- *Kognitive und metakognitive Unterstützung:* Der gen KI-Assistent fungiert als unterstützender Partner beim Training spezifischer Fähigkeiten, z. B. beim Erlernen einer Fremdsprache.

# 3 Die vorliegende Studie

## 3.1 Ziele und Forschungsfragen

Die vorliegende Studie konzentriert sich auf ChatGPT als das am weitesten verbreitete gen KI-Tool unter Studierenden (von Garrel et al., 2023). Ziel dieses Beitrags ist es, die Veränderungen zu verstehen, um damit Erkenntnisse für die soziotechnische Systemgestaltung von Hochschulen zu gewinnen. Dazu sollen die folgenden Forschungsfragen beantwortet werden (siehe Abbildung 1):

- Forschungsfrage 1 (F1): Wie werden die ethischen Vorgaben zur Nutzung von gen KI aus der Perspektive der Lernenden wahrgenommen (Leitlinien KI)?

- Forschungsfrage 2 (F2): Wie nutzen Studierende ChatGPT zur Bewältigung von Aufgaben im Studium (Mensch-Maschine-Interaktion)?

- Forschungsfrage (F3): Welche Nutzer:innen-Typen können analysiert werden (Soziales Subsystem)?

Die Erkenntnisse aus den Forschungsfragen können zur Weiterentwicklung des soziotechnischen Systems Hochschule beitragen. Abbildung 1 verdeutlicht, welche Teilbereiche des soziotechnischen Systems durch die Fragestellungen beleuchtet werden. F1 zielt darauf ab, die ethischen Werte der Studierenden bei der Nutzung von ChatGPT zu erheben und konzentriert sich somit auf das Zusammenspiel der

Organisation einer Hochschule und des sozialen Subsystems. F2 untersucht die Häufigkeit der Nutzung von ChatGPT durch die Studierenden und legt den Fokus auf die Mensch-Maschine-Interaktion im soziotechnischen System. F3 untersucht, welche Nutzer:innen-Typen von gen KI es unter den Studierenden gibt und fokussiert sich auf die Strukturen des sozialen Subsystems.

## 3.2 Entwicklung und Auswertung des Instruments

Zur Beantwortung der definierten Forschungsfragen wurde eine Online-Befragung (über Qualtrics) durchgeführt. Insgesamt haben 699 Studierende verschiedener Altersgruppen und Fachrichtungen an der Befragung teilgenommen (86.2 % Bachelor- und 13.8 % Masterstudierende, 50.1 % der Teilnehmenden waren im ersten Semester des Bachelorstudiums). 49.8 % waren weibliche Studierende, 48.8 % männliche Studierende und 1.4 % waren divers. Das durchschnittliche Alter der befragten Studierenden liegt bei 21.4 (SD = 2.94). Die Umfrage wurde zwischen September und November 2023 durchgeführt. Die Auswertung der Umfrage erfolgte mit dem Statistikprogramm R. Die Teilnahme an der Befragung war freiwillig. Der Fragebogen wurde an der Universität St. Gallen im Rahmen verschiedener Lehrveranstaltungen von den Dozierenden verteilt (QR-Code). Befragt wurden Studierende der Wirtschafts- und Rechtswissenschaften. An der Universität Mannheim wurden Studierende verschiedener Fachrichtungen befragt. Die Verteilung der Umfrage erfolgte über die Studierenden einer Vorlesung zu den Grundlagen der Statistik. Die Studierenden erhielten den Zugangslink zur Online-Befragung und hatten die Aufgabe, eigenständig Befragungsteilnehmende an der Universität zu akquirieren. An beiden Universitäten wurden Regularien zur ethischen Nutzung von gen KI eingeführt (z. B. insbesondere die angepasste Eigenständigkeitserklärung).

Im ersten Teil der Umfrage wurden die Nutzungshäufigkeit und die Art der Nutzung von ChatGPT untersucht. Für die Auswertung der Nutzungshäufigkeit wurde anhand von zwölf Items die Skala SA und anhand von vier Items die Skala LA berechnet. Die Items für die Skala SA wurden auf der Grundlage der sechs Stufen des Rahmenkonzepts von Boyd-Graber et al. (2023) ausgearbeitet. Die Items für die Skala LA wurden auf Basis der Theorie zu kognitiven und metakognitiven Lernstrategien entwickelt (Wild & Schiefele, 1994).

Im gesamten ersten Teil der Umfrage wurde eine 7-stufige Likert-Skala verwendet. Die Befragten gaben bei jedem Item an, wie oft sie ChatGPT in der beschriebenen Form nutzen. Folgende Antwortmöglichkeiten standen zur Verfügung: 1) never = keine Nutzung; 2) rarely = einmal im Semester; 3) occasionally = mehrmals im Semester; 4) sometimes = einmal im Monat; 5) frequently = mehrmals im Monat; 6) usually = einmal pro Woche; 7) always = mehrmals in einer Woche.

Im zweiten Teil wurden ethische Aspekte des KI-Einsatzes mit Fokus auf „Transparenz" und „Fairness" erhoben, da diese Kriterien besonders für die Regulierung von KI an Hochschulen relevant sind (Solis, 2023). Die Studierenden bewerteten Aussagen dazu auf einer 5-stufigen Skala von „strongly disagree" bis „strongly agree".

# 4 Ergebnisse

## 4.1 Interne Konsistenz der verwendeten Skalen

Zur Überprüfung der internen Konsistenz der erstellten Skalen wurde das Cronbachs Alpha ($\alpha$) berechnet (Cronbach, 1951). Die Skala SA (zwölf Items) hat einen $\alpha$-Wert von 0.93. Die Skala LA (vier Items) hat einen $\alpha$-Wert von 0.80. Für die Clusteranalyse wurde das k-Means-Verfahren gewählt. Die Anzahl der Cluster wurde mithilfe der „ElbowMethode" bestimmt. Bei dieser Methode wird die Anzahl der Cluster gewählt, bei der die Abnahme der „within-cluster sum of squares" (WWS) an Geschwindigkeit verliert und sich zu stabilisieren beginnt (Kodinariya & Makwana, 2013). Wenn in dieser Studie zwei Mittelwerte verglichen werden, wird der Welch's t-Test verwendet. Dieser Test ist robust gegenüber Verletzungen der Annahmen gleicher Varianzen und gleicher Stichprobenumfänge. Wenn in dieser Studie mehrere Mittelwerte miteinander verglichen werden, wird aus demselben Grund der Welch-ANOVA-Test verwendet (Delacre et al., 2019). Wenn der Welch-ANOVA-Test signifikante Unterschiede zwischen den Mittelwerten mehrerer Stichproben anzeigt, wird der Turkey-Kramer-Test als Post-hoc-Test zur Berechnung der p-Werte verwendet (auch dieser ist robust (Driscoll, 1996)). Als Signifikanzniveau wird 5 % verwendet.

## 4.2 Ethische Prinzipien zur Nutzung von gen KI

Die Ergebnisse zur ethischen Nutzung von gen KI zeigen, dass eine Mehrheit der befragten Studierenden (42 %) der Meinung ist, dass gen KI-generierte Passagen deklariert werden sollten, während 65 % der Meinung sind, dass eine solche Deklaration zu Notenabzügen führen könnte. Es herrscht Unsicherheit über die derzeitige Regelung, die 54 % der Befragten für unklar halten. Darüber hinaus sind 57 % der Meinung, dass der Zugang zu gen KI für alle Studierenden gewährleistet sein sollte, aber 49 % würden eine Korrektur mit ChatGPT durch die Dozierenden als unfair empfinden. Insgesamt 53 % der Studierenden haben die Befürchtung, dass der Einsatz von gen KI dazu führen könnte, dass harte Arbeit künftig weniger belohnt wird. Unabhängig von ihrer Nutzungsart und -häufigkeit haben Studierende Bedenken im Umgang mit gen KI (z. B. Angst vor schlechteren Noten, Unklarheiten bei der Umsetzung von Regelungen, harte Arbeit wird künftig weniger belohnt).

Tab. 1: Ethische Nutzung von gen KI hinsichtlich „Transparenz" und „Fairness"

| Aussage | M(SD) | stimmt nicht | neutral | stimmt |
|---|---|---|---|---|
| KI generierte Passagen müssen deklariert werden | 3.2 (1.05) | 24 % | 34 % | 42 % |
| Deklaration kann zu Notenabzügen führen | 3.7 (1.06) | 15 % | 21 % | 65 % |
| Reglementierung ist aktuell unklar | 3.5 (1.03) | 18 % | 27 % | 54 % |
| Zugang zur generativen KI muss gewährleistet sein | 3.6 (1.02) | 14 % | 29 % | 57 % |
| KI führt dazu, dass harte Arbeit weniger belohnt wird | 2.6 (1.16) | 53 % | 21 % | 25 % |
| Korrektur mit ChatGPT ist unfair | 3.4 (1.16) | 25 % | 26 % | 49 % |

## 4.3  Nutzungshäufigkeit von ChatGPT

Die Häufigkeit der Nutzung von ChatGPT durch die Studierenden ist in Tabelle 2 dargestellt, wobei die ursprüngliche 7-stufige Skala aus Gründen der Übersichtlichkeit auf eine 4-stufige Skala reduziert wurde. Da die Kategorie „Nie" hohe Werte erzielte, wurde dies separat ausgewiesen. „Sporadisch" bedeutet eine ChatGPT-Nutzung von ein oder mehrere Male pro Semester (Skala-Ausprägungen 2 und 3). „Häufig" bedeutet, dass ChatGPT ein oder mehrere Male pro Monat genutzt wird (Skala-Ausprägungen 4 und 5). „Sehr häufig" ist die Nutzung von ChatGPT ein oder mehrere Male pro Woche (Skala-Ausprägungen 6 und 7).

Tab. 2: Nutzung ChatGPT als Schreibassistent (SA)

| Nutzungsszenario | nie | sporadisch | oft | sehr oft |
|---|---|---|---|---|
| *Level 1* | | | | |
| Rechtschreib- und Grammatikprüfung | 39 % | 27 % | 23 % | 11 % |
| Texte übersetzen | 46 % | 27 % | 19 % | 7 % |
| *Level 2* | | | | |
| Fließtext aus Stichworten generieren | 34 % | 29 % | 25 % | 12 % |
| Einen korrigierten Text vollständig übernehmen | 53 % | 25 % | 16 % | 6 % |
| *Level 3* | | | | |
| Generierung von Schlüsselwörtern für Literatursuche | 34 % | 25 % | 28 % | 13 % |
| Begriffe definieren und Konzepte erklären lassen | 51 % | 26 % | 18 % | 5 % |
| *Level 4* | | | | |
| Verfeinerung von Begriffsdefinitionen und Beschreibungen | 33 % | 26 % | 18 % | 5 % |
| Generierte Konzepte in den eigenen Text einbinden | 51 % | 26 % | 18 % | 5 % |
| *Level 5* | | | | |
| Konzeptentwicklung und -gestaltung | 58 % | 23 % | 16 % | 4 % |
| Datenanalyse, um neue Ideen zu generieren | 46 % | 29 % | 20 % | 5 % |
| *Level 6* | | | | |
| Umfassende Entwürfe zu vorgegebenen Themen erstellen | 42 % | 31 % | 19 % | 7 % |
| Verbessern von KI-generierten Texten mit präziseren Prompts | 46 % | 27 % | 21 % | 6 % |

Die Ergebnisse zur Nutzung von ChatGPT als Lernassistent (LA, vgl. Tabelle 3) zeigen, dass Studierende überwiegend kognitive Lernstrategien (sich Konzepte erklären lassen, Fragen klären) nutzen:

Tab. 3: Nutzung ChatGPT als Lernassistent (LA)

| Nutzungsszenario | nie | sporadisch | oft | sehr oft |
|---|---|---|---|---|
| Konzepte erklären lassen und Fragen klären (KL) | 30 % | 31 % | 26 % | 13 % |
| Fragen für die Prüfungsvorbereitung erstellen (KL) | 58 % | 22 % | 14 % | 6 % |
| Verbesserung Zeitmanagement (z. B. Lernplänen) (ML) | 65 % | 21 % | 11 % | 3 % |
| Trainieren von spezifischen Skills (KL & ML) | 71 % | 17 % | 8 % | 4 % |

Die befragten Männer nutzen ChatGPT durchschnittlich häufiger als SA (M = 2.69) und als LA (M = 2.28) als die befragen Frauen (SA = 2.35, LA = 2.08). Die Unterschiede zwischen den Durchschnittswerten der beiden Skalen sind signifikant.

## 4.4 Clusteranalyse

Anhand der beiden gebildeten Skalen (LA und SA) wurde eine Clusteranalyse durchgeführt. Drei Gruppen von Nutzer:innen-Typen lassen sich unterscheiden.

Tab. 4: Vergleich der Nutzung von Lern- und Schreibassistenten nach Cluster

| Typ | N | % | Skala LA | Skala SA |
|---|---|---|---|---|
| 1 Nicht-/Gelegenheitsnutzer:innen | 351 | 50 % | 1.32 (0.414) | 1.46 (0.457) |
| 2 Mittlere Nutzer:innen | 243 | 35 % | 2.44 (0.669) | 3.13 (0.687) |
| 3 Intensive Nutzer:innen | 105 | 15 % | 4.42 (0.884) | 4.56 (0.904) |

In allen drei Clustern zeigt sich, dass die Verwendung als SA im Durchschnitt häufiger ist als die Nutzung als LA. Die Ergebnisse zeigen, dass es weniger differenzierte Nutzer:innen gibt, entweder werden alle Nutzungsszenarien wenig, mittel oder sehr intensiv genutzt.

# 5   Diskussion

Gen KI wie ChatGPT kann als sozio-technische Innovation in der Hochschulbildung betrachtet werden. Zwar haben die meisten Hochschulen auf diese Entwicklungen reagiert, indem sie Leitlinien und Regeln für die Nutzung von gen KI aufgestellt haben (Solis, 2023). Die Ergebnisse unserer Studie zeigen jedoch, dass diese neuen Anforderungen an die Studierenden als unklar empfunden werden. So stellt sich beispielsweise die Frage, ob eine Passage auch dann als gen KI-generiert markiert werden sollte, wenn der/die Autor:in den Text mehrmals mit gen KI bearbeitet hat (Cotton et al., 2023). Die Erkenntnisse der Studie zeigen auch, dass die neuen Richtlinien auch einen Stigmatisierungseffekt für KI-Nutzer:innen bedeuten könnten. So befürchten 65 % der befragten Studierenden, dass eine solche Deklaration zu Notenverschlechterungen führen könnte, was ein Dilemma zwischen dem Wunsch nach Transparenz und der Angst vor Sanktionen schafft. Interessanterweise sind 57 % der Meinung, dass der Zugang zu gen KI für alle Studierenden gewährleistet sein sollte, was die Bedeutung der Chancengleichheit im akademischen Umfeld unterstreicht. Gleichzeitig empfinden 49 % der Studierenden die Korrektur von gen KI durch Lehrende als unfair. Diese Wahrnehmung könnte auf die Befürchtung zurückzuführen sein, dass der Einsatz von gen KI-Tools zu ungenauen und nicht nachvollziehbaren Bewertungen führt. Besonders bedenklich sind die Zukunftsängste der Studierenden, da 53 % der Befragten glauben, dass harte Arbeit künftig weniger belohnt wird. Dies könnte darauf beruhen, dass sie befürchten, ihre Leistungen könnten durch gen KI-Tools an Bedeutung verlieren und der Wert von eigenständiger, harter Arbeit dadurch immer mehr abnehmen.

Im Rahmen dieser Studie wurden Instrumente entwickelt, um Nutzungsszenarien und -häufigkeiten als SA und LA im Hochschulstudium zu erfassen (vgl. hierzu auch Lingard, 2023; Punar Özçelik & Yangın Ekşi, 2024). Eine neue Arbeitsteilung in der Mensch-Maschine-Interaktion zeigt sich vor allem beim Schreiben (ähnliche Ergebnisse bei den zuvor genannten Studien). 50 % der Befragten nutzen ChatGPT nur gelegentlich, während über 25 % es häufig bis sehr häufig einsetzen. Die Nutzungsmuster innerhalb der Cluster sind konsistent, was auf das Kompetenzniveau der Studierenden hinweisen könnte, jedoch nur bedingt auf einen reflektierten Umgang mit gen KI.

Die Limitationen der Studie sind zu berücksichtigen. Die befragten Studierenden befinden sich überwiegend im ersten Semester. Es ist anzunehmen, dass die Nutzungshäufigkeit von gen KI mit fortschreitendem Studium zunimmt. Zudem wurde die Studie ausschließlich an zwei Business Schools im deutschsprachigen Raum durchgeführt, was kulturelle und disziplinspezifische Einflüsse auf die Ergebnisse nahelegt. Auch das Erhebungsinstrument weist Einschränkungen auf: Die LA-Skala umfasst nur vier Items, was im Vergleich zur ausführlicheren und konzeptionell im Stufenmodell nach Boyd-Graber et al. (2023) verankerten SA-Skala eine Schwäche darstellt.

# 6 Schlussfolgerung und Ausblick

Sowohl für Studierende als auch für Lehrende ergeben sich neue Möglichkeiten der Nutzung von gen KI, die in der wissenschaftlichen Gemeinschaft intensiv diskutiert werden (Rawas, 2023; Baidoo-Anu & Owusu Ansah, 2023). Auch wenn gen KI-Werkzeuge derzeit meist (noch) nicht zum technischen Subsystem von Hochschulen gehören, verändert die Nutzung von gen KI durch Studierende bereits heute das soziotechnische System einer Hochschullehre. In einem ersten Schritt haben viele Hochschulen Leitlinien für einen ethisch verantwortbaren Einsatz von gen KI entwickelt. Dabei sind mögliche Auswirkungen auf die Lehr- und Lernkultur (z. B. Misstrauenskultur) sowie auf die Kompetenzentwicklung der Studierenden zu berücksichtigen (soziales Subsystem einer Hochschule). Studierende, die gen KI aus Unsicherheit oder Angst vor Sanktionen nicht nutzen, könnten technologisch zurückfallen. Dies kann zu einem Wettbewerbsnachteil auf dem Arbeitsmarkt führen, da viele künftige Berufsfelder Kenntnisse im Umgang mit gen KI erfordern (World Economic Forum, 2023). Gleichzeitig besteht bei Vielnutzer:innen die Gefahr, dass Studierende zu sehr auf diese Technologien vertrauen, ohne ihre eigenen Fähigkeiten und Kenntnisse weiterzuentwickeln. Eine starke Abhängigkeit von gen KI könnte die Entwicklung eigener kreativer und analytischer Fähigkeiten der Studierenden einschränken. Ohne Wissen über die ethischen Implikationen des Einsatzes von gen KI könnten Studierende unbewusst gegen akademische und berufliche Standards verstoßen. Dies bedeutet, dass neue Kompetenzen im Umgang mit gen KI rasch in das Hochschulstudium integriert werden sollten (soziales Subsystem der Hochschulen). Auch ist noch unklar, wie gen KI optimal in das technische Subsystem der Hochschulen integriert werden kann. Letztlich steht die Anpassung von Aufgabenstellungen im Studium im Mittelpunkt, um geeignete Mensch-Maschine-Interaktionen für den Erwerb von KI-Kompetenzen zu fördern. Es werden neue Lerndesigns benötigt, die gezielt gen KI als SA und LA für einen systematischen Kompetenzaufbau einbeziehen.

Die Ergebnisse unserer Studie liefern somit wertvolle Hinweise darauf, dass die Gestaltung von Leitlinien und Unterstützungsangeboten zur Nutzung von generativer KI in der Hochschulbildung ein sorgfältiges sozio-technisches Design erfordert, das sowohl die technischen Möglichkeiten als auch die sozialen Auswirkungen berücksichtigt. Ein solches Design könnte dazu beitragen, klare und faire Rahmenbedingungen zu schaffen, die nicht nur die Chancengleichheit fördern, sondern auch mögliche Stigmatisierungseffekte minimieren und den Studierenden die nötige Orientierung im Umgang mit KI bieten. Die dafür entwickelten Erhebungsinstrumente können als Ausgangspunkt für die Analyse der soziotechnischen Systemgestaltung von Hochschulen aus der Perspektive von Studierenden dienen. Für eine gelingende Implementierung von gen KI als sozio-technische Innovation in Hochschulen mit all ihren Spannungsfeldern ist weitere Forschung in diesem Bereich notwendig.

# Literaturverzeichnis

Bostrom, R. P., & Heinen, J. S. (1977a). MIS Problems and Failures: A Socio-Technical Perspective, Part II: The Application of Socio-Technical Theory. *MIS Quarterly*, *1*(4), 11. https://doi.org/10.2307/249019

Bostrom, R. P., & Heinen, J. S. (1977b). MIS Problems and Failures: A Socio-Technical Perspective. Part I: The Causes. *MIS Quarterly*, *1*(3), 17. https://doi.org/10.2307/248710

Boyd-Graber, J., Okazaki, N., & Rogers, A. (2023). *ACL 2023 policy on AI writing assistance*. https://2023.aclweb.org/blog/ACL-2023-policy/

Chiu, T. K. (2024). Future research recommendations for transforming higher education with generative AI. *2666-920X*, *6*, 100197. https://doi.org/10.1016/j.caeai.2023.100197

Cotton, D. R. E., Cotton, P. A., & Shipway, J. R. (2023). Chatting and cheating: Ensuring academic integrity in the era of ChatGPT. *Innovations in Education and Teaching International*, 1–12. https://doi.org/10.1080/14703297.2023.2190148

Cronbach, L. J. (1951). Coefficient alpha and the internal structure of tests. *Psychometrika*, *16*(3), 297–334. https://doi.org/10.1007/BF02310555

Delacre, M., Leys, C., Mora, Y. L., & Lakens, D. (2019). Taking Parametric Assumptions Seriously: Arguments for the Use of Welch's F-test instead of the Classical F-test in One-Way ANOVA. *International Review of Social Psychology*, *32*(1), 13. https://doi.org/10.5334/irsp.198

Driscoll, W. C. (1996). Robustness of the ANOVA and Tukey-Kramer statistical tests. *Computers & Industrial Engineering*, *31*(1–2), 265–268. https://doi.org/10.1016/0360-8352(96)00127-1

European Commission. (2020). *On Artificial Intelligence – A European Approach to Excellence and Trust*. Weissbuch zur Künstlichen Intelligenz – ein europäisches Konzept für Exzellenz und Vertrauen.

Europäische Kommission. (2022). *Ethische Leitlinien für Lehrkräfte über die Nutzung von KI und Daten für Lehr- und Lernzwecke*. https://www.raonline.ch/pages/edu/pdfICT/EU_KI-LeitlinienSchulen2022b.pdf

Götzen, R., Schuh, G., Stamm, J. v., & Conrad, R. (2023). Soziotechnische Systemarchitektur für den Einsatz von Robotic Process Automation. In S. D'Onofrio & S. Meinhardt

(Hrsg.), *Edition HMD. Robotik in der Wirtschaftsinformatik* (S. 61–84). Springer Fachmedien. https://doi.org/10.1007/978-3-658-39621-3_4

Hardwig, T. (2023). Einführung digitaler Technik in Schulen als Anwendungsfall für die sozio-technische Systemgestaltung. *Gruppe. Interaktion. Organisation. Zeitschrift für Angewandte Organisationspsychologie (GIO)*, *54*(1), 41–54. https://doi.org/10.1007/s11612-023-00667-8

Hasselhorn, M., & Andju, S. L. (2021, 24. November). *Metakognitive Lernstrategien.* Dorsch Lexikon der Psychologie. https://dorsch.hogrefe.com/stichwort/lernstrategien-metakognitive

Jobin, A., Ienca, M., & Vayena, E. (2019). The global landscape of AI ethics guidelines. *Nature Machine Intelligence*, *1*(9), 389–399. https://doi.org/10.1038/s42256-019-0088-2

Kim, S. (2022). Working With Robots: Human Resource Development Considerations in Human-Robot Interaction. *Human Resource Development Review*, *21*(1), 48–74. https://doi.org/10.1177/15344843211068810

Kodinariya, T., & Makwana, P. D. (2013). Review on Determining of Cluster in K-means Clustering (Bd. 1). *International Journal of Advance Research in Computer Science and Management Studies, 1*, 90–95. https://www.researchgate.net/publication/313554124_Review_on_Determining_of_Cluster_in_K-means_Clustering

Latniak, E., Tisch, A., & Kauffeld, S. (2023). Zur Aktualität soziotechnischer Arbeits- und Systemgestaltungsansätze in Zeiten von Digitalisierung und KI. *Gruppe. Interaktion. Organisation. Zeitschrift für Angewandte Organisationspsychologie (GIO)*, *54*(1), 1–8. https://doi.org/10.1007/s11612-023-00673-w

Lim, W. M., Gunasekara, A., Pallant, J. L., Pallant, J. I., & Pechenkina, E. (2023). Generative AI and the future of education: Ragnarök or reformation? A paradoxical perspective from management educators. *The International Journal of Management Education, 21*(2), 100790. https://doi.org/10.1016/j.ijme.2023.100790

Lingard, L. (2023). Writing with ChatGPT: An Illustration of its Capacity, Limitations & Implications for Academic Writers. *Perspectives on medical education*, *12*(1), 261–270. https://doi.org/10.5334/pme.1072

Mumford, E. (2000). A Socio-Technical Approach to Systems Design. *Requirements Engineering*, *5*(2), 125–133. https://doi.org/10.1007/PL00010345

Nückles, M. (2021, 24. November). *Kognitive Lernstrategien.* Dorsch Lexikon der Psychologie. https://dorsch.hogrefe.com/stichwort/lernstrategien-kognitive

OECD. (2020). *Künstliche Intelligenz in der Gesellschaft.* OECD. https://doi.org/10.1787/6b89dea3-de

Punar Özçelik, N., & Yangın Ekşi, G. (2024). Cultivating writing skills: the role of ChatGPT as a learning assistant—a case study. *Smart Learning Environments, 11*(1). https://doi.org/10.1186/s40561-024-00296-8

Rawas, S. (2024). ChatGPT: Empowering lifelong learning in the digital age of higher education. *Education and Information Technologies, 29*(6), 6895–6908.

Seufert, S., Guggemos, J., & Moser, L. (2019). Digitale Transformation in Hochschulen: auf dem Weg zu offenen Ökosystemen. *Zeitschrift für Hochschulentwicklung, 14*(2), 85–107. https://doi.org/10.3217/zfhe-14-02/05

Seufert, S., & Spirgi, L. (2023). Programmieren im Zeitalter der generativen KI: eine transversale Kompetenz in der Berufsbildung? *bwp@ Spezial 20,* 1–26.

Seufert, S., & Spirgi, L. (2024). *Soziotechnische Systemgestaltung im Kontext generativer KI: eine Konzeption in der Hochschulbildung.* Interner Arbeitsbericht.

Solis, T. (2023). *Die ChatGPT-Richtlinien der 100 größten deutschen Universitäten.* https://www.scribbr.ch/ki-tools-nutzen-ch/chatgpt-universitaere-richtlinien/

von Garrel, J. von, Mayer, J., & Mühlfeld, M. (2023). *Künstliche Intelligenz im Studium – Eine quantitative Befragung von Studierenden zur Nutzung von ChatGPT & Co.* https://opus4.kobv.de/opus4-h-da/frontdoor/deliver/index/docId/395/file/befragung_ki-im-studium.pdf

Wild, K.-P., & Schiefele, U. (1994). *Lernstrategien im Studium: Ergebnisse zur Faktorenstruktur und Reliabilität eines neuen Fragebogens* (15/4).

World Economic Forum. (2023). *Jobs of Tomorrow: Large Language Models and Jobs.* White Paper September 2023. https://www.weforum.org/publications/jobs-of-tomorrow-large-language-models-and-jobs/

Zimmerman, B. J. (1990). Self-Regulated Learning and Academic Achievement: An Overview. *Educational Psychologist, 25*(1), 3–17.

Josefine Hofmann[1]

# KI in der akademischen Prüfungsbewertung: Anforderungen und Leitlinien

## Zusammenfassung

Die Integration von Künstlicher Intelligenz in die akademische Prüfungsbewertung stellt Hochschulen vor ethische, technische und rechtliche Herausforderungen. Essenziell sind faire und transparente Bewertungsprozesse, die ethischen und akademischen Standards entsprechen, sowie die Einhaltung des Datenschutzes gemäß Datenschutz-Grundverordnung (DSGVO). Die Verantwortung für KI-Entscheidungen muss klar geregelt sein, und menschliche Überprüfungen der KI-gestützten Ergebnisse sind unerlässlich. Diese Arbeit beleuchtet die ethischen, rechtlichen und technischen Rahmenbedingungen für den Einsatz von KI in der akademischen Prüfungsbewertung und bietet Leitlinien für eine faire und transparente Anwendung in der Hochschullehre.

## Schlüsselwörter

Künstliche Intelligenz, Prüfungsbewertung, Hochschulbildung, Chancengleichheit, Datenschutz

---

1   Universität Siegen; jhofmann.ai@gmail.com; ORCiD 0009-0009-1770-9909



https://doi.org/10.21240/zfhe/SH-KI-1/07

# Artificial intelligence in academic assessment: Requirements and guidelines

## Abstract


The integration of Artificial Intelligence (AI) into academic assessment poses ethical, technical and legal challenges for universities. Fair and transparent assessment processes that meet ethical and academic standards are essential, as is compliance with data protection under the General Data Protection Regulation (GDPR). Responsibility for AI decisions must be clearly regulated, and human review of AI-assisted results is crucial. This paper highlights the ethical, legal and technical frameworks for the use of AI in academic assessment and provides guidelines for fair and transparent implementation in higher education.


## Keywords

artificial intelligence, evaluation, higher education, equal opportunity, data protection

# 1    Einführung

In der heutigen Hochschullehre steht die akademische Bewertung von Prüfungsleistungen im Hinblick auf den Einsatz von Künstlicher Intelligenz (KI) vor neuen Herausforderungen. Während das herkömmliche Prüfungsverfahren durch den Faktor Mensch geprägt ist, bietet die Integration von KI in die Prüfungsbewertung sowohl Chancen als auch Risiken. Insbesondere die erforderliche Einhaltung der DSGVO kann durch den Einsatz von KI zur Herausforderung werden (Handke, 2018, S. 261).

Auf der anderen Seite ist es wohl allein aus wirtschaftlicher Sicht geboten, kosten- und zeitsparende Technologien in der Hochschullehre gezielt einzusetzen. Denn dadurch bleibt den Lehrkräften mehr Zeit für komplexere Aufgaben wie bspw. die Forschung an sich oder die individuelle Betreuung der Studierenden. In Summe könnten also durch den gezielten Einsatz von KI mehr geforscht und höhere Studierendenzahlen an Hochschulen betreut werden, ohne dass proportional mehr Lehrkräfte eingestellt werden müssten.

Die zentrale Forschungsfrage lautet daher: *Welche Voraussetzungen müssen geschaffen werden, um KI-gestützte Bewertungen von Prüfungsleistungen in der Hochschullehre fair, transparent und chancengleich zu gestalten?*

Dabei wird untersucht, wie Hochschulen sicherstellen können, dass die Nutzung von KI den akademischen Standards entspricht und gleichzeitig die Rechte und Bedürfnisse der Studierenden berücksichtigt werden. Denn der Maßstab, welcher für eine KI-gestützte Prüfungsauswertung herangezogen und etabliert werden muss, sollte zugleich gewährleisten, dass die Hochschullehre als solche auf einem hohen Niveau bleibt und nicht durch den Einsatz von KI an Wert verliert. Hierfür ist zunächst von Bedeutung, dass KI-Systeme präzise, fair und objektiv agieren unter der Einhaltung ethischer, rechtlicher und technischer Standards. Diese Arbeit beleuchtet die zentralen Anforderungen, die notwendig sind, um eine gerechte, transparente und chancengleiche Bewertung von Prüfungsleistungen durch KI an Hochschulen zu gewährleisten. Dabei ist es entscheidend, die Perspektiven aller Beteiligten – insbesondere von Studierenden und Lehrkräften – in die Diskussion einzubeziehen. Die Mehrheit der Studierenden selbst hegt grundsätzlich keine Zweifel an einem generellen KI-Einsatz an Hochschulen (Stützer, 2022, S. 65). Durch die Integration von KI-Systemen, wie beispielsweise ChatGPT in viele Online-Services (Daum, 2024, S. 178) sind die Möglichkeiten, die sich durch den Einsatz von KI ergeben, vielen bereits verdeutlicht worden. Doch auch die Lehrkräfte, gerade solche, die die Klausuren erstellen und anschließend auswerten, müssen entsprechend vorbereitet werden. Digitale Medien werden für Prüfungsauswertungen bereits an Hochschulen benutzt (Ehlers, 2018, S. 98). Es bleibt abzuwarten, inwieweit auch KI für Prüfungsauswertungen unterstützend verwendet werden wird.

# 2 Anforderungsprofil

## 2.1 Ethische Anforderungen

### 2.1.1 Fairness und Chancengleichheit

Die Bewertung von Prüfungsleistungen an Hochschulen sollte unter Berücksichtigung der allgemeinen Gleichbehandlungsgrundsätze ethischen Standards folgen und auf objektiven Prüfkriterien beruhen. Vorurteile und Ungleichbehandlungen aufgrund subjektiver Eigenschaften der Studierenden, wie beispielsweise der Herkunft oder dem Namen des Prüflings, müssen bei der Bewertung der Prüfungsleistung zwingend vermieden werden (Hilgendorf & Roth-Isigkeit, 2023, S. 51). Dies könnte durch eine Unkenntlichmachung der personenbezogenen Daten (Krebs & Hagenweiler, 2022, S. 102) oder durch ein ethisch verantwortungsvolles Training der zugrundeliegenden Daten der KI erfolgen (Beck, 2024, S. 679). Da KI-Systeme von vielerlei Daten geprägt werden und Verzerrungen in ihren Algorithmen aufweisen können, könnte ein solches Training dazu beitragen, Ungleichheiten zu minimieren und diskriminierende Ergebnisse zu vermeiden. Dies könnte durch die Programmierung von Leitlinien erfolgen, die darauf abzielen, der KI ein ethisch und moralisch korrektes Verhalten vorzugeben (Haagen, 2021, S. 110–111).

Schon heute kommen Automatisierungsverfahren und Künstliche Intelligenz bei der Auswertung von Prüfungen zum Einsatz, um Abweichungen vom regulären Standard oder Unstimmigkeiten zu identifizieren (Möslein-Tröppner & Bernhard, 2021, S. 49). Damit der KI-gestützte Auswertungsprozess ethischen Standards entspricht, sollte dieser für die Studierenden nachvollziehbar gestaltet werden. Hierfür sind transparente Prozesse erforderlich (Block, 2023, S. 36). Dies kann realisiert werden, indem jedem Prüfling die Überprüfung des KI-generierten Ergebnisses durch einen Menschen zugesichert wird und eine transparente Darstellung des Prüfvorgangs eingefordert werden kann. Jede Hochschule sollte grundsätzlich in der Lage sein, die Grundeigenschaften der verwendeten KI zu jeder Zeit offenzulegen und zu erläutern, anhand welcher Kriterien die Prüfungsbewertung erfolgte. Nur durch solche Maßnahmen kann sichergestellt werden, dass alle Studierenden unter fairen Bedingungen bewertet werden und keine Ungleichheiten in der akademischen Bildung entstehen. Darüber hinaus könnte die Einrichtung einer Ethikkommission an Hochschulen dazu beitragen, dass die genannten Anforderungen an die KI-gestützte Prüfungsauswertung regelmäßig überprüft und gegebenenfalls aktualisiert werden. Hierdurch können systematische Ungleichheiten frühzeitig erkannt und vermieden werden. Durch solch eine Ethikkommission kann letztlich sichergestellt werden, dass die akademische Prüfungsbewertung auch unter Mitwirkung von KI ethischen Standards gerecht wird und an Hochschulen die Gleichbehandlung aller Studierenden gewährleistet werden kann.

### 2.1.2 Autonomie und Verantwortlichkeit von KI

Eine wesentliche ethische Frage ist die nach der Verantwortlichkeit (Haagen, 2021, S. 141), denn KI-Entscheidungen sind nach wie vor fehleranfällig (Nikolinakos, 2023, S. 108). Wenn eine KI eine Prüfungsleistung bewertet, müssen klare Regelungen bestehen, wer im Falle von Unstimmigkeiten oder gar Fehlentscheidungen die Verantwortung trägt. Diese Fragestellung ist besonders relevant, da die Ergebnisse direkten Einfluss auf die akademischen und beruflichen Zukunftsperspektiven der Studierenden haben und nicht ausgeschlossen werden kann, dass die Kontrollinstanz Mensch jede Fehlentscheidung bemerkt und korrigiert. Eine Umfrage ergab, dass

78 % der Studierenden deutlich mehr Vertrauen zu einem Menschen als zu einer KI haben (Stützer, 2022, S. 28).

Insbesondere in der Hochschullehre muss zudem berücksichtigt werden, dass viele Universitäten eigene Compliance-Leitlinien festgelegt haben oder hochschulinternen Satzungen unterliegen, die auch bei der KI-gestützten Prüfungsauswertung befolgt werden müssen. Hier muss der Umgang mit Daten sowie die Dokumentation von Entscheidungen klar festgelegt sein. Das KI-System selbst kann moralisch nicht verantwortlich gemacht werden (Haagen, 2021, S. 171) und die autonomen Handlungen von Künstlicher Intelligenz müssen nach Artikel 14 der KI-Verordnung stets von menschlichen Akteuren überprüfbar sein. Durch das eigenständige Verhalten übernimmt die KI Interpretationen und Entscheidungen, was ihr eine hohe Verantwortung zuweist (Grapentin, 2018, S. 48). Gerade deshalb muss der Mensch die Entscheidungsgewalt über KI-unterstützte Ergebnisse behalten. Hier muss die Rolle der Dozierenden und Lehrenden klar definiert sein: Sie sollten nicht nur die Ergebnisse der KI überprüfen, sondern auch die Möglichkeit haben, diese zu korrigieren. Dies stellt sicher, dass die KI als Werkzeug zur Unterstützung dient, jedoch nicht als alleinige Entscheidungsinstanz fungiert. Der Mensch als autonomer Entscheidungsträger sollte somit nicht von einer KI untergraben werden können (Pawelec, 2021, S. 150).

## 2.2 Rechtliche Anforderungen

Die Beachtung rechtlicher Anforderungen ist mindestens so entscheidend wie die moralischen und ethischen Erfordernisse (Haagen, 2021, S. 172). Nur unter Einhaltung der geltenden Gesetze kann eine rechtssichere Prüfungsauswertung auf akademischem Niveau durch KI erfolgen. Hierfür ist das Datenschutzrecht an Hochschulen ein zentraler Aspekt. Sobald personenbezogene Daten verarbeitet werden, ist der sachliche Anwendungsbereich der DSGVO eröffnet (Gausling, 2020, S. 18). Wenn die KI nicht ausschließlich auf lokaler Ebene und von externen Einflüssen vollständig isoliert arbeitet, liegt hier ein Risiko für die Studierenden vor. Daher muss aus datenschutzrechtlicher Hinsicht klar sein, welche Daten überhaupt erhoben und verwendet werden dürfen, um das Risiko und mögliche Ausmaß eines Missbrauchs zu minimieren (Grapentin, 2018, S. 159). Eine Verarbeitung personenbezogener Daten durch öffentliche Stellen ist gemäß Art. 6 Abs. 1 Satz 1 DSGVO rechtmäßig, wenn entweder eine Einwilligung erteilt wurde oder eine entsprechende Rechtsgrundlage nach Art. 6 Abs. 1 lit. c) oder e) i.V.m. Abs. 3 vorliegt, die die Verarbeitung gestattet.

Bei automatisierten Entscheidungen durch KI ist nicht nur die Rechtmäßigkeit der Verarbeitung zu prüfen, sondern sind auch die Anforderungen des Artikels 22 DSGVO sorgfältig zu berücksichtigen (Vogel, 2019, S. 141). Art. 22 DSGVO verbietet grundsätzlich Entscheidungen, die ausschließlich auf einer automatisierten Verarbeitung personenbezogener Daten beruhen, wenn sie rechtliche oder ähnlich erhebliche Auswirkungen auf die betroffene Person haben. Entscheidungen, die von intelligenten Algorithmen vorbereitet oder unterstützt werden, aber letztlich durch einen Menschen getroffen werden, fallen jedoch nicht unter das Verbot von Artikel 22 DSGVO (Vogel, 2019, S. 121), sodass an dieser Stelle nicht weiter auf diese Norm eingegangen wird.

Rechtlich grundlegend ist zudem die im Mai 2024 verabschiedete KI-Verordnung der Europäischen Union, welche den sicheren, transparenten und ethisch verantwortungsvollen Einsatz von KI-Systemen reguliert (Dahm & Twesten, 2023, S. 14). Eine zentrale Regelung findet sich in Anhang III Abs. 3 lit. b). Hier werden KI-Systeme als Hochrisiko-KI-System klassifiziert, „die zur Bewertung von Lernergebnissen eingesetzt werden sollen, auch wenn diese Ergebnisse zur Steuerung des Lernprozesses natürlicher Personen in Einrichtungen der allgemeinen und beruflichen Bildung auf allen Ebenen verwendet werden". Grundsätzlich sind KI-gestützte akademische Prüfungsauswertungen somit rechtlich legitimiert. Hochrisiko-KI-Systeme unterliegen jedoch strengen Anforderungen (Buchalik & Gehrmann, 2024, S. 146; Dahm & Twesten, 2023, S. 17).

Die Anforderungen an Hochrisiko-KI-Systeme werden in den Artikeln 8–15 der KI-Verordnung geregelt. Das Ziel besteht darin, KI-Anwendungen in sensiblen Bereichen, die besonders anfällig für Missbrauch sind, durch Vorschriften zu regulieren. Hierdurch soll sichergestellt werden, dass die KI-Anwendung mit den EU-Gesetzen und Grundwerten vereinbar ist und Verantwortlichkeiten zugeordnet werden können (Hilgendorf & Roth-Isigkeit, 2023, S. 61–62). Gemäß Art. 9 Abs. 1 KI-VO muss ein Risikomanagementsystem implementiert und während des gesamten Lebenszyklus eines Hochrisiko-KI-Systems geplant und durchgeführt werden, einschließlich regelmäßiger systematischer Überprüfung und Aktualisierung. Dies stellt eine durchaus anspruchsvolle und umfangreiche Anforderung dar (Borges, 2024, S. 506). Des Weiteren müssen Hochrisiko-KI-Systeme, die mithilfe von Datensätzen trainiert werden, gemäß Art. 10 Abs. 1 KI-VO mithilfe von Trainings-, Validierungs- und Testdaten entwickelt werden. Diese zugrunde gelegten Daten zum Training des Hochrisiko-KI-Systems sollen nach Art. 10 Abs. 3 KI-VO „so weit wie möglich fehlerfrei und vollständig" sein. Erwägungsgrund 67 der KI-Verordnung fügt hier erläuternd hinzu, dass die hohe geforderte Datenqualität dazu beitragen soll, Diskriminierungen und Verzerrungen, gerade für ethnische Gruppen, zu vermeiden.

Die Artikel 11 und 12 der KI-Verordnung befassen sich mit der technischen Dokumentation und der Aufbewahrung der Aufzeichnungen. Gemäß der Erwägungsgründe 71 und 72 der KI-Verordnung ist das Ziel, ein umfassendes und transparentes Verständnis über die Funktionsweise des KI-Systems gewährleisten zu können. Dieses Transparenz-Erfordernis wird in Art. 13 KI-VO konkretisiert. Hiernach müssen die Algorithmen und Datensätze, die dem Hochrisiko-KI-System zugrunde liegen, transparent offengelegt werden. Dies umfasst beispielsweise, dass KI-generierte Ergebnisse als solche gekennzeichnet werden müssen (Becker, 2024, S. 358). Neben dieser Transparenzverpflichtung fordern (Hoch-)Schulgesetze oftmals ihre Lehrkräfte zusätzlich dazu auf, ihre Prüfungsbewertungen nachvollziehbar erklären zu können. Eine von KI durchgeführte Prüfungsauswertung macht es schwieriger, dieses Erfordernis zu erfüllen, da der Algorithmus zwar offengelegt wird, die Entscheidungen jedoch nicht immer nachvollziehbar sind (Galla, 2024, S. 164). Je intelligenter das KI-System wird, desto schwieriger sind die Entscheidungsprozesse überhaupt erklärbar (Grapentin, 2018, S. 218).

Eine für diese Ausarbeitung zentrale Anforderung ist Art. 14 KI-VO, der die menschliche Aufsicht über Hochrisiko-KI-Systeme sicherstellen soll. Gemäß Art. 14 Abs. 1 KI-VO sind Hochrisiko-KI-Systeme „so zu konzipieren und zu entwickeln, dass sie während ihres Einsatzes von natürlichen Personen wirksam überwacht werden können"; der Mensch als autonomer Entscheidungsträger soll also nicht von einer KI untergraben werden können (Oelffen, 2020, S. 157). Letztlich werden in Art. 15 KI-VO technische Anforderungen für den Einsatz von Hochrisiko-KI-Systemen festgelegt. Nach Absatz 1 dieser Norm sollen die Genauigkeit, Robustheit und Cybersicherheit während des gesamten Lebenszyklus des Hochrisiko-KI-Systems gewährleistet werden. Das Niveau dieser technischen Anforderung soll gemäß Erwägungsgrund 74 der KI-Verordnung zudem angemessen sein und dem „allgemein anerkannten Stand der Technik" entsprechen.

Insgesamt ist die Nutzung einer KI zur akademischen Prüfungsauswertung somit rechtlich zulässig, jedoch müssen strenge Anforderungen der KI-Verordnung sowie datenschutzrechtliche Bestimmungen eingehalten werden.

## 2.3  Technische Anforderungen

Die technische Entwicklung der Künstlichen Intelligenz schreitet stetig voran (Nikolinakos, 2023, S. 108). Im Rahmen der KI-gestützten Prüfungsauswertung ist erforderlich, dass Hochschulen auf die stetigen Neuerungen auch in technischer Hinsicht eingehen können (Stützer, 2022, S. 69). So sind beispielsweise die meisten Hochschulen an bestimmte Leitlinien gebunden, wenn sie Software oder eben ein KI-System einsetzen wollen, und müssen sich mangels Fachkenntnis bei der technischen und rechtlichen Geeignetheit auf die Herstellerangaben verlassen (Galla, 2024, S. 171–172).

Darüber hinaus fordert Artikel 10 Abs. 3 der KI-Verordnung, dass die Datenbasis, aufgrund der die KI-Entscheidung getroffen wird, möglichst vollständig und fehlerfrei sein soll. Grundsätzlich lässt sich feststellen, dass je größer die zugrunde gelegte Datenbasis ist, desto bessere Ergebnisse durch die KI erzielt werden können (Gausling, 2020, S. 13). Jede hohe Datenverfügbarkeit schafft jedoch auch ein erhöhtes Missbrauchsrisiko; eine Datensparsamkeit würde dieses minimieren (Pawelec, 2021, S. 161). Entscheidend im technischen Sinne ist also ein Vorgehen zu finden, das die Datenqualität sicherstellt, ohne datenschutzrechtliche Bestimmungen zu verletzen (Houdeau & Müller-Quade, 2023, S. 15).

Zudem muss zur Vermeidung von Fehlinterpretationen in der Bewertung von Prüfungsleistungen durch Künstliche Intelligenz untersucht werden, inwieweit der wahre Wille der Studierenden korrekt erfasst werden kann. Denn der Mensch als Individuum handelt nicht immer rein rational (Kitzmann, 2022, S. 65). Gerade unterbewusste Entscheidungen oder das menschliche Empfinden können von KI nicht immer erfasst und in den generierten Ausgaben entsprechend dargestellt werden (Dahm & Twesten, 2023, S. 8). So müssen Strategien entwickelt werden, um beispielsweise effektiv mit Mehrdeutigkeiten in den Prüfungsantworten umzugehen. KI-Systeme müssen in der Lage sein zu verstehen, dass verschiedene Interpretationen einer Antwort möglich sein können. Dies erfordert eine fortschrittliche Verarbeitung natürlicher Sprache und nicht nur das bloße Nachbilden des menschlichen Gehirns durch Algorithmen und Handlungsanweisungen (Ballestrem et al., 2020, S. 2).

Eine weitere mögliche Maßnahme zur Vermeidung von Fehlinterpretationen ist die Implementierung von Feedback-Systemen, bei denen Studierende die Möglichkeit bekommen, die bloße Interpretation ihrer Antworten zu überprüfen und gegebenenfalls Korrekturen oder Erläuterungen vorzunehmen. Dadurch kann sichergestellt werden, dass die KI tatsächlich den menschlichen Willen erfasst und nicht aufgrund von Algorithmenentscheidungen fehlinterpretiert. Schließlich ist die ständige Überprüfung und Anpassung der eingesetzten KI-Systeme unerlässlich, um sicherzustellen, dass diese kontinuierlich verbessert und an die realen Bedingungen der Prüfungssituationen angepasst werden. Durch regelmäßige Updates und das Lernen aus realen Anwendungsfällen können die Genauigkeit der Prüfungsleistungsbewertungen durch KI erhöht und das Risiko von Fehlinterpretationen minimiert werden.

# 3 Leitlinien für den Einsatz von KI bei der Bewertung von Prüfungsleistungen

## 3.1 Kriterien für die Bewertung

Für die effektive Implementierung von KI bei der akademischen Prüfungsauswertung ist es unabdingbar, dass die Bewertungskriterien, nach denen die Studierenden beurteilt werden, sowohl für die Auswertung durch das KI-System, als auch für die Prüflinge klar definiert und auch transparent kommuniziert werden. Ein entscheidender Aspekt ist dabei die Definition eines vorgegebenen Standárds, nach dem die Studierenden bewertet werden, wobei insbesondere die folgenden Parameter relevant sind:

- Objektivität der Kriterien,

- Verständlichkeit der Kriterien,

- Messbarkeit der Kriterien und

- Anpassungsfähigkeit der Kriterien.

Zunächst müssen die Kriterien objektiv und fair sein, um subjektive Einflüsse zu minimieren und eine einheitliche KI-gestützte Bewertung zu gewährleisten. Zudem ist wichtig, dass die angelegten Kriterien zur Prüfungsauswertung klar und verständlich formuliert und auch kommuniziert werden, sodass die Studierenden bei Prüfungseinsicht nachvollziehen können, welcher Leistungsstandard und welche Inhalte konkret von ihnen erwartet wurden. Dieses Gebot der Transparenz schafft zudem Vertrauen in das KI-gestützte Bewertungssystem, da willkürliche und uneinheitliche Bewertungen der einzelnen Studierenden ausgeschlossen werden. Zudem sollten in einem nächsten Schritt die Prüfungskriterien so formuliert werden, dass sie messbar sind und somit durch KI ausgewertet werden können. Denn nur wenn eine klare Vorgabe zur Auswertung vorliegt, wie beispielsweise ein vordefinierter Rechenweg oder ein spezifisches Ergebnis, kann die KI hieraus eine Prüfungsauswertung erstellen. Dennoch muss gewährleistet sein, dass die Kompetenz des Prüflings eindeutig festgestellt werden kann (Ehlers, 2018, S. 98). Zuletzt sollten die Prüfungskriterien bei der KI-gestützten Prüfungsauswertung anpassungsfähig sein. Denn nur wenn die Kriterien eine gewisse Flexibilität bei der Beantwortung zulassen, können auch unvorhergesehene, jedoch durchaus korrekte Ergebnisse, wie beispielsweise alternative Argumentationen, mitberücksichtigt werden. Die KI sollte in der Lage sein, die gegebenen Antworten zu überprüfen und beim Vergleich mit der Standardantwort Anpassungen vorzunehmen, insbesondere wenn die Leistung des Prüflings über den Anforderungen liegt. Die Herausforderung besteht darin, diese Flexibilität zu ermöglichen und gleichzeitig die Objektivität zu wahren.

## 3.2  Leitlinien

Zur Sicherstellung eines fairen, transparenten und chancengleichen Einsatzes von KI-Systemen in der akademischen Prüfungsauswertung ist die Beachtung der folgenden Rahmenbedingungen essenziell. Die folgenden Leitlinien sollen Hochschulen dabei helfen, einen Standard für die KI-gestützte akademische Prüfungsauswertung zu schaffen.

*Datenqualität:* Zunächst ist eine umfassende Qualitätssicherung des KI-Systems von großer Bedeutung. Hochschulen müssen regelmäßige Überprüfungen und Updates der KI-Systeme durchführen, um sicherzustellen, dass diese den akademischen Standards entsprechen und kontinuierlich korrekt funktionieren. Hierbei ist notwendig, dass die Systeme aktuelle wissenschaftliche Erkenntnisse und Bewertungskriterien widerspiegeln, um eine angemessene Bewertung der Studienleistungen zu gewährleisten. Zudem spielt die menschliche Überwachung eine zentrale Rolle im Umgang mit KI in der akademischen Prüfungsbewertung. Lehrende müssen aktiv in den Prozess der Überprüfung und Korrektur von KI-Entscheidungen eingebunden sein und hierfür entsprechend geschult werden (Stützer, 2022, S. 68). Dies ermöglicht nicht nur eine zusätzliche Kontrolle, sondern fördert auch das Vertrauen der Studierenden in die durch KI-unterstützte Bewertung. Die Lehrenden können sicherstellen, dass die KI nach ethischen und akademischen Standards operiert, und bei Bedarf korrigierend eingreifen.

*KI-Regularien:* Grundsätzlich sollten alle Beteiligten über den Einsatz des KI-Systems aufgeklärt werden (Grapentin, 2018, S. 205). Zudem sollte aufgezeigt werden, inwieweit durch das KI-System personenbezogene Daten verarbeitet werden (Oelffen, 2020, S. 156). Zudem sollte das KI-System vor seiner Einführung nach der KI-Verordnung geprüft werden, um anschließend geeignete und erforderliche Maßnahmen ergreifen zu können. Insbesondere die KI-gestützte Prüfungsauswertung als Hochrisiko-KI-System erfordert die Umsetzung zahlreicher Vorgaben, bspw. bezüglich Transparenz, Datenqualität oder menschliche Aufsicht. Die Notwendigkeit der zwingenden Einhaltung dieser Regularien ergibt sich aus den drohenden Sanktionen gemäß Art. 99 KI-VO. Dort werden bei Nichteinhaltung konkrete Rahmenbedingungen für die Verhängung von Geldbußen benannt (Borges, 2024, S. 502). Zudem sollte eine grundlegende Überarbeitung der hochschulrelevanten Regelwerke erfolgen, um den Einsatz von Künstlicher Intelligenz rechtlich zu ermöglichen. Dabei sollten insbesondere die Hochschulgesetze der Länder, das Hochschul-Qualitätssicherungsgesetz und die universitären Satzungen geprüft und bei Bedarf angepasst werden, sodass der Einsatz von Künstlicher Intelligenz, insbesondere bei der Bewertung von Prüfungsleistungen, klar geregelt und rechtlich abgesichert ist.

*Klare Verantwortlichkeit:* KI als solche kann für Fehlentscheidungen nicht belangt werden (Gaede, 2019, S. 62). Dennoch muss die Überprüfbarkeit und Anfechtbarkeit von KI-Entscheidungen gewährleistet sein. Studierende sollten die Möglichkeit haben, gegen Bewertungen, die mittels KI erstellt wurden, Einspruch einzulegen. Dies erfordert ein Höchstmaß an Transparenz im gesamten Prozess. Denn es besteht immer die Möglichkeit, dass KI zu falschen Schlüssen kommt (Haagen, 2021, S. 148) und der Mensch als Kontrollinstanz diesen Fehler nicht bemerkt hat. Hier muss klar kommuniziert werden, welche Folgen sich für die Studierenden daraus ergeben. Denkbar wäre hier bspw. die erneute Prüfungsbewertung durch zwei weitere, qualifizierte Lehrkräfte.

# 4 Schlussbetrachtung

## 4.1 Schlüsselpunkte

Zunächst ist festzuhalten, dass die Implementierung von KI-Systemen in der Hochschullehre ethische, technische und rechtliche Herausforderungen mit sich bringt. Diese Rahmenbedingungen müssen sorgfältig berücksichtigt werden, um eine gerechte und effektive Nutzung dieser Technologie zu gewährleisten. Die Bedeutung der ethischen Rahmenbedingungen liegt vor allem in der Sicherstellung der Fairness und Transparenz der Bewertungsprozesse. KI-Systeme müssen so gestaltet sein, dass sie allen Studierenden gleiche Chancen bieten und ihre Ergebnisse für die Betroffenen nachvollziehbar und überprüfbar sind. Technische Anforderungen beziehen sich auf die Zuverlässigkeit und Sicherheit der Systeme, die kontinuierlich gewartet und aktualisiert werden müssen, um den akademischen Standards zu entsprechen. Rechtliche Aspekte umfassen die Einhaltung von DSGVO und KI-VO. Gerade die KI-Verordnung ist von besonderer Bedeutung, da KI-Systeme in der akademischen Prüfungsbewertung als Hochrisiko eingestuft werden und somit strengen regulatorischen Anforderungen unterliegen.

## 4.2 Ausblick und Forschungsbedarf

Im Hinblick auf zukünftige Entwicklungen ist davon auszugehen, dass die Fortschritte in der KI-Technologie weiterhin anhalten werden, was sowohl neue Möglichkeiten als auch Herausforderungen für die Hochschullehre mit sich bringt (Handke, 2018, S. 249).

Zudem ist aus datenschutzrechtlicher Sicht zu klären, ob Studierende explizit einwilligen müssen, wenn ihre Prüfungsleistungen mittels KI-Systemen ausgewertet werden. Dies betrifft sowohl datenschutzrechtliche Aspekte als auch spezifische Regelungen im Hochschulbereich. Die Einwilligung könnte erforderlich sein, wenn personenbezogene Daten verarbeitet werden und keine andere gesetzliche Grundlage für die Verarbeitung vorliegt. Zudem stellt sich die Frage, inwieweit hochschulinterne Regularien die Nutzung von KI-Systemen vorsehen und ob diese Regelungen eine Einwilligung der Studierenden voraussetzen oder ob sie durch andere rechtliche Grundlagen gedeckt sind. Darüber hinaus wird eine tiefgreifendere Betrachtung von Art. 22 DSGVO relevant, wenn KI-Systeme ohne menschliches Eingreifen Entscheidungen treffen, die die Studierenden betreffen. Es bedarf einer eingehenden Untersuchung, ob die KI-gestützte Bewertung von Prüfungsleistungen unter diese Bestimmung fällt und welche Voraussetzungen erfüllt sein müssen, um den Anforderungen der DSGVO gerecht zu werden.

Zusammenfassend lässt sich sagen, dass der Einsatz von KI in der akademischen Bewertung durchaus das Potenzial besitzt, Lehre und Beurteilung in der Hochschulbildung erheblich zu verbessern. Durch die KI-gestützte Prüfungsauswertung könnten Lehrkräfte entlastet, Ungleichbehandlungen minimiert und die Chancengleichheit unter den Studierenden gefördert werden. Um dieses Potenzial jedoch vollständig ausschöpfen zu können, ist eine sorgfältige Auseinandersetzung mit den damit verbundenen ethischen, technischen und rechtlichen Fragestellungen unerlässlich.

# Literaturverzeichnis

Ballestrem, J., Bär, U., Gausling, T., Hack, S., & Oelffen, S. von. (2020). Grundlagen: Rechtliche Einordnung der Thematik Künstliche Intelligenz/Maschinelles Lernen. In J. Ballestrem, U. Bär, T. Gausling, S. Hack & S. von Oelffen (Hrsg.), *Künstliche Intelligenz: Rechtsgrundlagen und Strategien in der Praxis* (S. 1–10). Springer Fachmedien Wiesbaden GmbH; Springer Gabler.

Beck, S. (2024). Künstliche Intelligenz – ethische und rechtliche Herausforderungen. In K. Mainzer (Hrsg.), *Springer Reference Geisteswissenschaften*. Philosophisches Handbuch Künstliche Intelligenz (S. 673–700). Springer VS.

Becker, M. (2024). Generative KI und Deepfakes in der KI-VO: Für eine Positivkennzeichnung authentischer Inhalte. *Computer und Recht*, (6), 353–366.

Block, M. (2023). *Deepfakes und Recht: Einführung in den deutschen Rechtsrahmen für synthetische Medien*. Essentials. Springer.

---

Borges, G. (2024). Die europäische KI-Verordnung (AI Act) – Teil 1 – Überblick, Anwendungsbereich und erste Einschätzung. *Computer und Recht, 40*(8), 497–507. https://doi.org/10.9785/cr-2024-400804

Buchalik, B., & Gehrmann, M. C. (2024). Von Nullen und Einsen zu Paragraphen: Der AI Act, ein Rechtscode für Künstliche Intelligenz Der horizontale und risikobasierte Ansatz für Produktsicherheitsaspekte von KI-Systemen und Allzweck-KI. *Computer und Recht,* (3), 145–153.

Dahm, M. H., & Twesten, N. (2023). *Der Artificial Intelligence Act Als Neuer Maßstab Für Künstliche Intelligenz: Das Spannungsfeld Zwischen Regulatorik und Unternehmen* (1. Aufl.). Springer Fachmedien Wiesbaden.

Daum, A. (2024). Die Durchsetzung der KI-Verordnung im Rahmen des digitalen Schuldrechts. Wann führt die Nichteinhaltung der KI-Verordnung zu einem Mangel i.S.d. §§ 327e ff. BGB? *Computer und Recht,* (3), 178–184.

Ehlers, U.-D. (2018). Die Hochschule der Zukunft: Versuch einer Skizze. In U. Dittler & C. Kreidl (Hrsg.), *Research. Hochschule der Zukunft: Beiträge zur zukunftsorientierten Gestaltung von Hochschulen* (S. 81–100). Springer VS.

Gaede, K. (2019). *Künstliche Intelligenz – Rechte und Strafen für Roboter? Plädoyer für eine Regulierung künstlicher Intelligenz jenseits ihrer reinen Anwendung* (1. Aufl.). Robotik, Künstliche Intelligenz und Recht: Bd. 18. Nomos.

Galla, N. (2024). Die KI-Verordnung: Der zukünftige Rechtsrahmen für EdTech an Schulen. In S. Hartong & A. Renz (Hrsg.), *Digitale Lerntechnologien: Von der Mystifizierung zur reflektierten Gestaltung von EdTech* (S. 161–186). Bildungsforschung: Band 20. Transcript.

Gausling, T. (2020). KI und DS-GVO im Spannungsverhältnis. In J. Ballestrem, U. Bär, T. Gausling, S. Hack & S. von Oelffen (Hrsg.), *Künstliche Intelligenz: Rechtsgrundlagen und Strategien in der Praxis* (S. 11–53). Springer Fachmedien Wiesbaden GmbH; Springer Gabler.

Grapentin, J. (2018). *Vertragsschluss und vertragliches Verschulden beim Einsatz von Künstlicher Intelligenz und Softwareagenten.* Der Elektronische Rechtsverkehr: Bd. 38. Nomos Verlagsgesellschaft.

Haagen, C. (2021). *Verantwortung für Künstliche Intelligenz: Ethische Aspekte und zivilrechtliche Anforderungen bei der Herstellung von KI-Systemen* (1. Auflage). Nomos.

Handke, J. (2018). Digitale Hochschullehre: Vom einfachen Integrationsmodell zur Künstlichen Intelligenz. In U. Dittler & C. Kreidl (Hrsg.), *Research. Hochschule der Zukunft: Beiträge zur zukunftsorientierten Gestaltung von Hochschulen* (S. 249–264). Springer VS.

Hilgendorf, E., & Roth-Isigkeit, D. (Hrsg.). (2023). *Die neue Verordnung der EU zur Künstlichen Intelligenz.* C.H. Beck.

Houdeau, D., & Müller-Quade, J. (2023). *Datenschatz für KI nutzen, Datenschutz mit KI wahren.* Lernende Systeme - Die Plattform für Künstliche Intelligenz. https://doi.org/10.48669/pls_2023-5

Kitzmann, A. (2022). *Künstliche Intelligenz: Wie verändert sich unsere Zukunft?* Springer.

Krebs, H.-A., & Hagenweiler, P. (2022). *Datenanonymisierung im Kontext von Künstlicher Intelligenz und Big Data: Grundlagen – Elementare Techniken – Anwendung* (1. Auflage 2022). Springer Fachmedien Wiesbaden GmbH; Springer Vieweg.

Möslein-Tröppner, B., & Bernhard, W. (2021). *Digital Learning: Was es ist und wie es praktisch gestaltet werden kann.* Springer eBook Collection. Springer Gabler. https://doi.org/10.1007/978-3-658-32938-9

Nikolinakos, N. T. (2023). *EU policy and legal framework for artificial intelligence, robotics and related technologies: The AI Act.* Law, Governance and Technology Series: Volume 53. Springer.

Oelffen, S. von. (2020). Gestaltung von Verträgen mit Bezug zu KI. In J. Ballestrem, U. Bär, T. Gausling, S. Hack & S. von Oelffen (Hrsg.), *Künstliche Intelligenz: Rechtsgrundlagen und Strategien in der Praxis* (S. 141–164). Springer Fachmedien Wiesbaden GmbH; Springer Gabler.

Pawelec, M. (2021). *Deepfakes: Technikfolgen und Regulierungsfragen aus ethischer und sozialwissenschaftlicher Perspektive* (1. Auflage). Kommunikations- und Medienethik: Band 16. Nomos.

Stützer, C. (2022). *Künstliche Intelligenz in der Hochschullehre*: Empirische Untersuchungen zur KI-Akzeptanz von Studierenden an (sächsischen) Hochschulen. Technische Universität Dresden. https://doi.org/783114

Vogel, P. (2019). *Künstliche Intelligenz und Datenschutz. Vereinbarkeit intransparenter Systeme mit geltendem Datenschutzrecht und potentielle Regulierungsansätze.* Nomos.

Steven Beyer[*,1], Silke E. Wrede[*,2], Christine Hoffmann[3] &
Christine Schulmann[4]

# Gestaltung eines Chatbot-Playground zur Kompetenzförderung von Hochschullehrenden

## Zusammenfassung

Der Einfluss Künstlicher Intelligenz (KI) in Hochschulen steigt stetig und Lehrende sind aufgefordert, sich den Anforderungen im Umgang mit KI-Anwendungen (z. B. Chatbots) zu stellen. Um Raum für die Auseinandersetzung mit diesen neuen Anforderungen und das Experimentieren mit KI-Anwendungen zu geben, hat ein Team aus verschiedenen Fachbereichen ein Online-Selbstlernangebot zur Entwicklung eines Chatbots für das wissenschaftliche Arbeiten konzipiert. Die Konzeption orientiert sich an Design-Thinking-Prozessen. Das Angebot steht exemplarisch für die Vision einer Experimentierumgebung für Lehrende.

## Schlüsselwörter

Künstliche Intelligenz, Chatbot, Hochschullehrende, Professionalisierung, Design Thinking

---

*   in geteilter Erstautorenschaft
1   Humboldt-Universität zu Berlin; steven.beyer@hu-berlin.de; ORCID 0000-0002-2644-2531
2   FernUniversität in Hagen; silke.wrede@fernuni-hagen.de; ORCID 0000-0002-4957-9792
3   HAW Hamburg; christine.hoffmann@haw-hamburg.de; ORCID 0009-0002-9431-5531
4   HAW Hamburg; christine.schulmann@haw-hamburg.de; ORCID 0009-0009-4049-9233



https://doi.org/10.21240/zfhe/SH-KI-1/08

Steven Beyer, Silke E. Wrede, Christine Hoffmann & Christine Schulmann

# Developing a chatbot playground to enhance university lecturers' skills

## Abstract

The use of artificial intelligence (AI) in higher education is increasing, and lecturers are being encouraged to address the challenges of implementing AI applications in their teaching. In order to provide a space for addressing these novel requirements and experimenting with AI applications, a team comprising members from different fields has designed an online self-learning programme for the development of a chatbot for scientific work. The design process is based on Design Thinking methodology. The programme exemplifies the vision of an experimental environment for teachers.

## Keywords

artificial intelligence, chatbot, university lecturers, qualification, design thinking,

# 1 Einleitung

Die Integration von Anwendungen Künstlicher Intelligenz (KI) in der Hochschule eröffnet vielfältige Möglichkeiten zur Optimierung von Lehr- und Lernprozessen. Der Einsatz von KI-Anwendungen erfordert eine gezielte Befähigung der Lehrenden, um die Potenziale in der Lehre effektiv zu nutzen und den dazugehörigen Herausforderungen zu begegnen. Dieser Artikel widmet sich daher der theoretischen Begründung und Konzeption eines Online-Selbstlernangebots für Hochschullehrende, in dem Lehrende dazu befähigt werden sollen, einen Chatbot für das Themenfeld des *Wissenschaftlichen Arbeitens* zu entwickeln. Mit diesem Vorhaben werden niedrigschwellig Erfahrungen und Wissen zur Entwicklung und zum Einsatz eines Chatbots ermöglicht. Gleichzeitig bietet es Raum, Lehrkonzepte neu zu denken, zu bilden und zu erproben, wie es üblicherweise bei Lehreinsteiger:innen (Heiner, 2012) zu beobachten ist oder auch Lehrprofile als forschenden Prozess (Tremp, 2020) zu begreifen und Lehrexperimente zu wagen. Dies ist erforderlich, da Lehrende häufig ausgeprägte Routinen ausgebildet haben (Ertmer & Ottenbreit-Leftwich, 2010), die es zu erweitern gilt. Es handelt sich um ein exemplarisches Angebot für eine Experimentierumgebung (Playground) – einen geschützten Raum, in dem Lehrende zu Lernenden werden. Dabei verschmelzen *mit KI lernen* und *über KI lernen*.

Den Hintergründen (Kap. 2) geht eine Verortung der interdisziplinären Zusammenarbeit von Wissenschaftler:innen voraus, die sich im Rahmen des *KI-ExpertLabs* aus der Kooperation von FernUniversität in Hagen und dem KI-Campus zusammengefunden haben. Folgend wird ein Überblick zum Einsatz von KI am Beispiel von Chatbots in der Hochschullehre sowie zu Kompetenzen von Lehrenden gegeben. Ausgehend vom Praxisdesiderat werden anschließend der Designprozess und dessen Grundlagen vorgestellt (Kap. 3). Abschließend werden die Designprodukte diskutiert und in zukünftige Fragestellungen überführt (Kap. 4).

## 2 Hintergründe

Das Ziel des interdisziplinären Teams ist es, ein Angebot zu entwickeln, das Lehrende an den Einsatz von KI-Anwendungen (hier Chatbots) heranführt und ihnen ermöglicht, den Chatbot für das eigene Lehrkonzept zu erproben. Zentrale Kennzeichen für das Angebot sind: niedrigschwellig (wenige Vorkenntnisse erforderlich), fachübergreifend (für viele Lehrende nutzbar) und online zugänglich (zeitliche und örtlich Flexibilität).

Thematisch ist die Wahl auf das *Wissenschaftliche Arbeiten* gefallen. Es vereint beispielhaft die Arbeit der verschiedenen Disziplinen an den Hochschulen (auch paradigmenübergreifend). In Anlehnung an Buck und Brinkmann (2019, S. 13) können Lernende über „Beispielverstehen und Beispielgeben" Strukturen erlernen. Dem Lernenden ist es demnach möglich, das eigene Vorverständnis sowie das eigene Lehrkonzept in der Auseinandersetzung mit dem Beispiel zu überdenken. Das Lehr-/Lernsetting ist dementsprechend zu gestalten. Mit der Zeit können weitere Beispiele in einen Playground, einen geschützten Online-Übungsraum, integriert werden.

Zur Fokussierung der Lehrenden als Lernende, die auch lehren, haben wir das Drei-Tetraeder-Modell (Prediger et al., 2017) für eine theoretische Begründung des Angebots herangezogen. Dabei standen folgende Fragen im Mittelpunkt:

- Was macht den Fortbildungsgegenstand des KI-gestützten wissenschaftlichen Arbeitens aus und wie lässt er sich strukturieren?

- Wie kann der Fortbildungsgegenstand in einer Experimentierumgebung als „Beispiel" aufbereitet werden?

- Welche gegenstandsspezifischen kognitiven Aktivitäten und Lernprozesse lassen sich anstoßen und fördern?

Im Folgenden wird zunächst der allgemeine Rahmen, KI in der Hochschullehre mit dem Fokus auf Chatbots, näher beschrieben.

## 2.1 Künstliche Intelligenz in der Hochschullehre

Mit KI in der Hochschullehre werden verschiedene Themenfelder adressiert, die Crompton und Burke (2023) in einer systematischen Überblicksarbeit erfasst haben: 1) Assessment/Evaluation, 2) Predicting, 3) AI Assistant, 4) Intelligente Tutorielle Systeme (ITS) und 5) Managing Student Learning. Hieraus lassen sich große Erwartungen an KI in der Hochschullehre erahnen. Studierende erhoffen sich personalisierte Unterstützung in ihrem Lernprozess, Lehrende tiefere Einsichten in Lernprozesse sowie eine Arbeitserleichterung bei Korrekturen oder Feedback.

Diesen Erwartungen gegenüber stehen laut Holmes und Tuomi (2022) jedoch Missverständnisse über aktuelle technische Möglichkeiten, mangelndes Wissen über den aktuellen Stand von KI in der Bildung und eine enge Sichtweise auf die Funktionen von Bildung (Holmes & Tuomi, 2022). In dem Bemühen, eine Überschaubarkeit von KI in der Bildung darzustellen, findet eine Unterteilung anhand unterschiedlicher Foki statt, je nach Anwendung liegt der Fokus eher auf den Studierenden, Lehrenden oder der Institution, wobei es sich hier um überlappende Kategorien handelt.

Chatbots, welche für Holmes und Tuomi (2022) den Fokus auf Studierende legen, gelten als ein erforschtes Feld, für das bereits Ergebnisse vorliegen. Dementsprechend lassen sich mit Blick auf die aktuelle Literatur erste Erkenntnisse gewinnen. In dem systematischen Review von Wollny et al. (2021) wird sichtbar, in wie vielen Bildungsbereichen Chatbots bereits zum Einsatz kommen (z. B. Sprachen lernen, Feedback und metakognitives Lernen) und welche unterschiedlichen Rollen (z. B. Lernpartner, Assistent und Mentor) sie dabei einnehmen können. Auch Hobert und Meyer von Wolf (2019) setzen sich in ihrem Review mit den Charakteristiken von pädagogischen konversationsbasierten Agenten in Bezug auf Typ, Lernumgebung, Lernform und Lerninhalte auseinander. Die Wirkung von Chatbot-gestütztem Lernen auf verschiedene Komponenten untersuchten Deng und Yu (2023) in einer Metaanalyse und kommen zu dem Ergebnis, dass es eine mittlere bis hohe Gesamtwirkung von Chatbots auf die Bildungsergebnisse gibt. Die Dauer der Intervention, die Rolle des Chatbots und die Lerninhalte nehmen dabei keinen Einfluss auf die Wirkung. In der Praxis, so schlussfolgern die Forschenden, könnten Lehrkräfte und Aus-bilder:innen geeignete Lehrmethoden anwenden, um eine nachhaltige Bildung zu fördern. Doch wann sind Lehrende in der Lage, einen Chatbot in die Lehre zu integrieren? Um Möglichkeiten und Grenzen der Technologien zu erkennen und den Transfer gelingen zu lassen, sollten Chatbots als Lern- und Untersuchungsgegenstand in formellen und informellen Lerngelegenheiten vorkommen, um die Kompetenzen der Lehrenden zu fördern. Durch vielfältige Auseinandersetzungs- und Lernprozesse können diese dann in die Lage versetzt werden, einen Chatbot in die Lehre zu integrieren.[5]

## 2.2 Kompetenzen von Lehrenden

### 2.2.1 Kompetenzmodelle

Die Auswahl eines Kompetenzmodells, das als Erwartungshorizont dient und beschreibt, über welche digitalen Kompetenzen Lehrende verfügen sollten, ist aufgrund der Modellvielzahl und der immer wieder grundlegenden Debatte über diese sorgfältig vorzunehmen. Modelle, die speziell Lehrende fokussieren, sind zahlreich (Lencer & Strauch, 2016; Rohs et al., 2017).

Der DigCompEdu bietet als wissenschaftlich fundierter Kompetenzrahmen ein Orientierungsraster im Bereich berufsspezifischer digitaler Kompetenzen von Lehrenden und lässt sich an die Implementierung regionaler und nationaler Tools und Schulungsprogramme anpassen. Dieser europäische Rahmen für die digitale Kompetenz Lehrender (DigCompEdu) fokussiert die beruflichen (1), pädagogischen und didaktischen (2) Kompetenzen der Lehrenden und der Lernenden (3), die sich in sechs Unterbereiche und insgesamt 22 elementare Kompetenzen ausdifferenzieren. Dabei

---

5 Auch wenn Chatbots basierend auf generativen Modellen aktuell sehr populär sind, sind sie (in der überwiegenden Mehrheit) nicht für Bildungszwecke entwickelt worden. Retrieval-based Models dagegen können spezifisch für ein konkretes Bildungsziel ausgestaltet werden. Durch diesen Ansatz können, z. B. durch kuratierte Antworten, Phänomene wie das Halluzinieren generativer Modelle vermieden werden.

greift der Rahmen den vielfältigen Einsatz und Nutzen digitaler Werkzeuge im Bildungsbereich auf. Um das Potenzial digitaler Medien für Bildungsprozesse zu begreifen, einzusetzen und adäquat zu nutzen, müssen und sollten Lehrende auch über digitale Kompetenzen verfügen. Der DigCompEdu eignet sich durch die große Bandbreite, den Einbezug der Zielgruppe und den Fokus auf digitale Kompetenzen, Erwartungen zu konkretisieren und Fähigkeiten sowie Fertigkeiten der Lehrenden zu fördern (ausführlich Redecker, 2019).

## 2.2.2 Kompetenzerwerb von Lehrenden

Der Technologieeinsatz in der Lehre und für das professionelle Lernen ist von verschiedenen Merkmalen und Faktoren abhängig. Ein Fokus in der Forschung liegt auf technologiebezogenen Wissensfacetten (z. B. TPACK; Mishra & Koehler, 2006) sowie auf affektiv-motivationalen Merkmalen. Im Kontext der affektiv-motivationalen Merkmale sind laut Ottenbreit-Leftwich et al. (2018) u. a. Selbstwirksamkeitserwartungen, Einstellungen bzw. Beliefs von Bedeutung für die Nutzung bzw. Intention zur Technologienutzung. Diese Konstrukte wiederum werden von weiteren Faktoren beeinflusst.

Bei der Gestaltung von Lerngelegenheiten für Lehrende ist die Veränderung dieser Merkmale von besonderer Bedeutung. Besonders berücksichtigt werden sollte, dass die Lehrenden in spezifischen Kontexten arbeiten und häufig ausgeprägte Routinen entwickelt haben. Dies bedeutet auch, dass sie sich möglicherweise z. B. ihrer Überzeugungen bewusst sind und diese aufgrund ihrer Verfestigung zugleich nur schwerlich zu verändern sind (Ertmer & Ottenbreit-Leftwich, 2010).

Besondere Aufmerksamkeit beim berufsbegleitenden Lernen von Lehrenden erfahren situierte Lerngelegenheiten, die den Lernprozess begünstigen, weil berufliche Praxis selbstgesteuert, problemorientiert und fallbasiert unmittelbar integriert wird (Gerstenmeier & Mandl, 2011; Göb, 2017).

Allgemeine Hinweise zur Gestaltung von Lerngelegenheiten umfassen folgende Punkte (ausführlich Ertmer & Ottenbreit-Leftwich, 2010; Ottenbreit-Leftwich et al., 2018):

- *Wissens- und Fähigkeitsentwicklung*: Erkundung und Erprobung von Technologien unter Anleitung von bzw. im Austausch mit erfahrenen Peers, die in direktem Bezug zu entsprechenden Wissensfacetten stehen. Darüber hinaus sollten auch Anwendungsversuche in der Lehrpraxis erfolgen – mit begleiteten Unterstützungsmaßnahmen.

- *Selbstwirksamkeit*: Erfahrung von und Austausch über Erfolgserlebnisse bei der Technologienutzung. Des Weiteren sind das Beobachten von erfolgreicher technologiegestützter Lehrpraxis und langfristig angelegte Entwicklungsvorhaben förderlich.

- *Überzeugungen*: Entwicklungsvorhaben sollten an den bestehenden Überzeugungen ansetzen, um davon ausgehende entsprechende Lerngelegenheiten zu gestalten. Außerdem sind auch hier kooperative Ansätze z. B. mit anderen Peers förderlich.

Es stellt sich die Frage, ob diese sich auf traditionelle Technologien beziehenden Gestaltungsaussagen im Kontext von KI weiterhin Gültigkeit haben. Markauskaite et al. (2022) haben dies in einem dialogischen Ansatz diskutiert. Zusammenfassend gelangten sie zu ähnlichen Gestaltungsaussagen, u. a.: Erwerb und Ausbau von KI-bezogenen Wissensaspekten, situierte Lerngelegenheiten sowie eine reflektierende, kooperative und kritische Herangehensweise.

# 3    Designprozess

## 3.1    Methodische Grundlagen

### 3.1.1 DO-ID-Modell

Das Lernangebot wurde nach dem DO-ID-Modell von Niegemann (2019) konzipiert. Das Modell zeichnet sich dadurch aus, dass auf mehreren Ebenen Entscheidungen getroffen werden. Auf unterer Ebene werden zunächst Ziele bestimmt, denen Analysen z. B. zu Ressourcen und Kontext auf mittlerer Ebene folgen. Auf oberster Ebene befinden sich die eigentlichen Designprozesse wie Interaktions- oder Motivationsdesign. Nach Festlegen der Qualitätssicherungskriterien und umfangreichen Analysen wird in zehn Entscheidungsfeldern die Gestaltung des Lernangebots festgelegt (Niegemann, 2019). Analysen und Entscheidungsfelder wurden im konkreten Entwicklungsvorhaben im Rahmen eines Design-Thinking-Prozesses durchgeführt bzw. durch Designentscheidungen bestimmt.

### 3.1.2 Design Thinking

Prozessmodelle des Design Thinking umfassen verschiedene Strategien, die in einem spezifischen Ablauf von Schritten bzw. Phasen durchlaufen werden (Donaldson & Smith, 2017). Häufig handelt es sich um fünf Stufen, z. B. *Empathize*, *Define*, *Ideate*, *Prototype* und *Test* (Doorley et al., 2018; Cochrane & Munn, 2020).

*Empathize.* In dieser Phase soll ein tiefes Verständnis der Nutzenden gewonnen werden (Doorley et al., 2018; Donaldson & Smith, 2017). Zu diesem Zweck wurden Personae von Hochschullehrenden entwickelt, aus deren Perspektive Fragen des Designprozesses beantwortet wurden. Allen gemeinsam ist, dass sie Einsteigende im Feld der Chatbots sind.

*Define.* In der anschließenden *Define*-Phase wurde nach einem Anwendungsfall gesucht, der alle Personae verbindet. Als spezifischer Anwendungsfall wurde die Erstellung eines Selbstlernangebots identifiziert, das sich an Hochschuldozierende richtet, die in ihren Seminaren mit einem Chatbot das wissenschaftliche Arbeiten sowie das forschende Lernen ihrer Studierenden unterstützen wollen. Die Problemstellung, die im Designprozess bearbeitet werden soll, lautet folglich, wie ein Lernangebot für Lehrende im Sinne einer Anleitung zur Erkundung, Erstellung, Adaption, Nutzung der Chatbots für Einsteigende dienen kann.

*Ideate.* In dieser Phase sollen möglichst viele Ideen generiert werden, um die Breite als auch Tiefe eines möglichen Lösungsraums zu erkunden (Doorley et al., 2018). Hier wurden vor allem Fragen des Lerngegenstandes, möglicher Lernziele sowie Aufgabenformate in den Mittelpunkt gestellt (vgl. Kap. 3.2).

*Prototype.* Aus der Breite der gewonnenen Ideen wurden in einem dialogischen Prozess innerhalb des Design-Teams erste Ankerpunkte für den Prozess des Prototypings bestimmt. Ziel dieser Phase ist es, dass möglichst ressourcenarm eine erste Version einer möglichen Lösung entsteht, an der man dann gemeinsam interagieren kann (vgl. Kap. 3.2.3). Daraus ergeben sich häufig weitere Designaktivitäten, die u. a. zur Verfeinerung führen (Doorley et al., 2018).

*Test.* In Verbindung mit dem Prototyping findet die Test-Phase statt, um bei potenziellen Nutzenden Feedback und weitere Ideen zur Verfeinerung der Lösung zu sammeln (Doorley et al., 2018).

## 3.2 Designprodukte

Im Folgenden werden die Produkte des Designprozesses dargestellt. Diese vorläufigen Ergebnisse spiegeln dabei die zentralen Entscheidungsfelder aus Kap. 3.1.1 wider, die im Design-Thinking-Prozess durchlaufen wurden.

### 3.2.1 Lerngegenstand

Im Zentrum des Online-Selbstlernangebots steht eine prototypische Low-Code-Plattform, die es Lehrenden ermöglicht, Chatbots weitgehend ohne Programmiererfahrung zu konzipieren. Ein besonderer Vorzug einer Plattform wie z. B. SAP Conversational AI, liegt darin, dass entweder auf Basis von Vorlagen oder gänzlich frei gearbeitet werden kann. Auf diese Weise werden für kleinere Übungen mit konkreten Lernzielen Vorlagen importiert (*forking*) und adaptiert, wodurch die Aufmerksamkeit auf spezifischen Aspekten des Lernprozesses liegt. Diese Fokussierung führt zur Aufrechterhaltung eines hohen Maßes an Kontrollerfahrung. Mit zunehmendem Kompetenzerwerb und u. a. Kontrollerleben besteht die Möglichkeit, dass die Lernenden unabhängig von Vorlagen Projekte entwickeln.

### 3.2.2 Lernziele

Ausgangspunkt der Lernzielüberlegungen war die Frage „*Welche Kompetenzen sollen Hochschullehrende am Ende des Online-Selbstlernangebots erreichen?*". Bei der Entwicklung der Lernziele haben wir uns an den Stufen aus dem DigCompEdu (Redecker, 2019) orientiert und für den Einstieg die Stufe A1 (Einsteiger:innen) sowie die Stufe A2 (Entdecker:innen) festgelegt. Die entwickelten Lernziele (Tab. 1) lassen sich jedoch auch an den vier weiteren Kompetenzstufen des DigCompEdu weiterentwickeln. Die nachfolgend beschriebenen Lernziele sind theoriegeleitet entwickelt (Kap. 2.2), bedürfen jedoch einer empirischen Überprüfung der Wirksamkeit der beschriebenen Aktivitäten.

Tab. 1: Darstellung der Lernziele und entsprechender Aktivitäten (eigene Darstellung)

| Lernziel | Verortung im DigCompEdu (Redecker, 2019, S. 2) | Aktivität |
| --- | --- | --- |
| Lehrende können sich die Funktionsweise des Chatbots erschließen und für ihr Vorhaben nutzbar machen. | *Lehren und Lernen*: „Den Einsatz von digitalen Geräten und Materialien im Unterricht planen und gestalten. Neue Formate und didaktische Methoden für den Unterricht entwickeln und ausprobieren." | Z. B. Einführung in die Veranstaltung, Einführung in den Beispiel-Chatbot, Begrifflichkeiten der Plattform klären |

| | | |
|---|---|---|
| Lehrende können für den Einsatz des Chatbots individuell und gemeinsam angemessene Lehr-/Lernsituationen identifizieren und kriteriengeleitet reflektieren. | *Berufliches Engagement*: „Die eigene Praxis hinsichtlich des didaktisch sinnvollen Einsatzes digitaler Medien reflektieren, selbstkritisch beurteilen und aktiv weiterentwickeln." | Z. B. Patterns oder in der Praxis bestehende Kriterienkataloge als Instrumente zum Abgleich und zur Analyse eigener Lehre nutzen. |
| Lehrende können einen bestehenden Chatbot unter Berücksichtigung des didaktischen Settings modifizieren und weiterentwickeln. | *Digitale Ressourcen*: „Vorhandene digitale Ressourcen modifizieren und weiterentwickeln, insofern dies rechtlich möglich ist. Neue digitale Bildungsressourcen erstellen oder mitgestalten. Lernziele, Kontext, didaktischen Ansatz und die Lerngruppe bei der Erstellung und Anpassung digitaler Ressourcen berücksichtigen." | Z. B. Kurze Anwendungsaufgaben zur Anpassung von Skills des Chatbots, z. B. *Passe im Skill Orga-Info die Texte auf dein Seminar an.* |
| Lehrende können die Nutzer:innendaten analysieren und angemessene Schlussfolgerungen für die studentischen Lernaktivitäten ziehen | *Evaluation*: „Digitale Informationen zu Lernendenverhalten, Leistung und Fortschritt erheben, kritisch analysieren und interpretieren, um beispielsweise Rückschlüsse für die Unterrichtsplanung zu ziehen." | Z. B. eigenes Dashboard mit den erhobenen Daten erstellen und eine Vignette zu erkannten/nicht-erkannten Intents inkludieren. Daraus entsprechende Schlussfolgerungen ableiten. |
| Lehrende können mit geeigneten Messinstrumenten den Einsatz des Chatbots in der Lehre evaluieren. | Siehe *Evaluation* | Z. B. anhand eines Evaluationsinstruments durch den Evaluationsprozess leiten und diesen beschreiben. |
| Lehrende können Re-Designanlässe für das didaktische Setting ableiten und umsetzen. | Siehe *Evaluation* | Z. B. anhand von UX-Kriterien entsprechende Anpassung vornehmen. |

### 3.2.3 Aufbau und Aufgabenformate

Eingeteilt ist das Lernangebot in drei Phasen: *Einführung, Go in Action* und *Evaluation*. In der Einführung ist zum einen das Kennenlernen der Online-Lernumgebung geplant, in der die Begleitung des Lernprozesses mit Bereitstellung vertiefender Materialien zum Themenfeld (OER- und Literaturbereitstellung) stattfindet. Möglichkeiten der Wissenssicherung und -prüfung (Quizze) werden über alle Phasen hinweg bereitgestellt. Zum anderen dient der Start der Erkundung der technologischen Umgebung mit Anmeldung, Walkthrough und Einführungsvideos. Eine mögliche Lernaufgabe kann sich darauf konzentrieren, den Lehrenden ein Verständnis der technologischen Umgebung zu vermitteln und die sichere Handhabung des Chatbots anzubahnen. Hierfür stehen zur freien Erkundung unterschiedliche Fallvignetten zur Verfügung, die einzelne thematische Bereiche des Chatbots aufgreifen und erklären. Diese Vignetten können unabhängig voneinander bearbeitet werden. Eine Fallvignette zum methodischen Vorgehen wird im Folgenden skizziert.

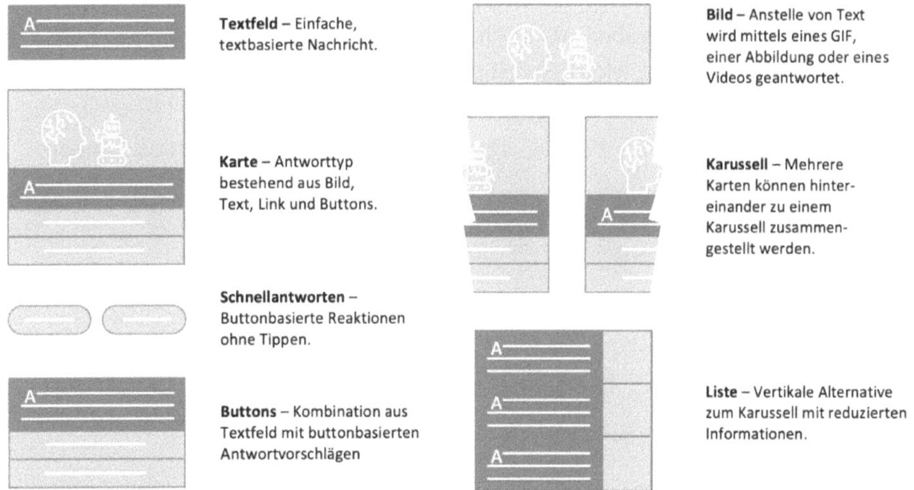


Abb. 2: Antwortformate einer exemplarischen Low-Code-Plattform in Anlehnung an SAP Conversational AI (eigene Darstellung)

*Fallvignette: Methodisches Vorgehen*

Studentin A schreibt an dem Exposé ihrer BA-Arbeit. Eine Forschungsfrage hat sie schon mit Ihnen besprochen. Um die Forschungsfrage zu beantworten, will Studentin A Kommiliton:innen befragen. Die Studentin verfügt über methodische Grundlagenkenntnisse. Jetzt ist Sonntagnachmittag und die Studentin möchte ihren Methodenteil vorbereiten, weiß allerdings nicht, welches methodische Vorgehen zu ihrer Forschungsfrage passen könnte. Sie wendet sich an den Chat-Bot und wählt den Bereich „Methode finden".

Für diesen konkreten Fall können Sie die Informationen zu den spezifischen methodischen Anforderungen an eine BA-Arbeit in Ihrem Lehrbereich in unterschiedlichen Formaten in das Chatbot Template einfügen. Folgende Formate könnten dabei zur Verfügung stehen: Textfeld, Karte, Schnellantworten, Buttons, Bild, Karussell und Liste (Abb. 2).

Die zweite Phase *Go in Action* dient sowohl der aktiven Auseinandersetzung mit der Plattform (Kap. 3.2.1) beispielsweise durch Aktivierungsaktivitäten in Form von kurzen Anwendungsaufgaben als auch der aktiven Verbindung der eigenen Lehre mit den technologischen Möglichkeiten. Hierfür stehen den lernenden Lehrenden Templates für Best-Practice-Lösungen zur Verfügung (Abb. 3). Diese stellen dar, wie einzelne Komponenten für das eigene Konzept angepasst werden können.

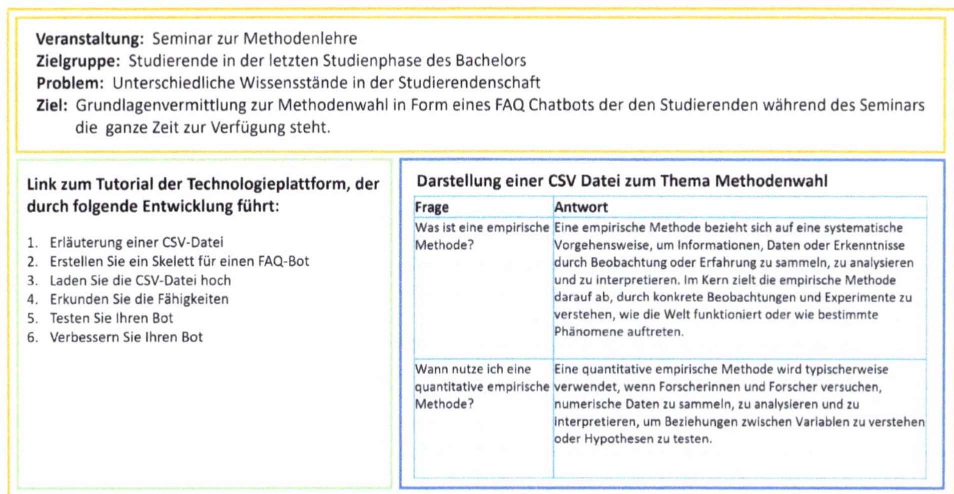



Abb. 3: Template FAQ-Chatbot (eigene Darstellung)

Zum Abschluss der zweiten Phase stehen Bewertungskriterien zur Verfügung, die der Überprüfung eines Beispiel-Chatbots als auch des eigenen Konzepts dienen. Das Ziel ist die Einreichung einer eigenen finalen Idee.

Die Evaluationsphase des Angebotes gibt Einblicke in Datentypen, -verarbeitung und -auswertung zur Befähigung des Umgangs mit den anfallenden Daten des Chatbots und deren Darstellung (Dashboard). Darüber hinaus geht es auch um die Bereitstellung von verschiedenen Evaluationstools und deren Diskussion.

# 4 Diskussion und Ausblick

Der Beitrag hat sich vor dem Hintergrund der Diskussion über Potenziale von KI im Bildungsbereich mit der Frage auseinandergesetzt, wie Hochschullehrende bei der Gestaltung und dem Chatbot-Einsatz unterstützt werden können.

Im Mittelpunkt steht die Idee eines Playgrounds, bei dem Lehrende in einem geschützten Übungsraum erste Erfahrungen mit Chatbots sammeln sowie Übungssequenzen zur Gestaltung eines seminarspezifischen Chatbots und Implementationsbegleitaufgaben vorfinden. Auf die Art und Weise können Lehrende neue Strukturen in einem Online-Selbstlernangebot erlernen und gleichzeitig das eigene Lehrkonzept anhand eines Beispiels *Chatbot für das Wissenschaftliche Arbeiten* überdenken. Die Thematik wurde gewählt, da sie in nahezu allen Studiengängen relevant ist und sich somit gut für das explorative Vorhaben eignet.

Zur Vermeidung von Technikdeterminismus und im Einklang mit den Zielen der Hochschulbildung (de Witt et al., 2020) wurde das Angebot basierend auf dem DO-ID-Modell (Niegemann, 2019) und Design Thinking entwickelt. Personae von Dozierenden verschiedener Disziplinen dienten als exemplarische Zielgruppe. Aufbauend auf dem Use Case und den Zielformulierungen wurden exemplarische Formate und dazugehörige Aufgaben entwickelt, die mit Ausschnitten der genutzten Low-Code-Plattform zu einem ersten Entwurf (Mock-up) eines Online-Kursraumes zusammengestellt wurden. Dieser Mock-up kann zur Beantwortung weiterführender Fragen im Designprozess genutzt werden. Weiterführende Fragen können sich u. a. auf die (Weiter-)Entwicklung des Produktes oder die Dozierenden in ihrer Rolle als Lernende bzw. als Lehrende beziehen.

Mit Blick auf die Weiterentwicklung kann das Mock-up z. B. unter verschiedenen Labor-/Feldbedingungen zum Einsatz kommen. In diesen Settings können Dozierende zum einen zu ihrer subjektiven Wahrnehmung befragt und verschiedene affektiv-motivationale Merkmale hinsichtlich der Nutzung des Playgrounds erfasst werden. Zum anderen können die Dozierenden zur Einschätzung verschiedener Merkmale der technologiegestützten Lernumgebung (ausführlich Loderer et al., 2019) befragt werden.

Aus der Perspektive der Lehrenden ergeben sich relevante Fragestellungen, insbesondere zu ihren Selbstwirksamkeitserwartungen (Bandura, 1977) hinsichtlich der Gestaltung eines didaktisch sinnvollen Chatbots und der Planung geeigneter Lerngelegenheiten. Zudem können Nutzungsintentionen untersucht werden, etwa die Motive für den Einsatz von Chatbots im Seminar. Neben der Unterstützung der Studierenden könnten auch meta-reflexive Fragen zum sinnvollen Umgang mit KI-Technologien im Studium von Bedeutung sein.

Die Entwicklung eines Playgrounds, der verschiedene Beispiele (Online-Selbstlernkurse) vereint, würde vielfältige Potenziale für Forschung und Praxis eröffnen. Die hier gewonnenen Einsichten zu transparenten Entwicklungsprozessen sowie zu spezifischen Lernzielen und Aufgabenformaten leisten einen wesentlichen Beitrag zur Diskussion über eine zielgerichtete Transformation der Hochschullehre *mit* und *durch* KI. Sie bilden zugleich eine fundierte Grundlage für künftige Forschungszyklen, die eine evidenzbasierte Weiterentwicklung dieses Ansatzes vorantreiben können.

# Literaturverzeichnis

Bandura, A. (1977). Self-efficacy: Toward a unifying theory of behavioral change. *Psychological Review, 84*, 191–215. https://doi.org/10.1037/0033-295X.84.2.191

Buck, G., & Brinkmann, M. (2019). *Lernen und Erfahrung. Epagogik* (Bd. 5). Springer Fachmedien Wiesbaden. https://doi.org/10.1007/978-3-658-17098

Cochrane, T., & Munn, J. (2020). Integrating educational design research and design thinking to enable creative pedagogies. *Pacific Journal of Technology Enhanced Learning, 2*(2), 1–14. https://doi.org/10.24135/pjtel.v2i2.58

Crompton, H., & Burke, D. (2023). Artificial intelligence in higher education: The state of the field. *International journal of educational technology in higher education, 20*(1). https://doi.org/10.1186/s41239-023-00392-8

De Witt, C., Rampelt, F., & Pinkwart, N. (Hrsg.) (2020). *Künstliche Intelligenz in der Hochschulbildung: Whitepaper*. KI-Campus. https://ki-campus.org/sites/default/files/2020-10/Whitepaper_KI_in_der_Hochschulbildung.pdf

Deng, X., & Yu, Z. (2023). A meta-analysis and systematic review of the effect of chatbot technology use in sustainable education. *Sustainability, 15*(4), 2940. https://doi.org/10.3390/su15042940

Donaldson, J. P., & Smith, B. K. (2017). Design thinking, designerly ways of knowing, and engaged learning. In M. Spector, B. Lockee & M. Childress (Hrsg.), *Learning, Design, and Technology*. Springer. https://doi.org/10.1007/978-3-319-17727-4_73-1

Doorley, S., Holcomb, S., Klebahn, P., Segovia, K., & Utley, J. (2018). *Design Thinking Bootleg*. d.school at Stanford University. https://dschool.stanford.edu/resources/design-thinking-bootleg

Ertmer, P. A., & Ottenbreit-Leftwich, A. T. (2010). Teacher technology change: How knowledge, confidence, beliefs, and culture intersect. *Journal of Research on Technology in Education, 42*(3), 255–284. https://doi.org/10.1080/15391523.2010.10782551

Gerstenmeier, J., & Mandl, H. (2011). Konstruktivistische Ansätze in der Erwachsenenbildung und Weiterbildung. In R. Tippelt & A. von Hippel (Hrsg.), *Handbuch Erwachsenenbildung/Weiterbildung* (S. 169–178). VS Verlag für Sozialwissenschaften. https://doi.org/10.1007/978-3-531-94165-3_10

Göb, N. (2017). Professionalisierung durch Lehrerfortbildung: Wie wird der Lernprozess der Teilnehmenden unterstützt? *DDS – Die Deutsche Schule, 109*(1), 9–27.

Heiner, M. (2012). Referenzpunkte für die Modellierung der Kompetenzentwicklung in der Lehre – Impulse für die hochschuldidaktische Weiterbildung. In R. Egger & M. Merkt (Hrsg.), *Lernwelt Universität* (S. 167–192). VS Verlag für Sozialwissenschaften.

Hobert, S., & Meyer von Wolff, R. (2019). Say hello to your new automated tutor – A structured literature review on pedagogical conversational agents. In T. Ludwig & V. Pipek (Hrsg.), *Human practice. Digital ecologies. Our future. Proceedings of the 14th international conference on Wirtschaftsinformatik* (S. 301–314). universi. http://dx.doi.org/10.25819/ubsi/1016

Holmes, W., & Tuomi, I. (2022). State of the art and practice in AI in education. *European Journal of Education, 57*(4), 542–570. https://doi.org/10.1111/ejed.12533

Keller-Schneider, M., & Albisser, S. (2012). Grenzen des Lernbaren? Ergebnisse einer explorativen Studie zum Erwerb adaptiver Unterrichtskompetenz im Studium. In T. Hascher & G. H. Neuweg (Hrsg.), *Forschung zur (Wirksamkeit der) Lehrer/innen/bildung* (S. 221–238). Lit.

Lencer, S., & Strauch, A. (2016). *Das GRETA-Kompetenzmodell für Lehrende in der Erwachsenen- und Weiterbildung.* https://www.die-bonn.de/doks/2016-erwachsenenbildung-02.pdf

Loderer, K., Pekrun, R., & Frenzel, A.C. (2019). Emotionen beim technologiebasierten Lernen. In H. Niegemann & A. Weinberger (Hrsg.), *Handbuch Bildungstechnologie.* Springer. https://doi.org/10.1007/978-3-662-54373-3_38-2

Markauskaite, L., Marrone, R., Poquet, O., Knight, S., Martinez-Maldonado, R., Howard, S., Tondeur, J., De Laat, M., Buckingham Shum, S., Gašević, D., & Siemens, G. (2022). Rethinking the entwinement between artificial intelligence and human learning: What capabilities do learners need for a world with AI?. *Computers and Education: Artificial Intelligence, 3*, 100056. https://doi.org/10.1016/j.caeai.2022.100056

Mishra, P., & Koehler, M. J. (2006). Technological Pedagogical Content Knowledge: A framework for teacher knowledge. *Teachers College Record, 108*(6), 1017–1054. https://doi.org/10.1111/j.1467-9620.2006.00684.x

Niegemann, H. (2019). Instructional Design. In H. Niegemann & A. Weinberger (Hrsg.), *Handbuch Bildungstechnologie.* Springer. https://doi.org/10.1007/978-3-662-54373-3_7-1

Ottenbreit-Leftwich, A. T., Kopcha, T. J., & Ertmer, P. A. (2018). Information and communication technology dispositional factors and relationship to information and communication technology practices. In J. Voogt, G. Knezek, R. Christensen & K. W. Lai (Hrsg.), *Second handbook of information technology in primary and secondary education.* Springer. https://doi.org/10.1007/978-3-319-71054-9_27

Prediger, S., Leuders, T., & Rösken-Winter, B. (2017). Drei-Tetraeder-Modell der gegenstandsbezogenen Professionalisierungsforschung: Fachspezifische Verknüpfung von Design und Forschung. *Jahrbuch für Allgemeine Didaktik*, 2017, 159–177.

Redecker, C. (2019). *Europäischer Rahmen für die digitale Kompetenz Lehrender. DigCompEdu*, deutsche Übersetzung durch das Goethe-Institut, Publications Office, Luxembourg. https://joint-research-centre.ec.europa.eu/system/files/2019-09/digcompedu_german_final.pdf

Rohs, M., Rott, K. J., Schmidt-Hertha, B., & Bolten, R. (2017). *Medienpädagogische Kompetenzen von ErwachsenenbildnerInnen. Magazin erwachsenenbildung.at.* Vorab-Onlinepublikation. https://doi.org/10.25656/01:12887

Tremp, P. (2020). Vom Experimentierfeld zum Lehrprofil – Forschendes Lernen als Leitidee. In T. Hoffmeister, H. Koch & P. Tremp (Hrsg.), *Forschendes Lernen als Studiengangsprofil* (S. 13–27). Springer Fachmedien Wiesbaden. https://doi.org/10.1007/978-3-658-28825-9_2

Wollny. S., Schneider, J., Di Mitri, D., Weidlich, J., Rittberger, M., & Drachsler, H. (2021). Are we there yet? – A systematic literature review on chatbots in education. *Frontiers in Artificial Intelligence, 4*, 654924. https://doi.org/10.3389/frai.2021.654924

Stefanie Schallert-Vallaster[1], Charlotte Nüesch[2],
Konstantin Papageorgiou[3], Lisa Herrmann[4], Martin Hofmann[5] &
Josef Buchner[6]


# Enhancing AI literacy of educators in higher education

## Abstract


As AI becomes integral to students' learning, educators must adapt to this AI-driven landscape. However, there is a notable gap in research focusing on fostering AI literacy among higher education lecturers. This paper presents a design-based research project aimed at developing a professional development curriculum for educators at the tertiary level through iterative cycles. In the first cycle, a voluntary internal professional development course was offered as a blended learning scenario. Evaluation involved a validated AI literacy performance test and AI readiness scale items. The


---


1   Corresponding author: St. Gallen University of Teacher Education; stefanie.schallert@phsg.ch; ORCID 0000-0002-8018-4051
2   St. Gallen University of Teacher Education; charlotte.nueesch@phsg.ch; ORCID 0009-0003-1786-2432
3   St. Gallen University of Teacher Education; konstantin.papagcorgiou@phsg.ch; ORCID 0009-0002-0293-6657
4   St. Gallen University of Teacher Education; lisa.herrmann@phsg.ch; ORCID 0009-0001-9556-2051
5   St. Gallen University of Teacher Education; martin.hofmann@phsg.ch; ORCID 0009-0003-3578-9849
6   St. Gallen University of Teacher Education; josef.buchner@phsg.ch; ORCID 0000-0001-7637-885X





https://doi.org/10.21240/zfhe/SH-KI-1/09

results of the first cycle are going to be presented and discussed. Based on these findings, modifications to the course are outlined.

**Keywords**

artificial intelligence, future skills, AI readiness, design-based research

# Verbesserung der KI-Literacy von Lehrenden im Hochschulbereich

**Zusammenfassung**

Da KI zum integralen Bestandteil des Lernens der Studierenden wird, müssen sich die Lehrenden anpassen. Es mangelt jedoch an Forschung zur Förderung von KI-Literacy bei Hochschullehrenden. In diesem Beitrag wird ein designbasiertes Forschungsprojekt vorgestellt, das darauf abzielt, in iterativen Zyklen ein Curriculum für die berufliche Weiterbildung von Lehrenden im Hochschulbereich zu entwickeln. Im ersten Zyklus wurde ein freiwilliger interner Weiterbildungskurs in Form eines Blended-Learning-Szenarios angeboten. Die Evaluierung umfasste einen validierten KI-Leistungstest und Items einer KI-Bereitschaftsskala. Die Ergebnisse des ersten Zyklus werden vorgestellt sowie diskutiert und auf dieser Grundlage wird die Kursüberarbeitung skizziert.

**Schlüsselwörter**

Künstliche Intelligenz, Future Skills, KI-Bereitschaft, Designbasierte Forschung

# 1 Introduction

Artificial Intelligence (AI) is significantly impacting various facets of higher education, including teaching, research, administrative tasks, and student learning experiences. For instance, current research (Nikolopoulou, 2024) discusses how AI can enhance pedagogical practices in higher education. As AI continues to advance rapidly, universities are compelled to become more adept at leveraging AI to stay relevant in the educational sector (Rütti-Joy et al., 2024). Hence, higher education institutions must adapt to the changing landscape of AI in education by fostering a comprehensive understanding of AI-related tools, establishing clear policies, and addressing ethical concerns to leverage the full potential of AI in enhancing teaching and learning experiences.

Several scholars (Maznev et al., 2024; Rütti-Joy et al., 2023) highlight the importance of professional development (PD) regarding AI literacy for lecturers at the tertiary level. However, there is a gap in the development of an AI literacy competency framework specifically tailored for higher education. While there have been efforts to propose AI literacy frameworks for various educational levels, especially secondary education (Casal-Otero et al., 2023), there is a lack of a comprehensive framework and training designed specifically for educators at higher education institutions.

To address the aforementioned gap, we present in this paper a design-based research (DBR) project aimed at contributing to practice as well as theory of AI literacy in higher education. On the one hand, we are developing a curriculum for a PD course concerning AI literacy, including the didactical scenario and resources. On the other hand, we are further developing a general AI literacy competency framework (Long & Magerko, 2020) to tailor it to the needs of educators at the tertiary level. The presented research project is still ongoing and in this paper the results of the first DBR cycle are described and discussed.

# 2 Theoretical background

This section provides an overview of the theoretical foundation of our research. It includes the chosen definition of AI literacy and AI readiness, the selection of an appropriate AI literacy competency model, and the instructional approach utilized for developing the didactical scenario. In the end of this section the research questions are outlined.

## 2.1 AI literacy definition

In this research we are using the established AI literacy definition of Long and Magerko (2020), which has been widely used in other studies (e.g. Hornberger et al., 2023). Long and Magerko (2020, p. 2) define AI literacy as "a set of competencies that enables individuals to critically evaluate AI technologies, communicate and collaborate effectively with AI, and use AI as a tool online, at home, and in the workplace".

## 2.2 AI readiness definition

For the concept of AI readiness we are referring to Karaca and colleagues' (2021) scale since it was developed and validated in an educational setting. Karaca and colleagues (2021) established a comprehensive scale for understanding AI readiness, which is structured around four components: cognition, ability, vision, and ethics. Cognition encompasses the knowledge necessary to engage with AI technologies effectively. Ability pertains to the practical skills required to implement and utilize AI systems. Vision involves the foresight as well as understanding the strengths, limitations, opportunities and challenges of AI. Ethics addresses the moral considerations and responsibilities associated with the use of AI.

## 2.3   AI literacy competency model

In the beginning of our research process, we conducted a literature review to evaluate different competency models for AI literacy. Among the models reviewed, we decided to use the competency model for AI literacy proposed by Long and Magerko (2020). The decision to adopt this competency model was driven by several key factors. Firstly, the model's foundation is solidly rooted in the literature, with each competency supported by relevant academic sources. This thorough grounding ensures that the competencies identified are both relevant and essential for understanding AI. Secondly, the extensive citation of Long and Magerko's work in subsequent research underscores the model's influence and acceptance within the academic community. Furthermore, there is a notable gap in the existing literature regarding competency models specifically tailored for lecturers. While various models address AI literacy for students (e.g. Touretzky et al., 2023), a dedicated framework for educators at the tertiary level is lacking. By adopting Long and Magerko's model, we aim to bridge this gap by further developing their competency model and tailoring it to the target group of lecturers.

Long and Magerko's competency model for AI literacy is a comprehensive framework designed to equip individuals with the skills necessary to interact with, understand, and critically evaluate AI technologies. The model is structured around five main themes, namely 1) What is AI?, 2) What can AI do?, 3) How does AI work?, 4) How should AI be used?, 5) How do people perceive AI?. Each main theme encompasses specific competencies and design considerations for setting up AI literacy programs. In total the model comprises 17 competencies and 15 design considerations.

## 2.4   Tell Show Enact Do approach

The Tell Show Enact Do (TSED) instructional model is based on the Synthesis of Qualitative Data (SQD) model (Tondeur et al., 2012), which provides an overview of effective strategies for supporting educators in learning about technology.

In the TSED model, these conceptual strategies are merged with concrete learning events (Merrill, 2018) resulting in a practical solution for putting the SQD model into practice. In the tell (T) learning event, educators learn theoretical and conceptual information about a specific technology. As recommended in the SQD model, theory needs to be aligned with practice. Thus, telling is followed by a show (S) learning event in which the practical application of theory is demonstrated to the educators. Further, if possible, instructors should use examples from their own practice to also fulfill the role model strategy. Opportunities intended to engage educators in authentic experiences are described as enact (E) learning events. In such events, educators literally enact the taught content of a course by experiencing technologies from the perspective of learners (Buchner & Hofmann, 2022) and/or from the perspective of a teacher (Schallert-Vallaster et al., 2024). Finally, in the do (D) learning event, educators plan and prepare a technology-enriched lesson in small groups (collaboration and instructional design strategy). Subsequently, the lesson is presented, and feedback is obtained (feedback strategy). Additionally, reflection is undertaken on the planning process and the potentials and challenges of technology for the purpose of teaching and learning (reflection strategy).

In previous studies, the TSED model has shown to be effective for learning how to integrate augmented and virtual reality into classroom teaching (Buchner & Hofmann, 2022). However, more research is needed to explore if the model is also effective for learning about other technologies like AI. Thus, using the TSED model within this research project can enhance empirical knowledge about its effectiveness, but this is not the focus of the current paper.

## 2.5 Research questions

In this paper the following research questions are tackled.

1. To what extent does the proposed curriculum foster AI literacy among the participating lecturers?

2. How does participation in the PD course impact lecturers' AI readiness in terms of cognition, ability, vision, and ethics?

# 3 Methodological framework

In this section, we present the methodological framework guiding our study, beginning with an overview of DBR. We will discuss the principles of DBR and elaborate on how these are adopted and adapted to fit the specific needs of our research. Following this, we describe the context and participants of the study. Finally, we outline the instruments that will be employed to collect and analyze data.

## 3.1 Design-based research

The set up methodological framework is anchored in the principles of DBR, which is characterized by being (1) pragmatic, (2) grounded, (3) interactive, iterative, and flexible, (4) integrative and (5) contextually based (Wang & Hannafin, 2005).

In our research, we utilize the five main characteristics of DBR as a robust framework for developing and refining an educational intervention. First, our approach is pragmatic, aiming to contribute simultaneously to the theoretical development and practical improvement. The foundation of our curriculum design is the AI literacy competency model by Long and Magerko (2020), which provides a comprehensive model for AI literacy and the design is applied in an educational setting. Our research project is interactive, iterative, and flexible, because the design is collaboratively developed with content experts and practitioners in iterative cycles of analysis, design, implementation and redesign. To be more specific, one research cycle includes multiple phases: literature review, collaborative curriculum design, data collection, data analysis and revision of the curriculum based on the results (see Figure 1 for overview of the first DBR cycle). This approach ensures that the curriculum is both theoretically sound and practically applicable. Furthermore, our approach is integrative, utilizing various research methods and instruments throughout the research process. However, with an evolving research process the used methods and instruments may vary. To meet the fifth characteristic of DBR, our approach is contextually based as we document the entire research (e.g. necessary adjustment to the initial design), and the developed curriculum and design principles are based on our specific environment.

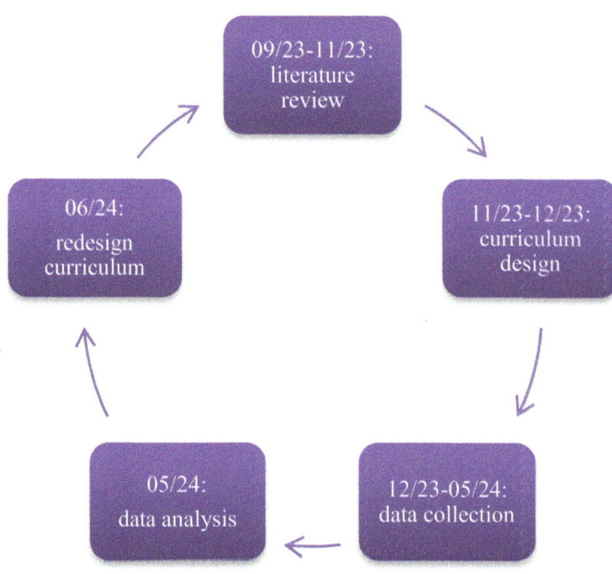


Fig. 1: Phases and timeline of the first DBR cycle

## 3.2  Context and participants

This DBR project is conducted at the St. Gallen University of Teacher Education. In the first DBR cycle, 22 teacher educators participated in the PD course on the topic of AI literacy[7]. The participants were heterogenous, e.g. in terms of prior knowledge of AI, the subjects they taught, and their teaching experiences in various degree programs. With their different teaching experiences in higher education and their pedagogical knowledge, participants can contribute with their feedback to the refinement of the course.

## 3.3  Instruments

A combination of two instruments is utilized in this DBR project to gather sufficient information for the redesign of the curriculum. In the first DBR cycle the AI literacy performance test validated by Hornberger et al. (2023) is a central instrument. This multiple-choice test with 30 questions is applied in a pretest-posttest design and based on the competence model of Long and Magerko (2020). It was developed in English and German to quantitatively measure the AI literacy of the participants, thus providing a clear metric for the curriculum's effectiveness. However, Hornberger et al. (2023) decided to exclude the two competencies (*Action & Reaction, Sensors*) that focus only on one aspect of AI, namely robotics. Additionally, they excluded the competency titled *Imagine Future AI* as it is not possible to assess predictions through a performance test. Hence, we decided to include in our study the 18 items of an AI readiness scale (Karaca et al., 2021) to assess the preparedness, perceptions and attitude of the participants regarding incorporating AI into education, using a five-point Likert scale to capture their responses.

We translated the abovementioned items of the AI readiness scale from English to German by employing a back translation approach. Furthermore, a native speaker checked our translation, and we pilot tested the translated items with 158 teachers in

---

7  11 participants did not finish the course due to different reasons: underestimated workload, voluntary course, cancellation free of charge.

another research project. With the data collected through the pilot testing we calculated the Cronbach's alpha values for each construct (AI readiness: Cognition: 0.87, Ability: 0.92, Vision: 0.79, Ethics: 0.8) and did not change any items based on these values. Due to the translation and pilot testing phase, we could include the AI readiness items only in the posttest. However, in subsequent cycles we could use these items in a pre- and posttest to detect changes regarding the participants' AI readiness.

# 4 Characteristics of the professional development course

## 4.1 Learning objectives

The learning objectives of the PD course are comprehensive. Starting with an understanding of the basic concepts of AI and how it works, participants will explore different applications of AI in the context of education. This basic knowledge is complemented by critical discussion and analysis to assess the potential benefits and risks associated with the use of AI in higher education. Participants will implement selected AI applications in their own teaching environments. Based on their experiences and discussions with peers, they draw meaningful conclusions for the future implementation of AI in higher education.

## 4.2 Instructional approach and content

As shown in Figure 2, the TSED instructional model is embedded in a blended learning scenario. According to this flexible learning approach, on the one hand, the participants will be able to tailor the learning process to their individual needs (Müller et al., 2019), while on the other hand, the potential benefits and risks associated with the use of AI and the one's own experiences using AI in higher education can be discussed in depth in on-site events. For setting up the content, a literature review was conducted to identify key concepts that have been integral to the success of similar programs in this domain. The course content is aligned with the competencies regarding AI literacy outlined by Long and Magerko (2020). A detailed presentation of the course content and the addressed competencies can be found in Schallert-Vallaster et al. (2024).

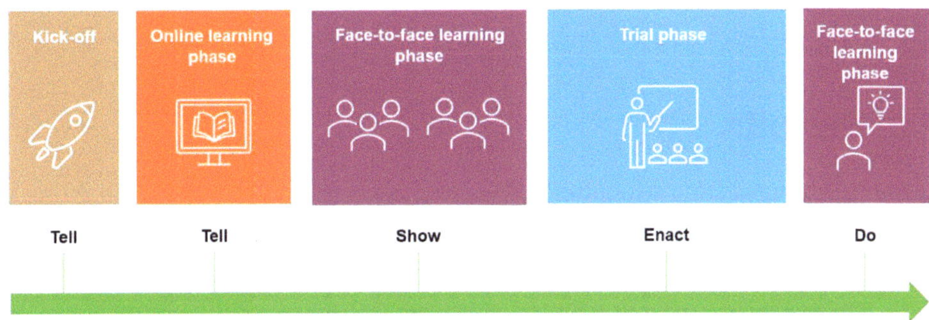


Fig. 2: Instructional approach

In the tell learning event, the different prior knowledge of the participants and the varying workload of university teachers during the semester suggests that participants can work on the course materials flexibly, according to their needs and independently of time. Participants are expected to invest about eight hours in a self-study program which includes a wide range of educational materials such as instructional videos, in-depth textual content, and interactive websites.

At the beginning of the show learning event (on-site day-event), participants' questions on the topics presented in the self-study program are answered. Participants can then deepen their knowledge by choosing from a range of workshops on different topics offered by various AI experts. Experts demonstrate various AI tools and challenge participants to use the tools in their own field of application. By sharing their experiences with the other participants, the first conclusions are drawn for use in higher education.

The enact and do learning events are closely linked with each other and focus on gaining and sharing authentic experiences of using AI in participants' higher education teaching contexts. The enacting phase takes place over several months, allowing participants to select relevant and appropriate ways of using AI in their own courses. The final half-day on-site event will focus on peer feedback on the lessons presented and will address selected issues related to the future implementation of AI in higher education.

# 5 Results

In the following section we outline the results concerning AI literacy and AI readiness, detailing the results for each construct respectively.

## 5.1 Description of results regarding AI literacy

The comparison of pretest and posttest results across various AI competencies reveals interesting results regarding participants' knowledge and understanding (see Figure 3). Notably, the competency of *Machine Learning Steps* saw the most substantial gain, with nearly 60% of participants answering correctly in the posttest, compared to just over 25% in the pretest. This indicates a significant enhancement in participants' ability to comprehend the different steps of machine learning, including the specific practices and challenges associated with each step. Regarding the competency of *Decision-Making*, posttest results were around 44%, up from about 26% in the pretest marking a notable improvement. Similarly, regarding the competency titled *General vs. Narrow,* the posttest results were around 44%, compared to pretest scores of about 24%. Despite the notable improvement concerning the competencies of *Decision-Making* and *General vs. Narrow*, the overall percentage of correct answers remains relatively low, suggesting that participants still struggle with these competencies. Another competency showing considerable improvement include *Human Role in AI*, with posttest scores around 56%, up from pretest scores of approximately 42%.

In terms of ethical considerations concerning AI, there was a marginal improvement, with posttest results reaching approximately 64%, compared to about 61% in the pretest. Also, participants performed slightly better in *Data Literacy, Learning from Data* as well as *AI's Strengths and Weaknesses*.

The results of the participants in the posttest were slightly worse compared to the pretest concerning the competencies of *Recognizing AI, Interdisciplinarity, Understanding Intelligence,* and *Programmability.* However, with all these competencies more than half of the participants answered the associated items correctly.

While the PD program successfully improved participants' knowledge and understanding regarding various AI competencies, certain competencies still require further enhancement. Specifically, the competencies of *Representations,* although showing a slight improvement, and *Critically Interpreting Data* indicate room for further development.

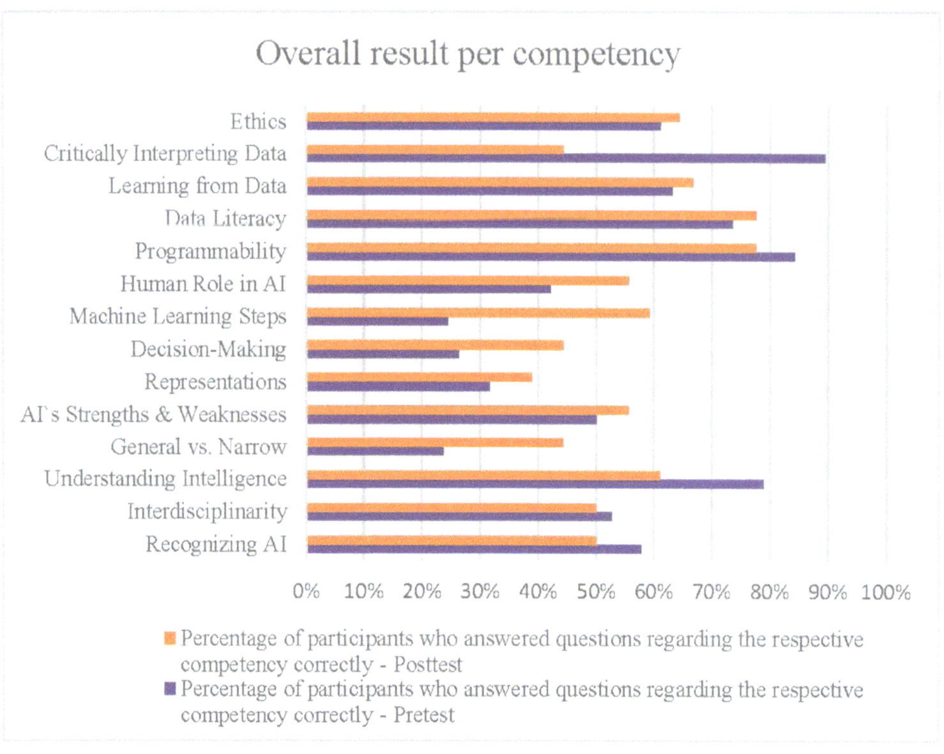


Fig.3: Comparison of pretest and posttest results

## 5.2 Description of results regarding AI readiness

Among the various findings concerning AI readiness, the most notable results of the components cognition, ability, vision and ethics, which constitute the construct of AI readiness, are highlighted below.

Cognition: The average response (M = 2.9) for the item "I can effectively balance the relationship between teachers and AI technologies" is just below neutral, indicating a slight tendency towards disagreement. The low standard deviation of 0.5

suggests that there is a high level of agreement among respondents about their slight disagreement or neutrality. However, most participants, on average (M = 4.2, SD = 0.4), strongly agree that AI technologies are important for data collection, analysis, evaluation, and security in education.

Ability: While the mean with 2.8 of the item "Based on the visual and real-time feedback provided by AI technologies, I can improve my teaching in the next step" is close to neutral, it slightly leans towards disagreement. This means that most respondents (SD = 0.6) do not strongly agree or strongly disagree but are slightly more inclined to disagree. Nevertheless, lecturers feel on average (M = 3.7) confident in their ability to collaborate with peers on the use of AI technologies to design teaching solutions. While most lecturers share this confidence, there is a moderate range of opinions (SD = 0.6), suggesting that some lecturers may feel more or less confident than others.

Vision: The results indicate that respondents generally agree with the statement "I have my own unique thinking and views on how to improve and use AI technologies for education," as reflected by a mean score of 4.0. The low standard deviation of 0.4 suggests that this agreement is consistent among respondents. Similarly, for the item "I foresee the opportunities and challenges that AI technologies entail for education," the mean score of 3.8 and standard deviation of 0.4 indicate that respondents agree with this statement as well, with a consistent level of agreement across the group.

Ethics: For the item "I understand the digital ethics that teachers should possess in the era of AI," the results show a mean score of 3.7 and a standard deviation of 0.5. This indicates that participants generally agree with the statement. The moderate standard deviation implies that while there is some variation, most respondents have a similar level of understanding regarding the importance of digital ethics in the context of AI. Despite this result, the results for the item "I know how to keep personal information safe when using AI technologies" indicate a mean score of 2.5, suggesting that respondents are generally neutral or slightly disagree with the statement. The standard deviation of 0.8 reveals considerable variability in responses, indicating that there is a significant range in the level of confidence or knowledge among respondents regarding data privacy and security when using AI technologies.

# 6 Discussion

Based on the presented results, this section aims to answer the posed research questions and discusses the changes made to the PD course.

## 6.1 To what extent does the proposed curriculum foster AI literacy among the participating lecturers?

The proposed curriculum aims to foster AI literacy among participating lecturers by addressing the five main themes of AI literacy (Long & Magerko, 2020) outlined in the theoretical background of this paper. Firstly, the curriculum covers the fundamentals of AI, including the competencies *Recognizing AI, Understanding Intelligence, Interdisciplinarity*, and *General vs. Narrow*. This area shows a need for improvement as lecturers' understanding was limited (even posttest results were slightly worse) and only the results regarding the competency of *General vs. Narrow* were in the posttest better. The slightly poorer results in the posttest could indicate that the first version of our course generates a misleading picture of what AI is. Secondly, the curriculum explores AI's capabilities, emphasizing the competency *AI's Strengths and Weaknesses*. Here, lecturers performed reasonably well, with only slight improvements observed post-intervention. Thirdly, the curriculum discusses how AI works, encompassing the competencies *Representations, Decision-Making, Machine Learning Steps, Human Role in AI, Data Literacy*, and *Critically Interpreting Data*. Significant improvements were noted in most of these competencies, particularly in understanding *Machine Learning Steps* and *Decision-Making*, although there is still room for further enhancement concerning the competencies *Representations, Decision-Making* and *Critically Interpreting Data*. The posttest results for the competency *Critically Interpreting Data* were lower than in the pretest, suggesting that the information presented in the course may have been misunderstood.

Fourthly, the curriculum addresses the ethical use of AI, an area where lecturers already demonstrated good understanding, with only minor gains post-intervention. Lastly, the curriculum examines how people perceive AI, focusing on the competency of *Programmability*. This competency was already well grasped by the lecturers before participating in the PD course.

When revising the course content, we aligned our focus with the results from the AI literacy performance, emphasizing the competencies of *Recognizing AI, Interdisciplinarity, General vs. Narrow, Decision-Making, Representations* and *Critically Interpreting Data*. For instance, to enhance understanding concerning the competency *Recognizing AI*, we introduced more concrete examples of AI at the beginning of the course and incorporated an online exercise designed to help participants determine whether a given example is AI or not. To address the other competencies, we inserted the course content into a gamified learning app (see https://brian.study/en/), which accompanies our online course. This app, powered by an AI teaching assistant, creates an engaging learning environment by including adaptive quiz questions tailored to the learners' needs.

## 6.2 How does participation in the PD course impact lecturers' AI readiness in terms of cognition, ability, vision, and ethics?

Based on the results, most participants recognize the potential and significance of AI in the current era. However, there was a slight tendency towards disagreement regarding the effective balance in the relationship between teachers and AI. To address this, we decided to include in-class discussions where participants could explore examples of how to create a harmonious and beneficial link between lecturers and AI in higher education. In the area of ability, we incorporated examples for the in-class discussions to demonstrate how real-time feedback from AI technologies can be utilized to enhance teaching in the subsequent steps. Since the competency *Imagine Future AI* cannot be assessed through the AI literacy performance test, the results in the area of vision provide complementary insight by showing that participants foresee the opportunities and challenges that AI presents for education. Regarding ethics, we were surprised that most participants expressed uncertainty about safeguarding personal information when using AI and revised the course content to address this issue more thoroughly.

# 7 Conclusion and further research activities

The presented DBR project aims to enhance AI literacy among tertiary-level lecturers. Overall, the curriculum has been effective in enhancing AI literacy among lecturers in nine out of fourteen AI competencies, though certain competencies require additional focus and curriculum adjustments. To complement this, we utilized an AI readiness scale (Karaca et al., 2021). The findings in the area of cognition, ability and ethics lead to changes in the PD course.

According to the presented results of the first DBR cycle, we revised the curriculum and will reimplement as well as evaluate it in another cycle. The project will conclude with a tested but still adaptable curriculum that integrates research insights into practice, fostering ongoing innovation and long-term institutional integration. For example, the PD course serves as the foundation for a community of practice with regular meetings on AI topics and stand-alone webinars that are continually offered to reflect the latest AI developments, keeping lecturers equipped with up-to-date knowledge and tools.

As theoretical contribution the design principles for establishing PD initiatives aimed at improving AI literacy of Long and Magerko (2020) could be adapted for higher education contexts and should be examined through additional cycles of research. These principles could then be disseminated and validated in diverse educational contexts.

# References

Buchner, J., & Hofmann, M. (2022). The more the better? Comparing two SQD-based learning designs in a teacher training on augmented and virtual reality. *International Journal of Educational Technology in Higher Education, 19*(24). https://doi.org/10.1186/s41239-022-00329-7

Casal-Otero, L., Catala, A., Fernández-Morante, C., Taboada, M., Cebreiro, B., & Barro, S. (2023). AI literacy in K-12: a systematic literature review. *International Journal of STEM Education, 10*, 29. https://doi.org/10.1186/s40594-023-00418-7

Hornberger, M., Bewersdorff, A., & Nerdel, C. (2023). What do university students know about Artificial Intelligence? Development and validation of an AI literacy test. *Computers and Education: Artificial Intelligence, 5*, 100165. https://doi.org/10.1016/j.caeai.2023.100165

Karaca, O., Çalışkan, S. A., & Demir, K. (2021). Medical artificial intelligence readiness scale for medical students (MAIRS-MS) – development, validity and reliability study. *BMC Medical Education, 21*, 112. https://doi.org/10.1186/s12909-021-02546-6

Long, D., & Magerko, B. (2020). What is AI Literacy? Competencies and Design Considerations. In *Proceedings of the 2020 CHI Conference on Human Factors in Computing Systems* (pp. 1–16). New York, NY, USA: ACM. https://doi.org/10.1145/3313831.3376727

Maznev, P., Stützer, C., & Gaaw, S. (2024). AI in higher education: Booster or stumbling block for developing digital competence? *Zeitschrift Für Hochschulentwicklung, 19*(1), 109–126. https://doi.org/10.21240/zfhe/19-01/06

Merrill, M. D. (2018). Using the First Principles of Instruction to Make Instruction Effective, Efficient, and Engaging. In R. E. West (Ed.), *Foundations of Learning and Instructional Design Technology: The Past, Present, and Future of Learning and Instructional Design Technology.* EdTechBooks.

Müller, C., Barthelmess, P., Berger, C., Kucza, G., Müller, M., & Sieber, P. (2019). Editorial: Flexibles Lernen an Hochschulen gestalten. *Zeitschrift für Hochschulentwicklung, 14*(3), 9–17. https://doi.org/10.3217/ZFHE-14-03/01

Nikolopoulou, K. (2024). Generative Artificial Intelligence in Higher Education: Exploring Ways of Harnessing Pedagogical Practices with the Assistance of ChatGPT. *International Journal of Changes in Education, 1*(2), 103–111. https://doi.org/10.47852/bonview-IJCE42022489

Rütti-Joy, O., Winder, G., & Biedermann, H. (2023). Building AI Literacy for Sustainable Teacher Education. *Zeitschrift für Hochschulentwicklung, 18*(4), 175–189. https://doi.org/10.21240/zfhe/18-04/10

Rütti-Joy, O., Winder, G., & Biedermann, H. (2024). Teacher Educator Professionalism in the Age of AI: Navigating the new Landscape of Quality Education. In S. Kadry (Ed.), *Artificial Intelligence and Education – Shaping the Future of Learning [Working Title]*. IntechOpen. https://doi.org/10.5772/intechopen.1005030

Schallert-Vallaster, S., Papageorgiou, K., & Buchner, J. (2024). Developing a curriculum for teaching artificial intelligence literacy to educators. In L. Gómez Chova, C. González Martínez & J. Lees (Eds.), *INTED Proceedings, INTED2024 Proceedings* (pp. 1444–1448). IATED. https://doi.org/10.21125/inted.2024.0426

Tondeur, J., van Braak, J., Sang, G., Voogt, J., Fisser, P., & Ottenbreit-Leftwich, A. (2012). Preparing pre-service teachers to integrate technology in education: A synthesis of qualitative evidence. *Computers & Education, 59*(1), 134–144. https://doi.org/10.1016/j.compedu.2011.10.009

Touretzky, D., Gardner-McCune, C. & Seehorn, D. (2023). Machine Learning and the Five Big Ideas in AI. *International Journal of Artificial Intelligence in Education, 33*(2), 233–266. https://doi.org/10.1007/s40593-022-00314-1

Wang, F., & Hannafin, M. J. (2005). Design-based research and technology-enhanced learning environments. *Educational Technology Research and Development, 53*(4), 5–23. https://doi.org/10.1007/BF02504682

**Denise Biesenbach[1] & Meike Siegfried-Laferi[2]**


# Lehren mit generativer KI. Eine Diskussion aktueller Rollenentwürfe und Interaktionsmodelle

## Zusammenfassung


Seit dem Einzug von ChatGPT in die Hochschullehre wird verstärkt diskutiert, inwieweit sich die Lehrendenrolle im Rahmen KI-unterstützter Lehre wandelt und mit welchen Begriffen die Interaktion mit generativer KI in der Lehre angemessen beschrieben werden kann. Mit den alternativen Vorstellungen von KI als kognitivem Werkzeug sowie KI als Kooperationspartnerin greift dieser Beitrag zwei hochschuldidaktisch relevante Beschreibungsmodelle auf, um deren Implikationen hinsichtlich Rollenverständnissen und Verantwortlichkeiten im Rahmen kompetenten Lehrhandelns zu diskutieren und Anforderungen an einen reflektierten Umgang mit generativer KI in der Lehre zu formulieren.


## Schlüsselwörter

Generative Künstliche Intelligenz, Lehrendenrollen, Lehrkompetenz, Lehrhandeln, Interaktionsmodelle

---


1   Corresponding author; Hochschule Ruhr West; denise.biesenbach@hs-ruhrwest.de; OR-CID 0009-0000-0822-5819

2   Hochschule Ruhr West; meike.siegfried-laferi@hs-ruhrwest.de





https://doi.org/10.21240/zfhe/SH-KI-1/10

Denise Biesenbach & Meike Siegfried-Laferi

# Teaching with generative AI: A discussion of recent teacher role designs and interaction models

## Abstract

Since the introduction of ChatGPT in higher education, there has been increasing discussion about the extent to which the role of the teacher is changing in the context of AI-supported teaching and which terms can be used to adequately describe the interaction with generative AI in teaching environments. This paper explores two description models of AI relevant to higher education didactics: cognitive tool and co-operation partner. It presents the implications of these concepts on roles and responsibilities in competent teaching and formulates requirements for a reflective approach to generative AI in teaching.

## Keywords

generative artificial intelligence, teacher roles, teaching competence, teaching behaviour, interaction models

# 1 Hinführung

Die Auswirkungen generativer Künstlicher Intelligenz auf gesamtgesellschaftliche soziale, institutionelle und politisch-demokratische Prozesse gelten seit Verfügbarkeit des öffentlichen Zugangs zu ChatGPT als nahezu epochal und zugleich aktuell nur marginal abschätzbar (vgl. Schick, 2023). Schon deutlich vor dem Release von GPT-3.5 im November 2022 prognostizierte die Gemeinsame Forschungsstelle der Europäischen Kommission in ihrem Paper zum „Impact of Artificial Intelligence on Learning, Teaching, and Education" tiefgreifende Veränderungen im gesamten Bildungssektor (vgl. Tuomi, 2018, S. 2) Tatsächlich bedeutete die Veröffentlichung von GPT-3.5 durch die sofortige Anwendungsoption generativer KI (im Folgenden als „genKI" abgekürzt) für den Hochschulbereich den Übertritt in eine unmittelbare Transformationsphase ohne vorherige Folgenabschätzung, Nutzungs- oder Implementierungsbegleitung (vgl. Ifenthaler, 2023, S. 75).

Eine zentrale Frage im Zuge der Erprobung und kritischen Reflexion KI-unterstützter Lehre ist diejenige nach einer Neuausrichtung der Lehrendenrolle. So formuliert der „Beijing Consensus" der United Nations Educational, Scientific and Cultural Organization [UNESCO] (2019) als Kernaufgabe einer verantwortungsvollen Integration von KI in Lehrprozesse folgenden Auftrag: „Dynamically review and define teachers' roles and required competencies in the context of teacher policies" (S. 5). Welche konkreten Veränderungen hinsichtlich Rollenerwartungen und Kompetenzprofilen von Lehrpersonen angesichts des „disruptive[n] Potenzial[s]" (Albrecht, 2024, S. 13) Künstlicher Intelligenz angemessen und wünschenswert sind, hängt wesentlich auch damit zusammen, welche grundlegenden Funktionen KI im Bildungskontext zugeschrieben werden und wie die Interaktion von Lehrpersonen mit KI konkret gedacht wird.

Bezüglich dargestellter Einsatzmöglichkeiten von KI-Systemen bei lehrbezogenen Aktivitäten auf der Makro-, Meso- und Mikroebene (von der Gestaltung lernförderlicher Rahmenbedingungen über die Curriculumentwicklung bis hin zur Planung einzelner Veranstaltungen oder Lernangebote) ist deutlich erkennbar, wie sich der Fokus mit dem Aufkommen niedrigschwellig nutzbarer Tools im Bereich von genKI verändert: Lag ein Schwerpunkt zuvor auf der KI-unterstützten Sammlung und Auswertung von Daten für Entscheidungsprozesse im Verantwortungsbereich menschlicher Akteur:innen (vgl. de Witt et al., 2020; Pelletier et al., 2022), richtet sich die Aufmerksamkeit nun vermehrt auf die Möglichkeit, komplexe Planungsprozesse im Zuge der Lehrgestaltung selbst an KI zu delegieren oder der KI eine maßgebliche Rolle bei der Generierung von Zielen, Inhalten und Handlungsoptionen zuzuschreiben (vgl. Gentile et al., 2023; van den Ham, 2024).

Welche Konsequenzen sich hinsichtlich eines lehrbezogenen Rollen- und Professionsverständnisses aus einer verstärkten Einbindung KI-erzeugter Artefakte in die Lehrgestaltung ableiten ließen, skizzieren de Witt et al. (2020) wie folgt:

> Eingeübte Selbstbilder werden in Frage gestellt, wenn KI an Entscheidungen und Bewertungen in der Lehre mitwirkt: Lehrende nehmen eine andere Schlüsselposition als Vermittelnde zwischen Lernenden und interagierenden Systemen ein. Sie sind nicht mehr Gatekeeper des Wissens, sondern Kurator*innen im Lernprozess. (S. 7)

Auf den ersten Blick lässt sich diese Beschreibung als Bekräftigung eines Rollenwandels lesen, der bereits seit den 1990er-Jahren im Kontext des Paradigmenwechsels hin zu einer studierendenzentrierten Lehre gefordert wird (vgl. exemplarisch King, 1993). Tatsächlich erhalten bereits etablierte Rollenbilder wie dasjenige der Lehrperson als ‚Moderator:in', ‚Kurator:in' oder ‚Mentor:in' (vgl. Autenrieth & Nickel, 2023, S. 18; van den Ham, 2024, S. 478) jedoch eine ganz neue Auslegung, wenn KI-Systeme in der Funktion als Expertin, Feedbackgeber oder kreative Ideengeberin unmittelbar in lehrbezogene Gestaltungsprozesse involviert sind. Aktuell vielfach beschriebene Szenarien kooperativen Arbeitens mit genKI als „Lehr- und Lern-Partner" (Herzberg, 2023, S. 90) oder „Sparringspartner" (Knaus, 2023, S. 23) legen nahe, das transformatorische Potenzial von genKI für akademische Bildungsprozesse wesentlich in der Ermöglichung neuer Interaktionsmodelle zwischen nunmehr drei Akteur:innen zu sehen: Lehrenden, Studierenden und KI. Seminarpläne, Prüfungsgutachten oder Aufgabentexte, die im Dienste von Wissensvermittlung und Lernbegleitung generiert werden, sind nunmehr Erzeugnisse einer „Ko-Kreation" zwischen Mensch und KI (Seufert, 2024, S. 147) bzw. ein Arbeitsergebnis von ‚Humanautor:in' und ‚künstlicher Co-Autor:in' (vgl. Knaus, 2023, S. 1).

Welche grundsätzlichen Rollenerwartungen an Lehrpersonen gegenwärtig überhaupt formuliert werden können, erschließt sich demnach erst in der Interdependenz von Lehrenden und KI vor dem Hintergrund konkreter Entwürfe zu ihrem erweiterten Beziehungs- und Interaktionsgeflecht. Mit Blick auf aktuelle Texte der Hochschulbildungsforschung werden im Folgenden zunächst zwei prominente Beschreibungsansätze für Rollen- und Interaktionsmodelle bezüglich einer Einbindung von KI in die Lehre dargestellt: das Werkzeugmodell, welches die KI als unterstützendes Tool in der Lehre beschreibt, und das Kollaborationsmodell, welches die KI als Partnerin versteht.[3] Ausgehend von dem Anspruch, bei der Diskussion von Rollen und Arbeitsszenarien im Lehrkontext vor allem die hochschulspezifischen Herausforderungen an Lehrkompetenz zu berücksichtigen, diskutieren wir die Modelle anschließend anhand ausgewählter Use Cases im Kontext von Lehrplanung und Prüfungsgestaltung und geben einen Ausblick auf die Notwendigkeit einer fortlaufenden kritischen Auseinandersetzung mit den Veränderungen der Lehre durch KI.

---

3  Da sich einige der in diesem Aufsatz diskutierten Herausforderungen vornehmlich im Kontext der Arbeit mit KI-erzeugten lehr-/lernrelevanten Produkten stellen, andere jedoch im Zusammenhang einer KI-unterstützten Lehre grundsätzlich relevant sind, wird im Text differenziert zwischen „genKI" und „KI".

## 2 Interaktionsmodelle und Rollenzuschreibungen in der Lehre mit KI

Eine starke Resonanz in der aktuellen Literatur zur KI-getriebenen Transformation hochschulischer Lehre erfahren Deutungsansätze, die sich am Modell eines ‚Human-AI Hybrids' orientieren und im Horizont des Ideals der Erweiterung menschlicher Fähigkeiten (*augmentation*) durch KI unterschiedliche Interaktionsformen und Rollenzuschreibungen zwischen Mensch und KI-Systemen, darunter ausdrücklich Anwendungen im Bereich von genKI, diskutieren (vgl. Aumüller et al., 2024; Holstein et al., 2020; Molenaar, 2022; Seufert & Handschuh, 2024). Die in Beiträgen aus der Hochschullandschaft nicht immer eigens reflektierte oder näher begründete Rede von genKI als ‚Partnerin' findet hier einen theoretischen Bezugsrahmen: Lehrperson und KI agieren im Lichte des Augmentationsansatzes als „equal team members solving tasks in cooperation" (Molenaar, 2022, S. 633). Mit Blick auf die vielversprechende Rollenoption von KI als „Facilitator" beschreiben Aumüller et al. (2024, S. 62) das Arbeitsmodell von KI-System und Mensch als „echte Partnerschaft, in der die Stärken und Schwächen beider Parteien berücksichtigt werden."

Mit der Modellierung unterschiedlicher Interaktionsformen zwischen Lehrenden und KI leisten die Überlegungen zur Hybridisierung menschlicher und maschineller Leistungen einen wichtigen Beitrag zur Diskussion um Rollenverständnisse im Rahmen KI-unterstützter Lehre. Folgende Aspekte jedoch erweisen sich dabei als problematisch: Die Beschreibung der Beziehung zwischen Lehrperson und KI als ‚Partnerschaft' sowie die Einordnung des Arbeitsmodus als ‚Kollaboration' weisen genKI einerseits eine Akteursposition, mitunter explizit auch Handlungsfähigkeit zu (vgl. Gentile et al., 2023, S. 6), andererseits warnen die Beiträge ausdrücklich vor der Gefahr einer „Anthropomorphisierung" (Aumüller et al., 2024, S. 52). Trotz der Einladung zu einer teils weitreichenden Kontrollabgabe an KI, etwa in der Rolle des „Dominators" (Aumüller et al., 2024, S. 62), und der Vision einer „synergetische[n] Zusammenarbeit" (van de Ham, 2024, S. 476), wird vor einer konsequenten Verantwortungsdelegation an die KI gewarnt. Aus der Partnerin auf Augenhöhe wird im

Zuge kritischer Selbstreflexion schnell wieder ein Arbeitsinstrument, dessen verantwortungsvolle Handhabung der geschulten Lehrperson übertragen wird. Was ‚Partnerschaft' und ‚Ko-Kreation' angesichts dieser ambivalenten Verortung der KI zwischen Akteursposition und Werkzeugcharakter konkret bedeuten sollen, bleibt weitgehend offen.

Die Warnung vor Grenzüberschreitungen und Kontrollverlust scheint im Kontext eines zweiten, alternativen Beschreibungsmodells zur Lehrgestaltung mit genKI dagegen zunächst überflüssig. Ungeachtet eines allgemeinen „Paradigmenwechsel[s] von Computern als Werkzeuge hin zu Computern als Partnern" (Ifenthaler, 2023, S. 74) diskutieren einige Beiträge genKI konsequent als ein nützliches ‚Tool' neben anderen Werkzeugen als Ergebnisse technologischen Fortschritts (vgl. exemplarisch Knaus, 2023; Spannagel, 2023). Im Vordergrund steht hier die Funktion der Entlastung durch eine klare Arbeitsteilung zwischen Lehrperson und KI: „KI-Anwendungen wie ChatGPT sind [...] Werkzeuge, die versprechen, uns kognitive Prozesse abzunehmen, die wir bislang immer selbst durchführen mussten." (Spannagel, 2023) Suggeriert die Begrifflichkeit des Werkzeugs zunächst keine Beziehung auf Augenhöhe, zeigt sich im Detail, dass die Idee der Partnerschaft stellenweise auch hier bemüht wird. So wird aus dem Tool, das auf Anleitung hin selbst Ziele formulieren und Ideen entwickeln kann, ein kreativer „Denkpartner" (vgl. Spannagel, 2023); ebenso werden Co-Autor:innenschaft und ‚Kollegialität' im Kontext des Werkzeugparadigmas diskutiert (vgl. Knaus, 2023, S. 33–34).

Dieser Überblick zu aktuellen Beiträgen aus der Diskussion von Rollen- und Interaktionsmodellen im Rahmen KI-gestützter Hochschullehre zeigt: Bestimmte Begriffe und Konzepte, die für die Ausrichtung der Modelle zentral sind, bleiben vage; insbesondere werden auch die Voraussetzungen für die Zuschreibung von Handlungsfähigkeit und Verantwortlichkeit nicht näher beleuchtet oder die Ausführungen folgen implizit einem wesentlich durch die Akteur-Netzwerk-Theorie (ANT) etablierten Ansatz, der „alles zum Akteur erklärt [...], was irgendwie in Handlungsketten und Prozesse einwirkt" (Nassehi, 2021, S. 248).

Zudem fällt auf, dass keiner der gesichteten Beiträge zur Transformation der Lehrendenrolle sowie neuen Arbeitsformen mit KI den spezifischen Bedingungen des Lehrens im Hochschulbereich näher nachgeht oder explizit beansprucht, genuin wissenschaftsdidaktische Überlegungen zum Ausgangspunkt zu machen. Dagegen lässt sich insbesondere bei der Beschreibung des Human-AI Hybrids eine starke Bezugnahme auf Beiträge zu Arbeitsfeldern jenseits des Bildungsbereichs ausmachen – u. a. aus der Arbeits- und Teamforschung zu Handlungskontexten in der Automobilindustrie oder Medizin (vgl. Molenaar, 2022; Seufert & Handschuh, 2024). So wertvoll dieser Zugang im Kontext einer interdisziplinären Verständigung sein mag, so unabdingbar ist für eine hochschulbezogene Diskussion der Möglichkeiten und Grenzen einer Lehrgestaltung mit KI die Beachtung der Herausforderungen des Lehrhandelns in der Hochschule. Das bedeutet auch, zu berücksichtigen, dass diese als Einrichtung anderen Zwecken dient als industrielle oder schulische Lern- und Arbeitsumgebungen und damit auch hochschulspezifische Erwartungen an kompetentes Lehrhandeln stellt.

# 3    Kompetentes Lehrhandeln mit KI

## 3.1    Situatives Handeln und Probleme lösen im Kontext Hochschullehre

Nach Al Kabbani et al. (2012, S. 34) äußert sich Lehrkompetenz „dadurch, dass die Person eine in der Regel situationsangemessene, zielführende und verantwortliche Performanz in entsprechenden Lehr-/Lernsituationen zeigt." Kompetentes Lehrhandeln setzt demgemäß eine grundlegende Orientierung hinsichtlich dessen voraus, was die je konkreten Situationen im Hochschulkontext ausmachen und welche Entscheidungsspielräume sie eröffnen, welchen Zielen und Zwecken das Lehren in diesem Umfeld dienen soll und welche Erwartungen sich an ein verantwortungsvolles Agieren als Lehrperson stellen.

Entscheidend für die Durchführung kompetenter Hochschullehre ist somit u. a. ein Verständnis für die spezifischen Rahmenbedingungen der hochschulischen Lehrgestaltung. Dies schließt Kontextwissen in organisationaler Hinsicht ebenso ein wie das Wissen um hochschulrelevante normative Orientierungen sowie die Bereitschaft und Befähigung, angesichts mitunter konkurrierender Ansprüche eine begründete Haltung einnehmen zu können. Wie Reinmann und Watanabe (2024, S. 35) deutlich machen, sind die Anforderungen an Hochschullehre „aufgrund multipler Zwecke und Sinndimensionen" hochkomplex, bewegt sich deren Gestaltung doch stets im Spannungsfeld dreier unterschiedlicher Zielvorstellungen akademischer Bildung: der Sozialisation in eine spezifische (Fach-)Wissenschaft, der Persönlichkeitsbildung sowie der Arbeitsmarktvorbereitung (vgl. Wissenschaftsrat, 2015, S. 95). Gelingendes Lernen in der Hochschule zu ermöglichen, setzt demnach die Anerkennung divergierender Ansprüche sowie die gezielte Vermittlung unterschiedlicher Erwartungshaltungen voraus.

Eine kompetente Planung und Durchführung von Hochschullehre gehen somit über zweckrationales Handeln, das im Wesentlichen in der Auswahl geeigneter Mittel zur Erreichung vorgegebener Ziele besteht, hinaus. Die Probleme, die Lehrenden begegnen, stellen selten eine rein technisch-instrumentell zu bewältigende Herausforderung dar, sondern erfordern zumeist ebenso eine interpretative, begrifflich-theoretische wie normative Einordnung. Auch wenn es im Lehralltag weder leistbar noch notwendig ist, jede gestaltungsbezogene Entscheidung eigens zu begründen, unterliegt diese doch dem Anspruch, auf ihren Rationalitätsgehalt hin befragbar zu sein und sich im Zuge einer potenziellen diskursiven Verständigung als nachvollziehbar, kritikwürdig oder auch als unhaltbar zu erweisen.

Angesichts der Funktionsweise sowie der Kapazitäten aktueller genKI-Systeme lässt sich unter Bezugnahme auf begrifflich-theoretische Klärungen im Kontext einer digitalen Ethik feststellen, dass diesen Systemen selbst keine Befähigung zum kompetenten Lehrhandeln im zuvor beschriebenen Sinne zugesprochen werden kann (vgl. Deutscher Ethikrat, 2023, S. 244; UNESCO, 2022, S. 22). Wenngleich die behelfsweise personifizierte Metaphorik in den hochschuldidaktischen Diskursen dies mitunter nahelegt, kann genKI kein Akteursstatus im starken Sinn des Begriffs zugeschrieben werden, da sie nur gesteuerte Ergebnisse oder Produkte erzeugt und damit Handlungsfähigkeit und ihre Agency lediglich simuliert. Zum tatsächlichen Handeln oder Gestalten fehlt ihr die Fähigkeit, intentional, begründet und damit in ethischer Perspektive verantwortungsbewusst zu agieren und Rechenschaft über entscheidungsrelevante Wissensbestände sowie Orientierung gebende normative Ordnungen ablegen zu können (Mittelstadt et al., 2016, S. 11; Nida-Rümelin & Battaglia, 2019, S. 59–61).

Welche Konsequenzen sich aus den bisherigen Überlegungen für die Deutung konkreter Anwendungsfälle mit Bezug auf die beiden vorgestellten Interaktionsmodelle ergeben, wird im Folgenden anhand ausgewählter Use Cases näher betrachtet.

## 3.2 Planen, durchführen, routinisieren: Ausgewählte Use Cases zum Einsatz von genKI

Aktuell wird in Form von Promptsammlungen oder detaillierteren Beschreibungen von Use Cases thematisiert, wie sich genKI möglichst effizient bei der Lehrplanung einsetzen lässt (vgl. Zentrum für Lernen und Innovation der Fernuniversität Hagen, 2024, S. 18, S. 20; KI-Campus, o. J.). Ohne dies i. d. R. selbst zu thematisieren, stellen diese Praxisfälle konkrete Beispiele für die Interaktion der Lehrperson mit einer KI dar, die sich im Anschluss an die vorherigen Ausführungen als Zusammenarbeit mit einem synergetischen „creative partner" (Schick, 2023, S. 40) oder als Einsatz von „kognitiven Werkzeuge[n]" (Spannagel, 2023) im Rahmen einer verteilten (distributed) Kognition (vgl. etwa Pea, 1993, S. 50–51) als praktisches Hilfsinstrument lesen lassen.

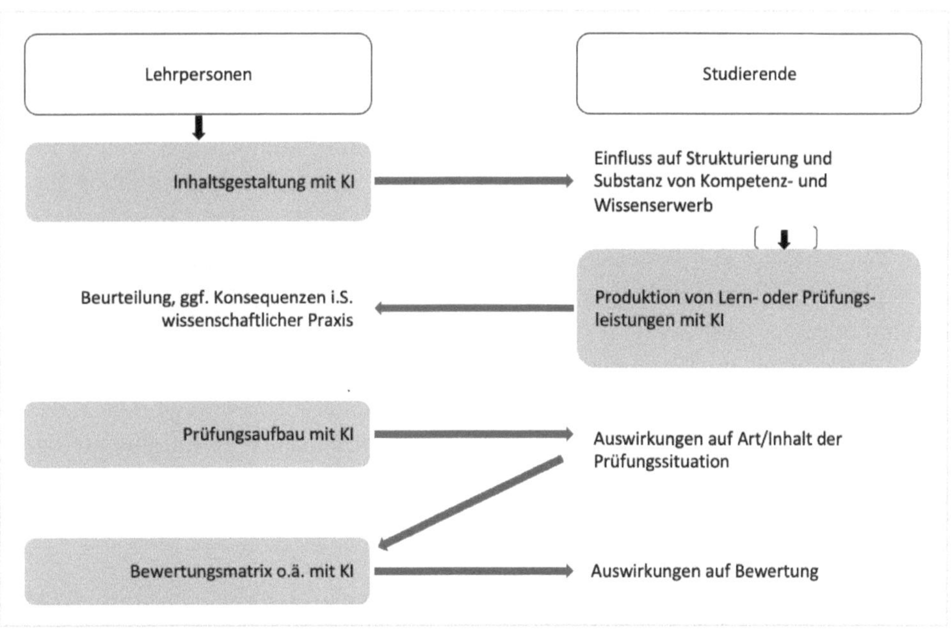


Abb. 1: Reziprozität in der Nutzung generativer KI in der Lehre (eigene Darstellung)

Das Schaubild (Abb. 1) zeigt am Beispiel der häufig thematisierten Anwendungsszenarien des inhaltlichen Planens einer Veranstaltung sowie des Prüfens, welche Aus- und Wechselwirkungen sich bei der Delegierung konkreter Planungs- und Produktionsschritte an genKI auf den gesamten Handlungsprozess von Lehrenden und Lernenden ergeben können.

Werden Lehrinhalte mithilfe von KI gestaltet, hat dies einen direkten Einfluss auf die Strukturierung von Form und Inhalt des Kompetenz- und Wissenserwerbs der Studierenden. Entscheidungen zu Lernzielen sind hier ebenso relevant wie adressat:innenbezogene und disziplinenspezifische Überlegungen (etwa zum Umgang mit der Diversität von Studierenden, zu Fragen der Kanonbildung oder der Aktualität von Wissensbeständen). Wird mit der Anwendung von genKI in der Lehre zugleich transparent umgegangen, z. B. auch, um die KI-*Literacy* in der Lehre zu fördern, begünstigt dies die Produktion von Lern- oder Prüfungsleistungen der Studierenden mittels KI, was gemäß aktueller Standards auch juristisch die Grundsätze wissenschaftlicher Praxis in der Beurteilung streift. Ebenfalls verändert das Erstellen oder Ergänzen von Prüfungsmaterialien mittels KI nicht nur die Prüfungssituation für die Studierenden, sondern kann ebenfalls Einfluss auf die Bewertungsmuster im Rahmen des Aufbaus von Notenspiegeln oder der Plagiatstestung nehmen, sofern sie nicht ohnehin bei der Prüfungserstellung bereits von der KI zum besseren *Alignment* erzeugt oder vermerkt worden sind. Insgesamt wird so der ganzheitliche und komplexe Zusammenhang von Interaktionen, Kommunikationsereignissen und Entscheidungssituationen hinsichtlich der genannten Aufgabenfelder deutlich. Die Rationalität von Lehr- und Prüfungsplanung geht nicht im praktischen Funktionieren einzelner Teilschritte auf, sondern setzt die Stimmigkeit einzelner Handlungen in Bezug auf dem Prozess übergeordnete Vorstellungen einer gelingenden Wissenschafts-, Lehr- und (Aus-)Bildungspraxis voraus.

Dagegen legt das Werkzeugmodell nahe, dass Aufgaben in der Lehre separierbar und hierarchisierbar sind und sich auch im Kontext gestaltender und evaluierender Aktivitäten in administrative und routinisierbare sowie in höherwertige und verantwortungslastige Aufgaben unterscheiden lassen (vgl. de Witt et al., 2020, S. 43–44). Zum anderen wird impliziert, dass das Delegieren von Aufgaben nach dem Input der KI wieder in das Lehrhandeln der Lehrperson überführt werden kann und die Folgen dieses Handlungsprozesses begrenz- und erschließbar sind. Auch im Kollaborationsmodell muss eine solche Vorstellung der Isolierung von Handlungs- und Entscheidungssequenzen vorausgesetzt werden, sofern dieses versucht, die Kollaboration als Zusammenspiel der Kompetenzen menschlicher und nicht-menschlicher Akteur:innen zu verstehen. Wird im Zuge einer Idealisierung synergetischer Partnerschaft zwischen Lehrperson und KI zusätzlich der Akteursstatus nicht ausdifferenziert und die KI in der Rolle einer zumindest temporären, eigenständigen Akteurin bemüht, schwächt sich die Verantwortungslage für Entscheidungsszenarien nicht nur ab, sondern die Verantwortung ‚diffundiert‘.[4] So entsteht durch die quantitative Erhöhung von Akteursrollen der Eindruck, dass mit Installation des ‚Akteurs KI‘ die Lehrperson nicht nur bei der inhaltlichen und organisatorischen Bewältigung der Lehraufgaben, sondern auch bei der Verantwortungsübernahme tatsächlich entlastet wird – und im Moment des Promptens Handlungsmacht abgibt.

# 4 Fazit und Ausblick

Angesichts vielfacher Möglichkeiten, im Rahmen einer KI-unterstützten Hochschullehre einzelne Planungsschritte und Entscheidungen an eine nicht-menschliche Instanz zu delegieren, müssen Rollenerwartungen und Zuständigkeiten im Hinblick auf ein kompetentes, d. h. situationsangemessenes und verantwortungsvolles Lehrhandeln, kritisch reflektiert und neu ausgehandelt werden. Insgesamt ist festzuhalten, dass die hier vorgestellten Interaktionsmodelle mit genKI im Lehrkontext unabhängig davon, wo sie sich im Spektrum zwischen Substitution oder Augmentation bewegen, mit Blick auf die Anforderungen an ein verantwortungsvolles Lehrhandeln problematisiert werden müssen. So zeigt sich, dass mit Blick auf die Werkzeug-Perspektive in der Nutzung nicht klar differenziert werden kann, „was überhaupt zu didaktischen Routineaufgaben zählt" (Reinmann & Watanabe, 2024, S. 42), wenn jede dieser Handlungsweisen das Lehr-/Lernszenario mit Auswirkung auf die nur der menschlichen Kompetenz zugeschriebenen Aufgaben maßgeblich beeinflusst. Zugleich ist im Rahmen einer kooperativen Perspektive auf KI bei gemeinschaftlicher Übernahme lehrbezogener Aufgaben zu berücksichtigen, dass die Lehrperson als

---

4 Wird der KI ein Akteursstatus zugeschrieben, ist aus der Perspektive einer digitalen Ethik zu berücksichtigen, dass durch die Bildung eines menschlich-technischen ‚Lehrkollektivs‘ eine sog. ‚Verantwortungsdiffusion‘ begünstigt wird und so vernachlässigt werden könnte, dass trotz Einbindung der KI nur die Lehrperson die Verantwortung für die eigenen Handlungen und deren abschätzbaren Folgen sowie für die Folgen der Kooperation tragen kann (vgl. Nida-Rümelin, 2021).

einzige Akteurin mit der Befähigung zu kompetentem Handeln die Verantwortung für den Kollaborationsraum mit der KI übernehmen muss.

Die aufgezeigten Ambivalenzen bei der Beschreibung neuer Interaktionsformen mit einer Künstlichen Intelligenz zeigen, inwieweit sich die Lehrbeforschung angesichts umfassender Nutzungsoptionen und vielfältiger Einsatzszenarien von KI-Systemen in der Hochschullehre in Bezug auf angemessene Rollen- und Interaktionsverständnisse noch in einem Prozess der Suche nach adäquaten Begriffen und Modellen befindet, aus dem aktuell keine klaren Handlungsempfehlungen abgeleitet werden können. Neben einer Diskussion der konzeptionell-theoretischen Grundlagen einer Neuausrichtung von Rollenerwartungen an Lehrende erscheint es lohnenswert, die Verständigung über einen solchen Wandel durch die Beachtung weiterer relevanter Komponenten KI-unterstützten Lehrhandelns zu bereichern. Kreisten die Überlegungen in diesem Beitrag um die Beschreibung von Arbeitsformen zwischen menschlicher Lehrperson und KI, ließe sich unter Einbeziehung hermeneutisch, technikphilosophisch oder phänomenologisch orientierter Beiträge zum spezifischen Status KI-erzeugter Texte (vgl. Schreiber & Ohly, 2024) eine zusätzliche Perspektive auf das Lehrgeschehen einnehmen. Stärker in den Fokus rückten so die Produkte selbst, die in den vielfältigen Interaktionsbeziehungen mit KI erzeugt werden und in lernrelevante Gestaltungsentscheidungen hineinwirken.

Aufgrund der fortlaufenden Entwicklung des Einflusses von KI in der Lehre vermag nur eine hochschulbezogene „Bildungsforschung zum KI-Einsatz in Echtzeit" (Herzberg, 2023, S. 94) begleitend zentrale Fragen dazu klären, welche Lehrpraktiken transformiert werden sollten und welchen Einfluss dies zukünftig auf die Definition der Lehrendenrolle haben wird. Um dies überzeugend leisten zu können, ist neben einer empirisch orientierten Beobachtung von Veränderungen und einer fortlaufenden Verständigung über normative Prinzipien die begrifflich-theoretische Diskussion herangezogener Beschreibungsansätze und Identifikationsangebote zu berücksichtigen, um einen kritischen Diskurs in der Hochschulbildung zu gewährleisten.

# Literaturverzeichnis

Albrecht, S. (2024). ChatGPT als doppelte Herausforderung für die Wissenschaft. Eine Reflexion aus der Perspektive der Technikfolgenabschätzung. In G. Schreiber & L. Ohly (Hrsg.), *KI:Text. Diskurse über KI-Textgeneratoren* (S. 13–49). de Gruyter. https://doi.org/10.1515/9783111351490

Al Kabbani, D., Trautwein, C., & Schaper, N. (2012). Modelle hochschuldidaktischer Lehrkompetenz. Stand der Forschung. In B. Szczyrba & S. Gotzen (Hrsg.), *Das Lehrportfolio. Entwicklung, Dokumentation und Nachweis von Lehrkompetenz an Hochschulen* (S. 29–50). LIT.

Aumüller, U., Behrens, M., Kavanagh, C., Przytarski, D., & Weßels, D. (2024). Mit generativen KI-Systemen auf dem Weg zum Human-AI Hybrid in Forschung und Lehre. In G. Schreiber & L. Ohly (Hrsg.), *KI:Text. Diskurse über KI-Textgeneratoren* (S. 47–66). de Gruyter. https://doi.org/10.1515/9783111351490

Autenrieth, D., & Nickel, S. (2023). Das KI-Meta-Modell. Handlungsleitende Strukturen für den Umgang mit künstlicher Intelligenz im Bildungsbereich technik-education (tedu). *Fachzeitschrift für Unterrichtspraxis und Unterrichtsforschung im allgemeinbildenden Technikunterricht, 3*(2), 14–20. https://doi.org/10.25656/01:28646

de Witt, C., Rampelt, F., & Pinkwart, N. (Hrsg.) (2020). *Künstliche Intelligenz in der Hochschulbildung. Whitepaper.* KI-Campus. https://doi.org/10.5281/zenodo.4063722

Deutscher Ethikrat. (2023). *Mensch und Maschine. Herausforderungen durch künstliche Intelligenz. Stellungnahme.* https://www.ethikrat.org/fileadmin/Publikationen/Stellungnahmen/deutsch/stellungnahme-mensch-und-maschine.pdf

Gentile, M., Città, G., Perna, S., & Allegra, M. (2023). Do we still need teachers? Navigating the paradigm shift of the teacher's role in the AI era. *Frontiers in Education, 8*, 1–14. https://doi.org/10.3389/feduc.2023.1161777

Herzberg, D. (2023). Künstliche Intelligenz in der Hochschulbildung und das Transparenzproblem: Eine Analyse und ein Lösungsvorschlag. In T. Schmohl, A. Watanabe & K. Schelling (Hrsg.), *Künstliche Intelligenz in der Hochschulbildung. Chancen und Grenzen des KI-gestützten Lernens und Lehrens* (S. 87–98). transcript.

Holstein, K., Aleven, V., & Rummel, N. (2020). A Conceptual Framework for Human–AI Hybrid Adaptivity in Education. In I. Bittencourt, M. Cukurova, K. Muldner, R. Luckin &

E. Millán (Hrsg.), *Artificial Intelligence in Education. AIED 2020* (S. 240–254). Springer, Cham. https://doi.org/10.1007/978-3-030-52237-7_20

Ifenthaler, D. (2023). Ethische Perspektiven auf Künstliche Intelligenz im Kontext der Hochschule. In T. Schmohl, A. Watanabe & K. Schelling (Hrsg.), *Künstliche Intelligenz in der Hochschulbildung. Chancen und Grenzen des KI-gestützten Lernens und Lehrens* (S. 71–86). transcript.

KI-Campus (o. J.). *Offener Prompt-Katalog.* https://coda.io/@ki-campus/prompt-katalog

King, A. (1993). From Sage on the Stage to Guide on the Side. *College Teaching, 41*(1), 30–35.

Knaus, T. (2023). Künstliche Intelligenz und Bildung: Was sollen wir wissen? Was können wir tun? Was dürfen wir hoffen? Und was ist diese KI? Ein kollaborativer Aufklärungsversuch. *Ludwigsburger Beiträge zur Medienpädagogik, 23*, 1–42. https://doi.org/10.25656/01:27904

Mittelstadt, B. D., Allo, P., Taddeo, M., Wachter, S., & Floridi, L. (2016). The ethics of algorithms: Mapping the debate. *Big Data & Society, 3*(2), 1–21. https://doi.org/10.1177/2053951716679679

Molenaar, I. (2022). Towards hybrid human-AI learning technologies. *European Journal of Education, 57*(4), 632–645. https://doi.org/10.1111/ejed.12527

Nassehi, A. (2021). *Muster. Theorie der digitalen Gesellschaft.* C. H. Beck.

Nida-Rümelin, J. (2021, 5. Dezember). Im Namen einer besseren Zukunft. Die Ethik der Verantwortung. https://www.ardmediathek.de/video/tele-akademie/im-namen-einer-besseren-zukunft-die-ethik-der-verantwortung-julian-nida-ruemelin/swr/Y3JpZDovL3N3ci5kZS9hZXgvbzE1NzQ3NTQ

Nida-Rümelin, J., & Battaglia, F. (2019). Mensch, Maschine und Verantwortung. In O. Bendel (Hrsg.), *Handbuch Maschinenethik* (S. 57–71). Springer VS.

Pea, R. D. (1993). Practices of Distributed Intelligence and Designs for Education. In G. Salomon (Hrsg.), *Distributed Cognitions. Psychological and Educational Considerations* (S. 47–87). Cambridge University Press.

Pelletier, K., McCormack, M., Reeves, J., Robert, J., Arbino, N., Al-Freih, M., Dickson-Deane, C., Guevara, C., Koster, L., Sánchez-Mendiola, M., Bessette, L. S., & Stine, J. (2022). *2022 EDUCAUSE Horizon Report. Teaching and Learning Edition.* EDUCAUSE.

Reinmann, G., & Watanabe, A. (2024). KI in der universitären Lehre. Vom Spannungs- zum Gestaltungsfeld. In G. Schreiber & L. Ohly (Hrsg.), *KI:Text. Diskurse über KI-Text*generatoren (S. 29–46). de Gruyter. https://doi.org/10.1515/9783111351490

Schick, N. (2023). FAKING IT. Navigating the new era of generative AI may be the most critical challenge to democracy yet. *RSA Journal, 169*(2), 40–43.

Schreiber, G., & Ohly, L. (Hrsg.) (2024). *KI:Text. Diskurse über KI-Textgeneratoren.* de Gruyter. https:/doi.org/10.1515/9783111351490

Seufert, S., & Handschuh, S. (Hrsg.) (2024). *Generative Künstliche Intelligenz: ChatGPT und Co für Bildung, Wirtschaft und Gesellschaft.* Schäffer-Poeschel.

Seufert, S. (2024). Zukunft Bildung: Auswirkungen generativer KI auf Bildungssysteme. In S. Seufert & S. Handschuh (Hrsg.), *Generative Künstliche Intelligenz: ChatGPT und Co für Bildung, Wirtschaft und Gesellschaft* (S. 139–164). Schäffer-Poeschel.

Spannagel, C. (2023). *ChatGPT und die Zukunft des Lernens: Evolution statt Revolution.* https://hochschulforumdigitalisierung.de/chatgpt-und-die-zukunft-des-lernens-evolution-statt-revolution/

Tuomi, I. (2018). *The Impact of Artificial Intelligence on Learning, Teaching, and Education. Policies for the future.* Publications Office of the European Union. https://doi.org/10.2760/337593

United Nations Educational, Scientific and Cultural Organization (2019). *Beijing Consensus on Artifical Intelligence and Education.* International Conference on Artificial Intelligence and Education, Planning Education in the AI Era: Lead the Leap. https://unesdoc.unesco.org/ark:/48223/pf0000368303?posInSet=1&queryId=599df974-c4c7-4db7-aea7-3ed084f908b6

United Nations Educational, Scientific and Cultural Organization (2022). *Recommendation on the Ethics of Artificial Intelligence.* https://unesdoc.unesco.org/ark:/48223/pf0000381137

van den Ham, A.-K. (2024). KI-Textgeneratoren: Eine neue Ära des Unterrichts? Perspektiven und Gefahren. In G. Schreiber & L. Ohly (Hrsg.), *KI:Text. Diskurse über KI-Textgeneratoren* (S. 467–480). de Gruyter. https://doi.org/10.1515/9783111351490

Wissenschaftsrat (2015). *Empfehlungen zum Verhältnis von Hochschulbildung und Arbeitsmarkt. Zweiter Teil der Empfehlungen zur Qualifizierung von Fachkräften vor dem Hintergrund des demographischen Wandels.* https://www.wissenschaftsrat.de/download/archiv/4925-15.pdf?__blob=publicationFile&v=3

Zentrum für Lernen und Innovation der Fernuniversität Hagen (2024). *Handlungsempfehlungen für den didaktischen Einsatz von generativer KI in der Hochschullehre.* https://www.fernuni-hagen.de/zli/docs/6779_zli_-_ki-handlungsempfehlungen_-_broschu%CC%88re_-_din-a4_-_rz_web_20240319.pdf

**Tanja Jadin[1,], Ursula Rami[2], Stephanie Schwarz[3] & Isabella Buchinger[4]**


# Die Rolle der Lehrenden im KI-gestützten Lehr-Lernprozess

## Zusammenfassung


Dieser Beitrag untersucht die wahrgenommenen Auswirkungen von Künstlicher Intelligenz (KI) auf die Lehrenden-Studierenden-Beziehung in der Hochschullehre anhand von 16 Interviews mit Lehrenden. Die Ergebnisse zeigen die Chancen und Herausforderungen einer unterstützenden Integration von KI im Lehr-Lernprozess und die zentrale Rolle der Lehrperson. Sie betonen die zunehmende Bedeutung der Lehrperson für die Förderung einer Interaktions- und Unterstützungskultur in Lernprozessen, in denen vermehrt KI eingesetzt wird. Die Studie verdeutlicht die Notwendigkeit einer Reflexion über den Stellenwert von KI in der Lehrenden-Studierenden Beziehung und einer didaktisch motivierten Integration in den Lehr-Lernprozess.


## Schlüsselwörter

Hochschullehre, Künstliche Intelligenz, Lehr-Lernprozesse, Lehrendenrolle

---


1   Corresponding author; Fachhochschule Oberösterreich; tanja.jadin@fh-hagenberg.at; ORCID 0009-0006-3961-2620
2   Johannes Kepler Universität Linz (JKU); ursula.rami@jku.at; ORCID 0009-0002-1343-2366
3   Fachhochschule Oberösterreich; stephanie.schwarz@fh-linz.at; ORCID 0009-0000-0634-5796
4   Fachhochschule Oberösterreich; isabella.buchinger@fh-hagenberg.at; ORCID 0009-0001-1709-888X





https://doi.org/10.21240/zfhe/SH-KI-1/11

Tanja Jadin, Ursula Rami, Stephanie Schwarz & Isabella Buchinger

# The role of educators in AI-supported teaching and learning

## Abstract

This paper examines the perceived impact of artificial intelligence (AI) on the teacher-student relationship in university teaching based on 16 interviews with teachers. The results show the opportunities and challenges of a supportive integration of AI in the teaching-learning process and the central role of the teacher. The results show growing importance of the teacher in promoting a culture of interaction and support in learning processes in which AI is increasingly used. The study highlights the need to reflect on the role of AI in the teacher-student relationship and emphasizes that AI should be integrated into the teaching-learning process in a didactically motivated way.

## Keywords

university teaching, artificial intelligence, teaching-learning processes, teacher role

# 1 Einleitung

Künstliche Intelligenz ist durch die Verwendung von diversen Werkzeugen, allen voran von Generativer KI im Zuge der fortschreitenden Digitalisierung angekommen. Vielfältige Einsatzmöglichkeiten werden erprobt und entwickelt. Wichtige Themen sind dabei vor allem die Auswirkungen auf die Prüfungskultur, den akademischen Schreibprozess und die akademische Integrität (vgl. Budde et al., 2024).

Bisherige Studien verweisen vor allem auf die Nutzung und die Einsatzmöglichkeiten von Künstliche Intelligenz (KI) in der Hochschullehre (vgl. Crompton & Burke, 2023; Stützer, 2022; Zawacki-Richter et al., 2019). Zudem existieren einige Whitepapers mit Vorschlägen und Zukunftsszenarien für die Veränderungen, die sich womöglich in der Hochschulbildung ergeben (vgl. de Witt et al., 2020). Wobei es hierbei die Unterscheidung zu treffen gilt, auf welcher Ebene sich diese Veränderungen vollziehen: auf der Makroebene (Hochschulbildung im Allgemeinen), der Mesoebene (Curriculum, Kompetenzentwicklung) oder der Mikroebene (Lehr-Lernprozessgestaltung). Bisherige Auseinandersetzungen auf der Mikroebene beleuchten jedoch vor allem den Einsatz von diversen KI-Tools, wie etwa Intelligente Tutorielle Systeme, Adaptive Lernsysteme oder Generative AI (vgl. Schmohl et al., 2023).

Im vorliegenden Beitrag fokussieren wir uns auf der Mikroebene auf die möglichen Veränderungen der Lehrenden-Studierenden-Beziehung. Im Mittelpunkt steht die Frage, wie KI-Technologien die soziale Dynamik – Interaktion und Kommunikation – in Lehr-Lernprozessen verändern können bzw. werden.

# 2 Künstliche Intelligenz in der Hochschullehre

## 2.1 Die Relevanz der Lehrperson im Lehr-Lernprozess

Gemäß dem didaktischen Dreieck nach Reusser (2009) nimmt die Lehrperson eine zentrale Rolle im Lehr- Lernprozess ein. Diese umfasst neben der Wissensvermittlung und Aktivierung insbesondere die Betreuung der Lernenden (vgl. Reinmann, 2015). Das Ziel besteht in der Etablierung einer lernförderlichen Interaktions- und Unterstützungskultur, die den individuellen Lernprozess begleitet und gleichzeitig motivationale sowie soziale Aspekte berücksichtigt (vgl. Tulodziecki et al., 2017). Dabei agiert die Lehrperson als Lernbegleiter:in und unterstützt die Lernenden durch Rückmeldungen, Hilfestellungen, die Moderation von sozialen Prozessen sowie die Schaffung eines positiven Lernklimas (vgl. Reinmann, 2015).

Die Relevanz der Lehrperson im Bildungsprozess wird durch empirische Befunde aus der Lehr- Lernforschung weiter untermauert. Meyer (2003) identifiziert mehrere Schlüsselfaktoren für erfolgreichen Unterricht, darunter ein lernförderliches Unterrichtsklima, sinnstiftende Unterrichtsgespräche, die regelmäßige Einbeziehung von Feedback der Lernenden sowie die individuelle Förderung der Studierenden. Ein wesentlicher Aspekt dabei ist die zwischenmenschliche Beziehung zwischen Lehrenden und Lernenden. Hattie et al. (2013) betonen, dass eine vertrauensvolle Beziehung einen signifikanten Einfluss auf den Lernerfolg hat. Dieser Aspekt wird durch die Erreichbarkeit und Hilfsbereitschaft der Lehrperson sowie einen respektvollen Umgang mit den Studierenden verstärkt, die als grundlegende Bausteine guter Lehre gelten (vgl. Ulrich, 2016). Darüber hinaus ist der Austausch zwischen Lehrpersonen und Lernenden im Lernprozess von erheblicher Bedeutung. Während die Lernenden von Unterstützung und gezieltem Feedback profitieren, erhalten die Lehrpersonen wertvolle Rückmeldungen, um ihren Unterricht zu reflektieren und zu verbessern.

Eine zentrale Aufgabe der Lehrperson besteht in der individuellen Förderung von Lernenden oder Gruppen. Dies umfasst die Berücksichtigung der Interessen und Bedürfnisse der Lernenden, die Unterstützung beim Erlernen und Anwenden von Lernstrategien und die proaktive sowie reaktive Bewältigung von Motivationsproblemen und emotionalen Herausforderungen (vgl. Reinmann, 2015). Ein Schlüsselfaktor für den Erfolg dieser Förderung ist die Empathie der Lehrperson. Empathie ermöglicht es der Lehrkraft, auf die emotionalen und motivationalen Bedürfnisse der Lernenden einzugehen – ein Aspekt, der von technischen Systemen bislang nicht adäquat ersetzt werden kann (vgl. Kovács, 2023).

Die Lehrperson nimmt demnach eine zentrale Rolle bei einem erfolgreichen Lernprozess ein oder wie Roth (2021) es anschaulich betitelt „Bildung braucht Persönlichkeit". Immer wieder taucht in Verbindung mit neuen Technologien und der Verwendung von digitalen Medien die Frage nach der Rolle der Lehrperson und den damit verbundenen Veränderungen auf. Insbesondere in Bezug auf Ängste und Befürchtungen stellt sich die Frage, ob die Rolle der Lehrperson an Bedeutung verlieren oder sogar obsolet werden könnte, wenn Wissen einfach über Wikipedia nachgeschlagen, Lerninhalte von YouTubern womöglich besser erklärt oder ganze Kurse über MOOCs absolviert werden können. Auch der zunehmende Einsatz von KI im Studium wirft Fragen zur Veränderungsdynamik im Lehr-Lernprozess auf, wobei diese positiv wie negativ sein kann. Im Hinblick auf die Lehrenden-Studierenden-Interaktion und die Lehrendenrolle ist von Interesse, welche Veränderungen der Einsatz von KI mit sich bringt. So gibt es insbesondere durch den Einsatz von Tools wie ChatGPT einen weiteren Kommunikationspartner. Kovács (2023) schreibt dazu, dass zuvor die Menschen durch die Technik miteinander gesprochen haben, nun ist es auch möglich, mit der Technik selbst zu kommunizieren. „Die Technik hat die Grenzen der menschlichen Kommunikation überschritten" (Kovács, 2023, S. 218).

## 2.2 Veränderung der Lehrendenrolle mit KI

In der sich wandelnden Bildungslandschaft eröffnet die Integration von Künstlicher Intelligenz neue Perspektiven für die Rolle der Lehrenden. Die KI kann z. B. als Tutor eingesetzt werden, welcher im Lernprozess den Studierenden Hilfestellung und Unterstützung geben kann. Intelligente Tutorielle Systeme wie der MetaTutor können Studierenden hinsichtlich metakognitiver Lernstrategien helfen (vgl. Bouchet et al., 2016). Lehrende können diese Angebote ebenso als Möglichkeiten zur Unterstützung und Entlastung in der Lehre sehen, insbesondere wenn es darum geht, größere Gruppen von Studierenden zu betreuen.

Auch wenn es bereits Einsatzmöglichkeiten für Chatbots als Hilfsmittel im Lernprozess für Studierende und Belege für eine hilfreiche Unterstützung gibt, so sind diese (noch) weit entfernt, die Lehrenden zu ersetzen (vgl. Tack & Piech, 2022). Einige Autor:innen betonen, dass unter der Hinzunahme von KI im Lehr-Lernprozess eine Änderung der Lehrendenrolle in Richtung Coach und Lernprozessbegleitung wichtiger werden wird (vgl. de Witt et al., 2020; Bates et al., 2020), womit die Bedeutung konstruktivistischer Lernformen zunimmt. In diesem Zusammenhang sind auch die seit Jahren bestehenden Forderungen von teacher-centered to learner-centered Lernformen zu nennen (vgl. Brown, 2003; Serin, 2018; Wright, 2011).

Die Relevanz und Bedeutsamkeit der Lehrperson werden im Kontext von KI sogar hervorgehoben (vgl. OECD, 2023). In einer zunehmend automatisierten Gesellschaft zeigt sich, dass gerade die affektiven und emotionalen Aspekte des Lebens mehr Beachtung finden müssen – eine Entwicklung, die die Rolle von Lehrkräften noch stärker betont (vgl. Bates et al., 2020). Die pädagogische Verantwortung der Lehrkräfte liegt darin, ihre zentrale Rolle im Lernprozess aufrechtzuerhalten, während sie gleichzeitig das Potenzial von KI in der Bildung gezielt nutzen (vgl. OECD, 2023).

# 3　Methodisches Vorgehen und Datengrundlage

Die empirische Basis für diesen Beitrag bilden 16 qualitative leitfadengestützte Interviews mit Lehrenden der Fachhochschule Oberösterreich (FH OÖ), die im Rahmen eines Lehrforschungsprojektes im Sommersemester 2024 unter Anleitung der Autorinnen durchgeführt wurden. Das Projekt hatte das Ziel, zu untersuchen, wie Lehrende Künstliche Intelligenz in der Lehre nutzen, welche Erfahrungen sie bisher damit gemacht haben und inwiefern sich soziale Interaktionen zwischen Lehrenden und Lernenden möglicherweise verändern könnten.

Im Zentrum der offen angelegten und flexibel eingesetzten Interviewleitfäden standen Fragen danach, welche Erfahrungen die Interviewten bereits mit KI gemacht haben, was sie als vor- und nachteilig erlebt haben und wie sich der Einsatz von KI auf die Interaktionen zwischen Lehrenden und Studierenden auswirkt.

Insgesamt wurden 16 Lehrende, davon 10 Frauen und 6 Männer im Alter zwischen 29 und 60 Jahren interviewt. Die befragten Lehrenden sind Vollzeit beschäftigt, haben sehr unterschiedliche wissenschaftliche Schwerpunkte von Chemie über E-Business bis Soziale Arbeit und kamen gleichermaßen von allen vier Standorten (Hagenberg, Linz, Steyr, Wels). Diese Interviews dauerten zwischen 27 und 64, durchschnittlich 36 Minuten. Sie wurden mittels digitaler Konferenztools, wie Zoom oder MS Teams, durchgeführt. Einige wenige fanden in Ko-Präsenz statt.

Die Interviews wurden i. d. R. per Smartphone (nur Ton) aufgezeichnet und anschließend vollständig und in Standarddeutsch transkribiert. Für den vorliegenden Beitrag wurden diese Transkripte von den Autorinnen einer eigenständigen computerunterstützten Analyse mit MAXQDA zugeführt. Die Transkripte wurden deduktiv und induktiv mittels der qualitativen Inhaltsanalyse nach Mayring (2015) mit der Technik der Zusammenfassung und Strukturierung analysiert. Diese gut validierte Methode wurde gewählt, da sie einen systematischen und regelbasierten Ansatz verfolgt und ein Kategoriensystem verwendet, das sich auf den semantischen Inhalt der Daten konzentriert.

# 4 Ergebnisse

Die nachfolgend dargestellten Ergebnisse der qualitativen Interviews geben Hinweise darauf, inwiefern Lehrende eine Veränderung der Lehrendenrolle/der Interaktionen in der Hochschullehre durch KI wahrnehmen.

## 4.1. Einfluss von KI auf soziale Interaktion und Kommunikation aus Lehrendensicht

Die Befragten erleben eine Veränderung von traditionellen Unterrichtsdynamiken und Interaktionen zwischen Lehrenden und Lernenden durch den Einsatz von KI in der Hochschullehre auf unterschiedliche Weise. Einige sind der Meinung, dass a) KI die soziale Interaktion gefährdet, der Großteil sieht b) KI als unterstützendes Werkzeug, unabhängig von sozialer Interaktion und Kommunikation im Bereich der Lehre und andere sind sich einig darüber, dass c) KI die soziale Interaktion und Kommunikation unterstützt (Abb. 1).

Einige erkennen die Nützlichkeit von KI besonders zum Auffinden von Informationen und zur Unterstützung von Arbeitsprozessen an, haben bisher jedoch **keine bedeutenden Auswirkungen von KI auf die sozialen Prozesse** zwischen Lehrenden und Lernenden wahrgenommen.

*„In der Interaktion zwischen Lehrenden und Studierenden? [...] Nein, da sehe ich eigentlich keine großartigen Auswirkungen."*

| a) KI gefährdet soziale Interaktion und Kommunikation | b) KI ist unterstützendes Werkzeug unabhängig sozialer Interaktionen | c) KI unterstützt soziale Interaktion und Kommunikation |
| --- | --- | --- |
| Weniger Austausch mit Lehrenden | Sozialer Austausch bleibt zentral | Lernmotivation wird gefördert |
| Fehlende Diskussionen und Feedbackschleifen | KI für spezifische Anwendungsbereiche | Mehr Zeit für vertiefende Diskussionen |
| Fehlender Diskurs im Team | Ähnliche Entwicklung wie bei E-Learning | Schnelle Rückmeldung unterstützt Lernprozesse |
| Unpersönliche Kommunikation | Anerkennung und Unterstützung | Überwindung von Sprachbarrieren & Unterstützung |

Abb. 1: Einfluss von KI auf soziale Interaktion und Kommunikation

Andere berichten davon, bereits eine Veränderung von sozialen Dynamiken durch künstliche Intelligenz beobachtet zu haben und äußern Bedenken über **mögliche negative Einflüsse von KI auf soziale Interaktionen** in der Hochschullehre. Insbesondere wird die Befürchtung geäußert, dass sowohl der Austausch mit Lehrenden als auch die Interaktionen unter Studierenden beeinträchtigt werden, wenn Lernende bevorzugt auf KI-Technologien zurückgreifen, um rasch Antworten und Lösungen zu erhalten.

*„Aber der Trend ist zurzeit auch ChatGPT schnell aufzumachen und sich eine Antwort zu einer Frage zu holen, obwohl die nicht einmal hundert Prozent richtig ist, anstatt dass man eine Tür weiter zum Professor geht und fragt: Wie geht es denn wirklich?"*

Neben der Herausforderung, dass die KI-generierten Informationen nicht immer verlässlich sind, befürchten die Lehrenden, dass wichtige Diskussionen und Feedbackschleifen, die für den Lernprozess der Studierenden von Relevanz sind, verloren gehen. Zusätzlich betrachten die Befragten den persönlichen Austausch bei Fragen als bedeutsam, da er ihnen ermöglicht, Feedback von den Studierenden zu erhalten. Diese Rückmeldungen fördern nicht nur die Motivation der Lehrenden, sondern bieten ihnen auch die Gelegenheit zur Selbstreflexion und persönlichen Weiterentwicklung.

*„Es wäre eigentlich für den Lernerfolg und auch für die Diskussion viel besser, wenn man den direkten Kontakt zu den Professorinnen und Professoren suchen würde. [...], weil der Professor würde sich viel mehr freuen, wenn auch er Feedback bekommt.“*

Ähnliche Nachteile der künstlichen Intelligenz in Bezug auf Kommunikationsprozesse sehen die Befragten in der Zusammenarbeit unter Studierenden. Wenn Studierende durch die Nutzung von KI-Technologien schnelle Lösungen erhalten, entfällt die Notwendigkeit, gemeinsam zu diskutieren, Meinungen auszutauschen und sich auf eine Lösung zu einigen. Die Lösungsfindung könnte laut den Lehrenden von einem aktiven, kreativen Prozess zu einem passiven werden, bei dem über die beste von der KI präsentierte Lösung abgestimmt wird. Dies könnte dazu führen, dass wichtige soziale Fähigkeiten wie Zuhören, Verhandeln und das Vertreten der eigenen Meinung weniger geübt werden, was negative Auswirkungen auf zwischenmenschliche Beziehungen und Teamarbeit haben könnte.

*„Wenn ich jetzt nur mehr ChatGPT verwende, dann lernen die Studierenden nur mehr das Überprüfen, das Lesen und Ja- oder Nein-Sagen, aber nicht mehr diesen kreativen Prozess.“*

*„Dadurch, dass immer alles sehr schnell verfügbar ist und auch die Antworten sehr präsent sind, nimmt es ab, zu sagen, ich muss mir selbst etwas erarbeiten oder diskutiere etwas mit meinen Kollegen. [...] Da habe ich den Eindruck, es sinkt die Bereitschaft, zu sagen, ich hätte noch eine andere Idee, weil wir eh schon eine super Lösung haben.“*

Darüber hinaus wird auch die Sorge geäußert, dass durch den zunehmenden Einsatz von KI in der Hochschullehre der persönliche Charakter der Kommunikation verloren gehen könnte, denn *„eventuell werden wir alle nur unsozialer, wenn wir alles nur noch in die Maschine eingeben und nicht mehr miteinander arbeiten."*

Beispielsweise empfinden einige Lehrende standardisierte, KI-generierte Texte als unpersönlich. Sie empfehlen daher, KI vorwiegend zur Korrektur eigener Texte zu nutzen, um das Engagement und die persönliche Beziehung zwischen Lehrenden und Studierenden zu erhalten.

*„Ich bevorzuge schon noch das persönliche Gespräch, oder dass sie auch selbst überlegt haben, was sie schreiben, wenn sie mich anschreiben."*

Weiters könnte den Lehrenden zufolge die Kommunikationskultur beeinträchtigt werden, wenn Studierende Aussagen von Lehrenden aufgrund von widersprüchlichen KI-Informationen als falsch bewerten, ohne eine konstruktive Diskussion zu führen. Jedoch wird betont, dass Konflikte nicht primär durch den Einsatz von KI entstehen, sondern durch einen falschen Umgang mit der KI. Das Hinterfragen von Informationen und die Auseinandersetzung mit unterschiedlichen Perspektiven sind nicht erst seit der Einführung von KI relevant, da Informationen bereits zuvor von Quellen wie dem Internet bezogen wurden. Die KI beschleunigt lediglich den Prozess der Informationsbeschaffung. Daher halten die Lehrenden es für besonders wichtig, soziale Kompetenzen wie die Gesprächsführung zu fördern.

*„Ich glaube auch zur Thematik, wenn sich jemand hinstellt und sagt ‚was Sie sagen ist falsch, weil die KI sagt was anderes', dann ist die KI nicht das Problem, sondern dann ist es vielleicht eine grundsätzliche Art und Weise, wie man miteinander umgeht. Da ist dann die KI nur der Auslöser."*

Neben den Befürchtungen, dass KI die soziale Interaktion und Kommunikation zwischen Lehrenden und Lernenden negativ beeinflussen könnte, gibt es unter den Befragten auch die Sichtweise, dass der persönliche Austausch und die menschlichen Interaktionen in der Lehre durch technische Hilfsmittel nicht ersetzt werden können. KI wird als **unterstützendes Werkzeug unabhängig von sozialen Interaktionen** gesehen (Abb. 1). Die Lehrenden unterscheiden bewusst zwischen technologischer Unterstützung von Lernprozessen und persönlichen Interaktionen mit den Studierenden. Sie betonen, dass der soziale Austausch im Bildungsprozess zentral bleibt, während sie KI als ein Werkzeug betrachten, das gezielt für spezifische Anwendungsbereiche eingesetzt werden kann.

*„Ich sehe in meinem Anwendungsbereich, im Innovationsbereich, die Chancen wirklich mehr in diesem Visualisieren, grafischen Umsätzen, kreativem Denken. Aber dass jetzt die Beziehung zwischen mir und meinen Studierenden durch ein AI-Tool sozial verändert wird, sehe ich nicht.“*

In diesem Zusammenhang weisen die Lehrenden auch darauf hin, dass bereits die Digitalisierung der Lehre, trotz anfänglicher Skepsis, gezeigt hat, dass digitale Technologien den Lernprozess unterstützen können, ohne den persönlichen Austausch zu ersetzen. Sie sind der Meinung, dass sich bei der Nutzung von KI eine vergleichbare Entwicklung zeigen könnte.

*„Das erinnert mich ein bisschen an diese Diskussion, als das E-Learning erfunden worden ist. [...] Da ist man recht rasch draufgekommen, dass das eigentlich für die Studierenden nur positiv ist, aber das ersetzt ja nicht den Lehrenden. Das heißt, eine Vorlesung kann vertieft werden durch eine Online-Blended-Learning-Umgebung und so ähnlich würde ich das mit der KI auch sehen.“*

Ein zentraler Grund dafür, dass der persönliche Austausch in der Hochschullehre trotz der Integration von KI-Technologien nicht in Gefahr ist, wird von Lehrenden in den sozialen Motiven der Menschen gesehen. Es wird betont, dass die Motivation der Studierenden durch soziale Interaktionen und das persönliche Erleben von Kompetenz – also das Gefühl, Herausforderungen eigenständig zu bewältigen und nicht lediglich von der KI unterstützt zu werden – gefördert wird. Die Anerkennung und Unterstützung durch reale Personen bleiben den Befragten zufolge entscheidende Faktoren für die Lernmotivation.

Neben der Auffassung, dass KI als unterstützendes Werkzeug unabhängig von sozialen Prozessen dient, besteht unter den Interviewten auch die Überzeugung, dass KI das Potenzial besitzt, **Kommunikationsprozesse zu verbessern und den sozialen Austausch zu fördern** (Abb. 1). Einige der Lehrenden berichten, dass Studierende den Einsatz von KI im Unterricht als spannend empfinden, was ihre Fragehaltung und Lernmotivation fördern kann. Zudem haben die Lehrenden den Eindruck, dass die KI den Studierenden einen unmittelbareren Zugang zu Informationen liefert, die anschließend diskutiert werden können. Sie sind auch der Meinung, dass KI dazu beitragen kann, dass sich Studierende engagierter an Diskussionen beteiligen und ihre Fragen sowie Überlegungen stärker im Unterricht einbringen. Darüber hinaus kann der vermehrte Einsatz von KI in der Hochschullehre zu einem neuen Diskurs über die KI selbst führen.

*„Da ist vielleicht die Zusammenarbeit oder die Interaktion mit den Studierenden dahingehend, dass man da den Diskurs öffnet und darüber hinaus, sage ich jetzt mal, philosophiert, was das generell für die Gesellschaft für Auswirkungen hat auch im ethischen und moralischen Bereich."*

Einen weiteren Vorteil der Integration von KI in der Hochschullehre sehen die Lehrenden in der Effizienzsteigerung, die durch den Einsatz dieser Technologien ermöglicht wird. Dies ermöglicht es, mehr Zeit für vertiefende Diskussionen im Unterricht zu schaffen. Beispielsweise können Studierende KI-Tools nutzen, um schnell Informationen zu recherchieren, Texte zusammenzufassen oder grafische Darstellungen zu erstellen. Die Ergebnisse können anschließend reflektiert und diskutiert werden.

Darüber hinaus kann Künstliche Intelligenz die Lehrenden bei der Bereitstellung von Rückmeldungen an die Studierenden unterstützen. KI-gestützte Feedbacksysteme ermöglichen es, den Studierenden insbesondere in Selbstlernphasen sofortige Rückmeldungen zu Aufgaben und Tests zu geben. Diese unmittelbare Rückmeldung hilft den Studierenden, ihren Lernprozess zu reflektieren, und reduziert gleichzeitig den zeitlichen Aufwand für die Lehrenden.

*„Und der Lehrende ist damit entlastet, zum Beispiel, wenn man eine Selbstlernphase hat und man macht einen Test und die KI wird gleich einmal ein Feedback geben, das wäre sicher hilfreich für die Studierenden."*

Für die Zukunft erkennen die Lehrenden verschiedene Einsatzmöglichkeiten von Künstlicher Intelligenz, um die Kommunikation zwischen Lehrenden und Studierenden zu verbessern. Besonders vielversprechend erscheint ihnen der Einsatz von KI zur Unterstützung der Kommunikation in großen Gruppen. Sie heben hervor, dass die Kommunikation zwischen Lehrenden und Studierenden derzeit oft schwierig und einseitig ist, da vorhandene Kommunikationsmöglichkeiten wie präsent im Hörsaal, per E-Mail und MS-Teams nur eingeschränkt genutzt werden. Die zentrale Herausforderung besteht darin, individuelle Beteiligung in großen Studierendengruppen zu fördern. Es wird die Hoffnung geäußert, dass KI-basierte Tools entwickelt werden, die eine verbesserte Interaktion ermöglichen und mehr Studierende zur aktiven Teilnahme und zur Einbringung von Fragen in Lehrveranstaltungen motivieren.

*„Wenn weitere Tools auf den Markt kommen, die wirklich die Kommunikation zwischen den Lehrenden und Studierenden unterstützen, das fände ich toll, weil ich glaube, dass diese Kommunikation keine sehr einfache ist. [...] Wir tragen vor und natürlich fragen einige auch nach und arbeiten mit, gar keine Frage, aber es ist nicht allen möglich, sich in so einer Lehrveranstaltung mit 100 Personen einzubringen.“*

Zusätzlich erkennen die Lehrenden in der Künstlichen Intelligenz einen Mehrwert für die Überwindung von Sprachbarrieren in der Kommunikation zwischen Lehrenden und Lernenden. Sie betonen insbesondere den Nutzen von Übersetzungstools zur Förderung der schriftlichen Kommunikation, wie beispielsweise im E-Mail-Verkehr mit internationalen Studierenden. Zudem sehen sie großes Potenzial in der Entwicklung von Simultanübersetzungssystemen, die Vorlesungen für nicht muttersprachliche Studierende zugänglicher machen könnten.

*„Auch Simultanübersetzungen. Wenn wir sagen, wir haben deutsche, englischsprachige und spanischsprachige Studierende im gleichen Raum sitzen und die können mit dem Headset in ihrer Muttersprache der Vorlesung zuhören. Das fände ich, was die Interaktion betrifft, großartig.“*

# 5 Diskussion und Ausblick

Die Ergebnisse der Untersuchung zeigen unterschiedliche Einschätzungen der Lehrenden gegenüber dem Einfluss von KI auf soziale Interaktionen in der Hochschullehre. Während einige die Rolle der Lehrperson durch den Einsatz von KI gefährdet sehen, betrachten andere die KI als technisches Hilfsmittel, das unabhängig von sozialen Prozessen einen Mehrwert bietet, oder sogar Potenzial aufweist, Kommunikationsprozesse zu unterstützen.

Die Sorge, dass die Integration von KI den Austausch zwischen Lehrenden und Studierenden verringern und den persönlichen Charakter der Lehre beeinträchtigen könnte, unterstreicht, wie wichtig Lehrende eine vertrauensvolle Beziehung im Lernprozess erachten. Sie verstehen sich in ihrer traditionellen Rolle nicht ausschließlich als Wissensvermittler:innen, sondern auch als Coaches und Ansprechpartner:innen. Es zeigt sich vielmehr, dass die Lehrperson zentral für die Schaffung und Aufrechterhaltung einer lernförderlichen Interaktions- und Unterstützungskultur ist. Dies wird durch die Ansichten einiger Befragter bekräftigt, die betonen, dass KI die Lehrperson nicht ersetzt, sondern als unterstützendes Werkzeug betrachtet werden sollte. Beispielsweise ist KI in der Lage, Routineaufgaben (z. B. Erstellung von Lernunterlagen) zu erleichtern und Kommunikationsprozesse auf technischer Ebene (z. B. Synchronübersetzung) zu unterstützen, während die Lehrperson sich auf komplexe pädagogische Aufgaben konzentrieren kann und weiterhin als empathischer Kommunikator agiert.

Insgesamt verdeutlichen die Ergebnisse, dass KI-Technologien zwar Unterstützung bieten, aus Sicht der Interviewten die Lehrperson in der Hochschullehre jedoch weiterhin eine zentrale Rolle einnimmt. In dieser Rolle liegt der Fokus auf der Schaffung eines positiven Lernklimas, der individuellen Förderung der Studierenden und der Stärkung sozialer Kompetenzen. KI-Systeme sollten entsprechend ihrer Stärken in den Unterricht integriert werden, wobei die Gestaltung sozialer Interaktionen zwischen Lehrenden und Studierenden im Lernprozess weiterhin zentral bleibt.

Es gilt zu berücksichtigen, dass die vorliegenden Ergebnisse eingeschränkte Aussagekraft haben. Zum einen sind durch die qualitative Methodik der Studie keine verallgemeinerbaren Behauptungen möglich. Zum anderen waren die Interviews auf eine einzelne Fachhochschule beschränkt und es wurden ausschließlich subjektive Eindrücke erhoben. Diese explorative Studie bietet jedoch erste Einblicke in die Perspektiven von Lehrenden bezüglich des Einsatzes von KI in der Hochschullehre. Um umfassendere Erkenntnisse zu gewinnen, sind weiterführende Untersuchungen an verschiedenen Hochschultypen und in unterschiedlichen Fachbereichen erforderlich. Zukünftige Forschung sollte darauf abzielen, detailliertere Einsichten über tatsächliche Veränderungen in den sozialen Interaktionen zwischen Lehrenden und Lernenden sowie die Entwicklung des Rollenbildes der Lehrperson zu geben.

# Literaturverzeichnis


Bates, T., Cobo, C., Marino, O., & Wheeler, S. (2020). Can artificial intelligence transform higher education? *International Journal of Educational Technology in Higher Education, 17*, 1–12. https://doi.org/10.1186/s41239-020-00218-x

Bouchet, F., Harley, J. M., & Azevedo, R. (2016). Can adaptive pedagogical agents' prompting strategies improve students' learning and self-regulation? *Lecture notes in computer science*. 368–374. https://doi.org/10.1007/978-3-319-39583-8_43

Budde, J., Tobor, J., & Friedrich J. (2024). *Künstliche Intelligenz. Wo stehen die deutschen Hochschulen?* Hochschulforum Digitalisierung.

Brown, K. L. (2003). From teacher-centered to learner-centered curriculum: Improving learning in diverse classrooms. *Education, 124*(1), 49–54.

Crompton, H., & Burke, D. (2023). Artificial intelligence in higher education: The state of the field. *International Journal of Educational Technology in Higher Education, 20*(1), 1–22. https://doi.org/10.1186/s41239-023-00391-0

de Witt, C., Rampelt, F., & Pinkwart, N. (2020). *Whitepaper „Künstliche Intelligenz in der Hochschulbildung"*. Zenodo, 44–46. https://doi.org/10.5281/zenodo.4063722

Hattie, J., Beywl, W., & Zierer, K. (2013). *Lernen sichtbar machen*. Schneider-Verl. Hohengehren.

Kovács, L. (2023). Künstliche Intelligenz und menschliche Gesellschaft. De Gruyter. https://doi.org/10.1515/9783111034706

Mayring, Ph. (2015). *Qualitative Inhaltsanalyse: Grundlagen und Techniken*. Beltz.

Meyer, H. (2003). Zehn Merkmale guten Unterrichts. Empirische Befunde und didaktische Ratschläge. *Pädagogik 10*, 36–43.

OECD (2023), *OECD Digital Education Outlook 2023: Towards an effective digital education ecosystem*, OECD Publishing. https://doi.org/10.1787/c74f03de-en.

Reinmann, G. (2015). *Studientext Didaktisches Design*. https://gabi-reinmann.de/wp-content/uploads/2013/05/Studientext_DD_Sept2015.pdf

Reusser, K. (2009). Von der Bildungs- und Unterrichtsforschung zur Unterrichtsentwicklung: Probleme, Strategien, Werkzeuge und Bedingungen. *Beiträge zur Lehrerbildung, 27*(3), 295–312. https://doi.org/10.25656/01:13702

Roth, G. (2021). *Bildung braucht Persönlichkeit. Wie Lernen gelingt*. Klett-Cotta.

Schmohl, T., Watanabe, A., & Schelling, K. (2023). *Künstliche Intelligenz in der Hochschulbildung: Chancen und Grenzen des KI-gestützten Lernens und Lehrens* .7–26. transcript Verlag. https://doi.org/10.1515/9783839457696

Serin, H. (2018). A Comparison of Teacher-Centered and Student-Centered Approaches in Educational Settings. *International Journal Of Social Sciences And Educational Studies, 5*(1). https://doi.org/10.23918/ijsses.v5i1p164

Stützer, C. M. (2022). *Künstliche Intelligenz in der Hochschullehre: Empirische Untersuchungen zur KI-Akzeptanz von Studierenden an (sächsischen) Hochschulen*. Technische Universität Dresden. https://doi.org/10.25368/2022.12

Tack, A., & Piech, C. (2022). *The AI teacher test: Measuring the pedagogical ability of Blender and GPT-3 in educational dialogues* [Preprint]. https://arxiv.org/abs/2205.07540

Tulodziecki, G., Herzig, B., & Blömeke, S. (2017). *Gestaltung von Unterricht: Eine Einführung in die Didaktik*. Utb.

Ulrich, I. (2016). *Gute Lehre in der Hochschule: Praxistipps zur Planung und Gestaltung von Lehrveranstaltungen*. Springer. https://doi.org/10.1007/978-3-658-11922-5

Wright, G. B. (2011). Student-Centered learning in higher education. *International Journal on Teaching and Learning in Higher Education, 23*(1), 92–97. http://files.eric.ed.gov/fulltext/EJ938583.pdf

Zawacki-Richter, O., Marín, V. I., Bond, M., & Gouverneur, F. (2019). Systematic review of research on artificial intelligence applications in higher education: Where are the educators? *International Journal of Educational Technology in Higher Education, 16*(1), 1–27. https://doi.org/10.1186/s41239-019-0171-0

**Maria Tulis[1], Leoni Cramer[2], Franziska Kinskofer[3] & Elena Fischer[4]**


# Neue Technologie, alte Muster? Motivationale Aspekte und geschlechtsbezogene Unterschiede bei Hochschullehrenden in Zusammenhang mit Künstlicher Intelligenz

## Zusammenfassung


Dieser Beitrag untersucht motivationale Aspekte und geschlechtsbezogene Unterschiede von Hochschullehrenden in Österreich im Umgang mit Künstlicher Intelligenz (KI). Basierend auf der Analyse von 1.767 Selbstberichten zeigt die Studie im Einklang mit bisherigen Forschungsarbeiten, dass der wahrgenommene Nutzen und die subjektive Erfolgswahrscheinlichkeit im Umgang mit KI entscheidende Prädiktoren für die Nutzungsabsicht sind. Weibliche Lehrende erleben sich als weniger selbstsicher im Umgang mit KI. Für das subjektive Kompetenz- und Kontrollerleben spielte für männliche Lehrende die technische, für weibliche Lehrende die didaktische Unterstützung eine wesentliche Rolle.


---


1   Corresponding author; University of Salzburg; maria.tulis-oswald@plus.ac.at; ORCID 0000-0003-2871-434X

2   University of Salzburg; leoni.cramer@plus.ac.at; ORCID 0009-0004-2795-6261

3   University of Salzburg; franziska.kinskofer@plus.ac.at; ORCID 0009-0007-3928-0387

4   University of Salzburg; lena.fischer@plus.ac.at





https://doi.org/10.21240/zfhe/SH-KI-1/12

Maria Tulis, Leoni Cramer, Franziska Kinskofer & Elena Fischer

**Schlüsselwörter**

Künstliche Intelligenz, Geschlechtsunterschiede, Hochschuldidaktik, Motivation, Kompetenzerleben

# New technology, old patterns? Motivational factors and gender differences in higher education teachers' intention to use AI

## Abstract

This paper examines the motivational aspects and gender-related differences in the use of artificial intelligence (AI) among Austrian higher education teachers. In line with previous findings, the analysis of 1,767 self-reports shows that the perceived value of AI and expectations for success in interacting with AI are key predictors of the intention to use AI. Female teachers expressed less confidence in their ability to use AI than their male counterparts. In addition, whereas female teachers' subjective feelings of confidence using AI were more related to the perceived didactical support, the confidence levels of male teachers were more related to perceived technical support.

## Keywords

artificial intelligence, gender differences, higher education, motivation, experience of competence

# 1 Digitale Transformation und Künstliche Intelligenz in der Hochschulbildung

Künstliche Intelligenz (KI) ist nicht erst seit der Veröffentlichung von ChatGPT im Jahr 2022 ein Thema im Bildungssektor. Dennoch hat die digitale Transformation an Hochschulen seitdem einen ordentlichen Schub erfahren: In zahlreichen Strategiepapieren und Empfehlungen wird KI auf verschiedenen Ebenen ein Potenzial für Lehren und Lernen zugeschrieben, das von Individualisierung und Personalisierung bis hin zu gesteigerter Lehr-Effizienz durch die Automatisierung von Verwaltungsaufgaben reicht (für einen Überblick: Wagner et al., 2024). Insbesondere werden generative KI-Anwendungen, intelligente Tutorensysteme und Learning (bzw. Data) Analytics als Innovation für die Lehre diskutiert (Schmohl et al., 2023). Es ist davon auszugehen, dass zukünftig immer mehr automatisierte intelligente Lösungen in der Hochschulbildung eingesetzt werden (z.B. Wannemacher & Bodmann, 2021), um Studierende und Lehrende auf unterschiedliche Weise zu unterstützen (Bundesministerium für Bildung, Wissenschaft und Forschung (BMBWF), 2023; Kasneci et al., 2023).

## 1.1 Hochschullehrende gestalten die digitale Transformation

Hochschullehrende nehmen dabei eine Schlüsselrolle ein, da sie es sind, die in der Regel darüber entscheiden, in welchem Ausmaß sie KI in ihrer Lehre integrieren und welchen Stellenwert sie ihr beimessen (Kinshuk et al., 2016). Die Akzeptanz oder Ablehnung von Lehrenden beeinflusst damit auch, wie schnell und in welcher Weise KI in der Hochschullehre Einzug finden wird (Popenici & Kerr, 2017). Motivationale Aspekte haben sich bereits in der Vergangenheit als wesentliches Element für Lehr-Lern-Innovationen im Prozess der Digitalisierung erwiesen (z.B. Chen et al., 2009). Eine Vielzahl an Studien zur Computer- und Internetnutzung belegen, dass insbesondere Vorerfahrungen und Interessen sowie subjektive Kompetenz- und Werteüberzeugungen wichtige Prädiktoren für die (beabsichtigte) Nutzung darstellen (s. Abschnitt 2). Gemäß dem „Will, Skill, Tool-Model of Technology Integration" von Knezek und Christensen (2016) steht die gelungene Integration digitaler Technologien in der Lehre in Zusammenhang mit dem Zugang, der Nutzung, den Kompetenzen sowie den Überzeugungen von Lehrpersonen zum Einsatz digitaler Medien, beispielsweise der eingeschätzten Nützlichkeit oder der empfundenen Sicherheit und Freude im Umgang mit digitalen Technologien. Es ist anzunehmen, dass diese Zusammenhänge auch im Hinblick auf die gelungene Integration von KI in die Hochschullehre entscheidend sind. Die zentrale Leitfragestellung dieses Sonderhefts lautet: Was macht Künstliche Intelligenz mit der Hochschullehre? Eine wichtige Frage in diesem Zusammenhang ist: Was machen Hochschullehrende mit KI? Und in dieser Hinsicht vor allem: Welche Faktoren tragen dazu bei, dass Lehrende KI-Anwendungen nutzen *möchten* und das prophezeite Potenzial für die Hochschulbildung tatsächlich aufgreifen *können*?

## 1.2 Eine Aufgabe für die hochschuldidaktische Weiterbildung

Die rasante Entwicklung von digitalen Technologien und KI-Anwendungen im Bildungssektor einerseits und die Notwendigkeit einer kritischen Prüfung und Bewertung ihrer Möglichkeiten und Grenzen andererseits setzen eine intensive Auseinandersetzung der Lehrenden mit diesen voraus. Damit KI-Anwendungen zukünftig vermehrt sinnvoll in der Hochschullehre eingesetzt werden können (Hwang et al., 2020), bedarf es vor allem der Schulung und Unterstützung der unsicheren und unerfahrenen Lehrenden (Schleiss et al., 2023). Dabei stehen die Hochschulen vor der Herausforderung, dass die Zielgruppe der Hochschullehrenden hinsichtlich ihres KI-bezogenen Vorwissens, ihrer Motivation, ihrer Erfahrungen mit und ihrer Erwartungen an KI-Anwendungen höchst heterogen aufgestellt ist (Tulis & Cramer, 2024). Gelingt es, auf oben genannte motivationale Prädiktoren Einfluss zu nehmen, könnte auch das Verhalten bzw. die Nutzungsabsicht von Lehrenden positiv beeinflusst werden.

In früheren Forschungsarbeiten zur Computernutzung im Allgemeinen zeigte sich häufig ein mangelndes Vertrauen von Frauen in die eigenen technologiebezogenen

Fähigkeiten (z.B. Sieverding & Koch, 2009). Auch neuere Befunde verweisen auf geschlechtsbezogene Unterschiede (z.B. persönliches Interesse, wahrgenommener Nutzen, Selbstwirksamkeit im Umgang mit digitalen Technologien; Borokhovski et al., 2018) – wenngleich in den tatsächlichen ICT-Kenntnissen und -Kompetenzen keine Geschlechtsunterschiede (mehr) evident sind, wenn für die motivationalen Variablen kontrolliert wird (Siddiq & Scherer, 2019).

Der vorliegende Beitrag analysiert die motivationalen Zusammenhänge mit der selbstberichteten Intention von Hochschullehrenden, KI in ihrer Lehre zukünftig einzusetzen. Dabei werden auch mögliche geschlechtsbezogene Unterschiede in den Blick genommen und deren Bedeutung für die hochschuldidaktische Fort- und Weiterbildung diskutiert.

# 2 Motivationale Einflussfaktoren auf die Nutzung von KI

Motivationspsychologisch eignen sich Erwartung×Wert-Modelle (Eccles, 1983), um die Absicht und das Nutzungsverhalten im Umgang mit digitalen Technologien und KI-Anwendungen zu erklären. Dementsprechend ist anzunehmen, dass die individuelle Kompetenzselbsteinschätzung (Erwartung, KI erfolgreich implementieren zu können, sowie die erlebte Selbstsicherheit im Umgang damit) einerseits und der antizipierte Nutzen (Wert) von KI für die eigene Lehre andererseits die Nutzungsabsicht substanziell vorhersagen.

In einer Studie von Romero-Rodríguez et al. (2023) mit Studierenden waren neben der wahrgenommenen Nützlichkeit von ChatGPT und dem Vorhandensein einer organisatorischen und technischen Infrastruktur zudem die Gewohnheit bzw. Erfahrung mit generativer KI wichtige Determinanten der beabsichtigten und tatsächlichen Nutzung. Vorerfahrungen stellen demnach eine weitere Komponente in der Nutzung digitaler Medien (und damit auch KI-Anwendungen) dar (Knezek & Christensen, 2016). Die Selbsteinschätzungen im Hinblick auf die Sicherheit und Kompetenz im Umgang mit digitalen Technologien allgemein (wie auch mit KI-Anwendungen im Speziellen) könnten von der wahrgenommenen Unterstützung durch die Hochschule moderiert werden.

## 2.1 Geschlechtsbezogene Unterschiede

Die in der Vergangenheit immer wieder gefundenen geschlechtsbezogenen Unterschiede in der computerbezogenen Einstellung sowie Nutzung digitaler Technologien (z.B. Richter et al., 2001) zeigen sich z.T. auch heute (Ghimire et al., 2024) – trotz gleicher Teilnahmemöglichkeiten an der Informations- und Technologiegesellschaft von Männern und Frauen (Borokhovski et al., 2018). Im D21-Digital Index 2023/2024 beispielsweise erzielen Frauen insgesamt einen geringeren Digitalisierungsgrad als Männer sowohl hinsichtlich des Interesses als auch der tatsächlichen Nutzung (D21, 2020). In einer anderen Studie zeigten sich in ähnlicher Weise moderierende Effekte des Geschlechts auf die Nutzung von generativer KI zu Ungunsten von Frauen (Strzelecki & ElArabawy, 2024).

Eine genauere Betrachtung zum Umgang mit Computer und Technik liefert Hinweise darauf, dass Männer intensiver mit digitalen Technologien und Systemen interagieren und über eine höhere Erfolgserwartung als Frauen verfügen, was mit einem selbstbewussteren und experimentierfreudigeren Explorationsverhalten einhergeht (Dickhäuser & Stiensmeier-Pelster, 2002). Im Gegensatz zur Erfolgserwartung fanden die Autoren hinsichtlich des subjektiven Werts der Computernutzung jedoch keine Hinweise auf geschlechtsbezogene Unterschiede.

Zudem berichten Studien über Unterschiede in der Selbstwirksamkeitserwartung (z.B. Janneck et al., 2013): Männer weisen u.a. mehr subjektive Sicherheit im Umgang mit Computertechnologien auf als Frauen. Diese steht in Zusammenhang mit der Nutzungshäufigkeit, wobei beide Wirkrichtungen bedeutsam sind, letztere aber nicht gänzlich das geringere Kompetenzerleben von Frauen erklären kann.

# 3    Fragestellung

Aus der Theorie lässt sich ableiten, dass für die Absicht, KI in Zukunft verstärkt und zielgerichtet in der Lehre einzusetzen, aus psychologischer Sicht vor allem die subjektiven Situationsbewertungen und persönlichen Erwartungen bedeutsam sind. Neben dem wahrgenommenen Ausmaß an technischer und didaktischer Unterstützung seitens der Hochschule sind motivationale Faktoren, wie der wahrgenommene bzw. antizipierte Wert (persönlicher Nutzen), die Erfolgserwartung hinsichtlich der effektiven und einfachen Interaktion mit KI-Anwendungen sowie die subjektive Kompetenz bzw. Sicherheit im Umgang mit KI entscheidend. Die Einschätzung der Situation als (positive) Herausforderung anstelle einer Bedrohung ist damit verbunden und als weitere zentrale Einflussgröße anzunehmen.

*Hypothese 1:* Die oben genannten motivationalen Variablen prädizieren die von Hochschullehrenden beabsichtigte Nutzung von KI.

Erwartet wurde ein signifikanter Zusammenhang zwischen den oben genannten subjektiven Kompetenz- bzw. Kontroll- und Werteüberzeugungen im Hinblick auf KI und der Absicht von Lehrenden, KI zukünftig in ihrer Lehre zu integrieren. Damit einhergehend sollte KI mehr als Herausforderung und weniger als Bedrohung erlebt werden. Aufgrund der auch in der aktuellen Literatur gefundenen Geschlechtsunterschiede zum Umgang mit (v.a. generativer) KI ist darüber hinaus zu vermuten, dass auch im Hinblick auf eine beabsichtigte Einbindung von KI in der Hochschullehre geschlechtsbezogene Unterschiede bestehen.

*Hypothese 2:* Es zeigen sich geschlechtsbezogene Unterschiede in der intrinsischen Motivation, in der subjektiven Kompetenzeinschätzung bzw. erlebten Sicherheit und Erfolgserwartung im Umgang mit KI sowie in deren bisherigen Nutzung zu Ungunsten von Frauen.

Auf Basis früherer Forschungsbefunde zu computerbezogenen Einstellungen wurde erwartet, dass männliche Hochschullehrende über eine höhere intrinsische Motivation, Erfolgserwartung und subjektive Sicherheit im Umgang mit KI verfügen. Zudem wurde angenommen, dass sich diese im Vergleich zu ihren weiblichen Kolleginnen bereits vermehrt mit KI-Anwendungen auseinandergesetzt und diese erprobt haben.

*Fragestellung 3* (explorativ): Unterscheiden sich weibliche und männliche Lehrende in der von ihnen wahrgenommenen (technischen und didaktischen) Unterstützung durch die Hochschule und inwiefern trägt diese zur erlebten Sicherheit im Umgang mit KI-Anwendungen bei?

# 4 Methode

## 4.1 Stichprobe

Die Datengrundlage der vorliegenden Studie umfasst Selbstberichte von $N = 1.767$ Lehrenden aus Österreich (900 männlich, 839 weiblich, 28 divers[5]), die im Rahmen des Projekts „Von KI lernen, mit KI lehren: Die Zukunft der Hochschulbildung" – gefördert vom Bundesministerium für Bildung, Wissenschaft und Forschung und geleitet vom Forum Neue Medien in der Lehre Austria – im März 2024 erhoben wurden. Die teilnehmenden Lehrenden stammten aus den unterschiedlichsten Fachbereichen. Die meisten Lehrenden lagen im Altersbereich zwischen 46 und 60 Jahren ($n = 735$, 42%), gefolgt von Lehrenden zwischen 31 und 45 Jahren ($n = 672$, 38%), 183 Lehrende (10%) gaben an, bereits über 61 Jahre alt zu sein, und ebenfalls 10%, nämlich 177 der befragten Lehrenden, waren 30 Jahre alt und jünger. Mehr als die Hälfte der Befragten (53%) verfügten über mehr als 10 Jahre Lehrerfahrung (genauere demografische Angaben: Tulis et al., 2024).

Der Großteil der Lehrenden lehrte zum Zeitpunkt der Befragung an Universitäten ($n = 1265$, 72%), gefolgt von Fachhochschulen ($n = 291$, 17%) und Pädagogischen

---

5  Personen, die in der Befragung „divers" angegeben hatten, konnten in den Analysen nicht berücksichtigt werden. Die Geschlechtsverteilung entspricht der Grundgesamtheit, wonach circa 50,38% männlich und 49,62% weiblich sind (Statistik Austria, 2023).

Hochschulen ($n$ = 171, 10%); 35 (2%) der Teilnehmenden lehrten an privaten Hochschulen und für neun Personen waren mehrere Angaben zutreffend. Etwa zwei Drittel der Befragten ($n$ = 1.110) gaben an, vollzeitbeschäftigt zu sein, ein Drittel ($n$ = 656) ging zum Zeitpunkt der Befragungsteilnahme einer Teilzeitbeschäftigung an einer Hochschule nach.

## 4.2 Erhebungsinstrumente

Im Zuge der Onlinebefragung, die mit LimeSurvey umgesetzt wurde, wurden vorwiegend etablierte Selbstberichtsskalen eingesetzt. Als motivationale Variablen wurden von Strzelecki und ElArabawy (2024) die *Nutzungsabsicht* mit 3 Items (z.B. „Ich habe vor, KI-Tools in Zukunft weiter zu verwenden."), der *subjektive Wert* mit 4 Items (z.B. „Ich denke, dass die Nutzung von KI in meiner Lehre nützlich ist."), die *subjektive Erfolgserwartung* mit 4 Items (z.B. „Zu lernen, wie man verschiedene KI-Tools verwendet, fällt mir leicht.") und die intrinsische Motivation mit 5 Items (adaptiert nach Tulis & Dresel, 2018; z.B. „Die Nutzung von KI-Tools macht mir Spaß.") erhoben. Mit jeweils 4 Items wurden *Challenge Appraisals* (Erleben von KI als Herausforderung, z.B. „Die Situation bietet mir die Möglichkeit, Hindernisse zu überwinden.") und *Threat Appraisals* (Erleben von KI als Bedrohung, z.B. „Ich mache mir Sorgen, dass die Situation meine Schwächen aufzeigen könnte.") erfasst (Feldhammer-Kahr et al., 2021). Alle diese Skalen wurden auf einer 5-stufigen Likertskala beantwortet (1 = stimmt gar nicht, 5 = stimmt völlig). Analog zu Feldhammer-Kahr et al. (2021) wurde mit jeweils einem Einzelitem die *subjektiv wahrgenommene Sicherheit/Kompetenz im Umgang mit digitalen Technologien* allgemein sowie die *subjektiv wahrgenommene Sicherheit/Kompetenz im Umgang mit KI-Anwendungen* erfasst (1 = gar nicht sicher bis 6 = sehr sicher). Bei letzterem wurde, aufgrund der Fragestellung des Gesamtprojekts, in dem die Daten erhoben wurden – angelehnt an den Alltagssprachgebrauch – zwischen *generativer KI* (z.B. ChatGPT, DALL-E), *verarbeitender KI* (z.B. Google, DeepL) und *vorhersagender KI* (z.B. intelligente tutorielle Systeme und Learning Analytics) unterschieden. Ebenfalls mit jeweils einem Einzelitem wurde die *wahrgenommene didaktische Unterstützung* sowie *technische Unterstützung* durch die eigene Hochschule erfragt (1 = gar nicht bis

5 = sehr gut). Die bisherige *Nutzungshäufigkeit* für alle Arten von KI-Anwendungen (im vorangegangenen Wintersemester 2023/24) wurde über die Ausprägungen „nie", „einmal ausprobiert", „einmal im Monat", „mehrmals im Monat", „einmal pro Woche", „mehrmals pro Woche" und „mehrmals am Tag" operationalisiert. Die Reliabilitäten aller Skalen können aus Tabelle 2 entnommen werden.

# 5 Ergebnisse

Insgesamt korrelierten alle unabhängigen (= motivationalen) Variablen hoch mit der intendierten Nutzung von KI (Tab. 3), und Hochschullehrende – sowohl weibliche als auch männliche gleichermaßen – zeigten eine hohe Absicht, KI zukünftig in ihrer Lehre zu nutzen. Die Ergebnisse einer blockweisen multiplen linearen Regressionsanalyse auf die intendierte Nutzung von KI (Tab. 3) verdeutlichte, dass sowohl die erlebte Sicherheit im Umgang mit KI-Tools als auch die Wahrnehmung der Situation als Herausforderung (versus Bedrohung) signifikant und über die Erwartung und den Wert hinaus zur Vorhersage der Nutzungsabsicht beitragen. Das Geschlecht (als unabhängige Dummy-Variable) hatte darüber hinaus keinen weiteren, eigenständigen Vorhersagewert (Tab. 3).

Ältere Lehrende (ab 46 Jahren und mehr) wiesen die geringste subjektive Selbstsicherheit im Umgang mit KI auf ($F(5,1761) = 15.030$, $p < .001$, $\eta_p2 = .04$). Zwischen Lehrenden mit einer Lehrerfahrung von über 16 Jahren und Lehrenden mit weniger als 5 Jahren Lehrdauer zeigten sich analog (kleine) Unterschiede ($F(4,1762) = 4.722$, $p < .001$, $\eta_p2 = .01$). Erwartungsgemäß fanden sich geschlechtsbezogene Unterschiede in der (bei Frauen geringeren) subjektiven Sicherheit im Umgang mit digitalen Technologien sowie mit KI (Abb. 1) – nicht jedoch in der subjektiven Erfolgserwartung, sich neue KI-Tools anzueignen. Im Hinblick auf die Einschätzung der Situation als Herausforderung (Challenge-Appraisal) wiesen männliche Hochschullehrende tendenziell höhere Werte auf im Vergleich zu den Frauen (Tab. 2).

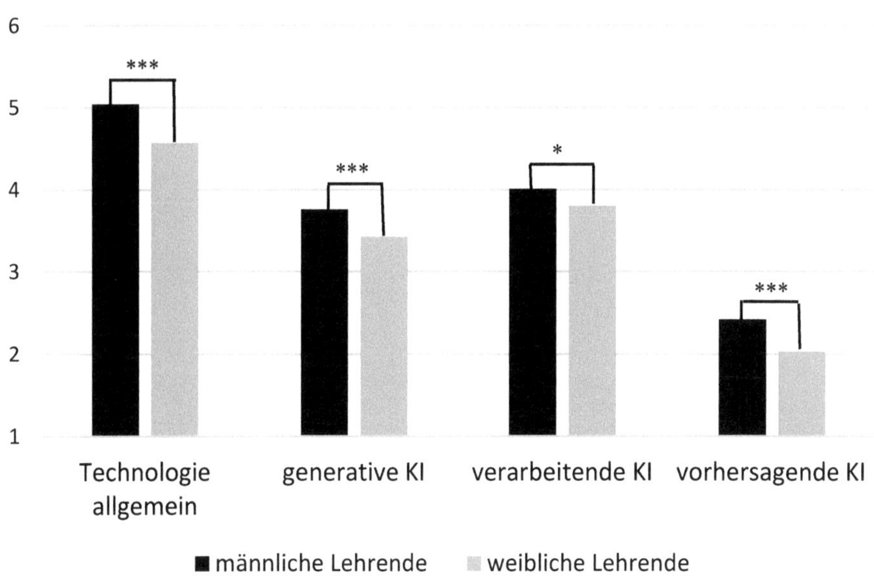



Abb. 1: Geschlechtsbezogene Unterschiede in der Selbstsicherheit/Kompetenz im Umgang mit KI-Anwendungen (t-Tests mit unabhängigen Stichproben)
*Anmerkung.* Signifikanzniveau $*p < .05$, $**p < .01$, $***p < .001$

Tab. 2: Deskriptive Statistiken sowie Vergleich männlicher und weiblicher Lehrender bezüglich KI-bezogener motivationaler Variablen

| | | Gesamt | | männlich | | weiblich | | Test-Statistik | | |
|---|---|---|---|---|---|---|---|---|---|---|
| | $\alpha$ | $M$ | $SD$ | $M$ | $SD$ | $M$ | $SD$ | $t$ | $p$ | $d$ |
| Nutzungs-absicht | .95 | 2.93 | 1.52 | 2.95 | 1.51 | 2.93 | 1.52 | 0.278 | .781 | .013 |
| Subjektiver Wert | .95 | 2.57 | 1.36 | 2.58 | 1.35 | 2.59 | 1.36 | -0.077 | .939 | -.004 |
| Subjektive Erfolgserwar-tung | .96 | 2.84 | 1.08 | 2.88 | 1.39 | 2.80 | 1.38 | 1.153 | .249 | .055 |
| Subjektive Sicherheit im Umgang mit | | | | | | | | | | |
| - KI insgesamt | .80 | 3.25 | 1.34 | 3.40 | 1.36 | 3.09 | 1.29 | 4.858 | <.001 | .233 |
| - Technologie allg. | | 4.81 | 1.18 | 5.04 | 1.13 | 4.57 | 1.19 | 8.421 | <.001 | .405 |
| - generativer KI | | 3.60 | 1.60 | 3.76 | 1.60 | 3.43 | 1.58 | 4.362 | <.001 | .209 |
| - verarbeiten-der KI | | 3.91 | 1.71 | 4.01 | 1.68 | 3.80 | 1.73 | 2.515 | .012 | .121 |
| - vorhersagen-der KI | | 2.25 | 1.45 | 2.42 | 1.50 | 2.03 | 1.35 | 5.693 | <.001 | .272 |
| Intrinsische Motivation | .92 | 3.51 | 1.07 | 3.57 | 1.07 | 3.47 | 1.07 | 1.895 | .059 | .091 |
| Erleben von KI als Heraus-forderung | .76 | 3.03 | 0.76 | 3.07 | 0.74 | 3.00 | 0.78 | 1.814 | .070 | .087 |
| Erleben von KI als Bedro-hung | .72 | 1.70 | 0.70 | 1.69 | 0.70 | 1.72 | 0.71 | -0.766 | .444 | -.037 |

*Anmerkung.* $N_{Gesamt}$ = 1767, $N_{männlich}$ = 900, $N_{weiblich}$ = 839, $df$ = 1737 (2-seitiger Signifikanztest).

Tab. 3: Prädiktoren der Intention zur Nutzung von KI in der eigenen Lehre

| | Nutzungsabsicht | | | | |
|---|---|---|---|---|---|
| | $r$ | $B$ | $SE$ | $\beta$ | $p$ |
| **Modell I** | | | | | |
| Subjektiver Wert | | .69 | .02 | .61 | <.001 |
| Subjektive Erfolgserwartung | | .39 | .02 | .36 | <.001 |
| $R^2$ ($R^2$ korrigiert) | | **.792 (.792)** | | | **<.001** |
| **Modell II** | | | | | |
| Subjektiver Wert | | .69 | .02 | .62 | <.001 |
| Subjektive Erfolgserwartung | | .35 | .02 | .32 | <.001 |
| Subjektive Sicherheit | | .07 | .01 | .06 | <.001 |
| $R^2$ ($R^2$ korrigiert) | | **.794 (.794)** | | | **<.001** |
| $\Delta R^2$ | | **.003** | | | |
| **Modell III** | | | | | |
| Subjektiver Wert | | .66 | .02 | .59 | <.001 |
| Subjektive Erfolgserwartung | | .36 | .02 | .33 | <.001 |
| Subjektive Sicherheit | | .03 | .02 | .03 | .027 |
| Erleben von KI als Herausforderung | | .15 | .03 | .07 | <.001 |
| Erleben von KI als Bedrohung | | -.03 | .03 | -.02 | .183 |
| $R^2$ ($R^2$ korrigiert) | | **.798 (.798)** | | | **<.001** |
| $\Delta R^2$ | | **.004** | | | |
| **Modell IV** | | | | | |
| Subjektiver Wert | .85[***] | .66 | .02 | .59 | <.001 |
| Subjektive Erfolgserwartung | .77[***] | .36 | .02 | .33 | <.001 |
| Subjektive Sicherheit | .36[***] | .04 | .02 | .03 | .022 |
| Erleben von KI als Herausforderung | .47[***] | .15 | .03 | .07 | <.001 |
| Erleben von KI als Bedrohung | -.19[***] | -.03 | .03 | -.02 | .189 |
| Geschlecht männlich | .01 | -.03 | .03 | -.01 | .445 |
| $R^2$ ($R^2$ korrigiert) | | **.798 (.798)** | | | **<.001** |
| $\Delta R^2$ | | **.00** | | | |

*Anmerkung.* $n = 1739$, Signifikanzniveau der Pearson-Korrelationen (2-seitig) [*]$p < .05$, [**]$p < .01$, [***]$p < .001$

Schließlich lieferte die explorative Regressionsanalyse interessante, weil je nach Geschlecht unterschiedliche Zusammenhangsmuster zwischen der wahrgenommenen Unterstützung durch die Hochschule und der subjektiven Sicherheit im Umgang mit KI: Während sich die wahrgenommene hochschuldidaktische Unterstützung nur für weibliche Lehrende als signifikanter Prädiktor erwies, war die wahrgenommene technische Unterstützung für männliche Lehrende ausschlaggebender (und das erlebte Ausmaß an didaktischer Unterstützung als Prädiktor nicht signifikant). Tabelle 4 gibt die entsprechenden Korrelationen, Regressionskoeffizienten und Signifikanzwerte der explorativen Analyse der Prädiktoren für die subjektive Selbstsicherheit wieder. Zusammen mit der intrinsischen Motivation und bisherigen Nutzungshäufigkeit – beides bei Frauen und Männern in gleicher Weise zentrale Vorhersagevariablen – trugen diese Variablen bedeutsam zur Aufklärung der subjektiven Sicherheit im Umgang mit KI bei ($R^2 = .46$).

Tab. 4: Explorative Analyse möglicher Prädiktoren der subjektiven Sicherheit im Umgang mit KI

| | männliche Lehrende | | | | | weibliche Lehrende | | | | |
|---|---|---|---|---|---|---|---|---|---|---|
| | $r$ | $B$ | $SE$ | $\beta$ | $p$ | $r$ | $B$ | $SE$ | $\beta$ | $p$ |
| Nutzungshäufigkeit | .65[***] | .52 | .03 | .52 | <.001 | .66[***] | .57 | .03 | .55 | <.001 |
| Intrinsische Motivation | .51[***] | .31 | .04 | .24 | <.001 | .48[***] | .25 | .04 | .20 | <.001 |
| Wahrgenommene didaktische Unterstützung | .10[**] | -.01 | .04 | -.01 | .836 | .14[***] | .09 | .04 | .09 | .035 |
| Wahrgenommene technische Unterstützung | .10[**] | .09 | .05 | .08 | .039 | .10[**] | -.01 | .04 | -.01 | .905 |
| **$R^2$ ($R^2$ korrigiert)** | **.463 (.460)** | | | **<.001** | | **.462 (.459)** | | | **< .001** | |

*Anmerkung.* $N_{männlich} = 900$, $N_{weiblich} = 839$, Signifikanzniveau der Pearson-Korrelationen (2-seitig) [*]$p < .05$, [**]$p < .01$, [***]$p < .001$

# 6 Diskussion

Die Nutzung und die Integration von KI in der Lehre ist im Rahmen der digitalen Transformation ein aktuelles und zentrales Anliegen in der Hochschulbildung, um Studierende bestmöglich auf ihr zukünftiges berufliches Umfeld vorzubereiten (Ehlers, 2019). Lehrende spielen dabei eine entscheidende Rolle. Die Ergebnisse der vorliegenden Studie verdeutlichen die Wichtigkeit motivationaler Variablen von Lehrenden für die künftige Einbindung von KI in der Hochschullehre: Der von Lehrenden antizipierte oder wahrgenommene Nutzen (subjektiver Wert) von KI-Anwendungen und deren subjektive Erfolgserwartung zur Aneignung sowie die Einschätzung als (meisterbare) Herausforderung stellen bedeutsame und unabhängige Prädiktoren für die Nutzungsabsicht dar, die zusammen mit der erlebten Sicherheit im Umgang mit KI mehr als 79% der Varianz aufklären. Lediglich in der letzten Variable unterscheiden sich die Geschlechter: Weibliche Hochschullehrende fühlten sich subjektiv weniger sicher im Umgang mit KI als ihre männlichen Kollegen (aber nicht minder erfolgreich, wenn es um die Erwartung einer gelingenden Aneignung von KI-Tools geht). Eine nähere Betrachtung ergab einen weiteren geschlechtsbezogenen Unterschied, der in weiteren Studien noch weiter geprüft werden sollte: Während für männliche Lehrende die wahrgenommene technische Unterstützung durch die Hochschule wichtig zu sein scheint, trägt bei den weiblichen Lehrenden die wahrgenommene didaktische Unterstützung zur Varianzaufklärung bei. Ungeachtet dessen stellen die bisherige Nutzungshäufigkeit und die intrinsische Motivation, also die Freude und das Interesse am Ausprobieren und an der Anwendung von KI-Tools wichtige Prädiktoren dar. Diese Befunde haben Implikationen für die Fort- und Weiterbildung sowie Unterstützungsangebote an Hochschulen.

# 7 Implikationen für die Hochschuldidaktik und Personalentwicklung

Um die Hochschullehre durch digitale und KI-basierte Technologien lernwirksam gestalten und bereichern zu können, sollten Lehrende über die notwendigen Kompetenzen für einen didaktisch angemessenen und reflektierten Einsatz von KI verfügen. Dies scheint insbesondere für weibliche Lehrende ein wichtiges Anliegen zu sein und dazu beizutragen, sich sicherer im Umgang mit KI in der eigenen Lehre zu fühlen. Wenn Frauen im Umgang mit KI eher didaktische Aspekte in den Blick nehmen, benötigen sie vermehrt didaktische Anregungen und Angebote, um sich „sicher", d.h. kompetent, zu fühlen. Männliche Lehrende hingegen könnten stärker von einer technischen Unterstützung profitieren.

Auf breiterer Basis werden geschlechtsbezogene Unterschiede im Zusammenhang mit KI und digitalen Technologien als sogenannte *Gender-Gap* – zu Ungunsten von Frauen bzw. Mädchen – diskutiert (BMBWF, 2023). Dieser *Digital Divide* bezieht sich heute weniger auf ungleiche Möglichkeiten des Zugriffs auf digitale Technologien oder Unterschiede in der Sozialisierung mit neuen Medien, sondern vielmehr auf die Art und Weise der damit verbundenen selbstbezogenen Überzeugungen und motivationalen Tendenzen (vgl. Dorta-González et al., 2024). In dieser Hinsicht könnte es bedeutsam sein, geschlechtersensible Interventionen und differenzierte Weiterbildungsmaßnahmen für Hochschullehrende anzubieten, um negative Auswirkungen von erlebten Bedrohungen durch kompetenzbezogene Stereotype (*Stereotype Threat*, Aronson & Steele, 2005) zu vermeiden und weibliche Lehrende in ihrer Selbstwahrnehmung als „kompetente Userinnen" von KI-Anwendungen gezielt zu unterstützen. In der hochschuldidaktischen Weiterbildung sollte (und kann!) darüber hinaus allen Lehrenden der Nutzen von KI verdeutlicht werden und das Selbstwirksamkeitserleben (bzw. die Erfolgserwartung) beim Erlernen KI-basierter Technologien gestärkt werden, um deren künftige Anwendung in der Hochschulbildung voranzutreiben.

Im Vordergrund steht also das Ziel, Unsicherheiten und eine mangelnde Selbsteinschätzung im Umgang mit KI zu verringern. Unsere Ergebnisse legen nahe, dass hierfür bei männlichen und weiblichen Lehrenden unterschiedliche Ansätze erforderlich sein könnten. Dies unterstreicht die Relevanz einer gendersensiblen Unterstützung in der Hochschuldidaktik, beispielsweise durch zielgruppenspezifische Fortbildungen.

## 8　Limitationen der Studie

Die Teilnahme der Lehrenden an der Befragung war freiwillig, sodass ein Selbstselektions-Bias hinsichtlich Kompetenz, Motivation und Interesse an KI nicht ausgeschlossen werden kann. Des Weiteren beruhen die Ergebnisse ausschließlich auf Selbsteinschätzungen. Es ist jedoch anzumerken, dass gerade die subjektiven Einschätzungen sowie die *wahrgenommene* Unterstützung durch die Hochschule aus psychologischer Sicht bedeutsamer zu sein vermag als das „objektive" Ausmaß an Unterstützungsangeboten für Hochschullehrende. Schließlich beruhen die Ergebnisse auf querschnittlichen, korrelativen Analysen und einfachen Gruppenvergleichen. Interessant wären eine längsschnittliche Betrachtung oder eine verhaltensnahe Erfassung über Verhaltensspuren in der Exploration von KI-Anwendungen (Lin et al., 2024).

Eine weitere Limitation der Studie ist der Ausschluss der dritten Geschlechtsidentitätskategorie (= divers), was zu einer Reduktion der vielschichtigen und komplexen sozialen Realität führt. Aufgrund der geringen Stichprobengröße dieser Kategorie ($n = 28$) und der damit nicht ausreichenden statistischen Power musste diese Kategorie aus den Berechnungen ausgeschlossen werden. Damit einhergehend wurde in dieser Arbeit im Rahmen der Analyseperspektive der zentrale Diskurs in der Geschlechterforschung (zum sozialen Geschlecht und zur Konstruktion von Geschlecht), der Kritik an dieser Differenzsetzung und Zuschreibung übt (Hericks, 2019), nicht berücksichtigt.

# Literaturverzeichnis

Aronson, J., & Steele, C. M. (2005). Stereotypes and the fragility of academic competence, motivation, and self-concept. In A. J. Elliot & C. S. Dweck (Hrsg.), *Handbook of Competence and Motivation* (S. 436–456). The Guilford Press.

Borokhovski, E. F., Pickup, D., Saadi, L. E., Rabah, J., & Tamim, R. (2018). *Gender and ICT: Meta-Analysis and Systematic Review.* Commonwealth of Learning.

BMBWF (2023). *Auseinandersetzung mit Künstlicher Intelligenz im Bildungssystem.* https://www.bmbwf.gv.at/dam/jcr:b77eacd7-3926-460e-955a-0754e419e577/ki_bildungssystem.pdf

Dickhäuser, O., & Stiensmeier-Pelster, J. (2002). Gender differences in computer work: Evidence for the model of achievement-related choices. *Contemporary Educational Psychology, 27*, 486–496.

Dorta-González, P., López-Puig, A. J., Dorta-González, M. I., & González-Betancor, S. M. (2024). Generative artificial intelligence usage by researchers at work: Effects of gender, career stage, type of workplace, and perceived barriers. *Telematics and Informatics, 94*, 102187. https://doi.org/10.1016/j.tele.2024.102187

Eccles, J. (1983). Expectancies, values and academic behaviors. In J. T. Spence (Hrsg.), *Achievement and achievement motives: Psychological and sociological approaches* (S. 75–146). Freeman.

Ehlers, U.-D. (2019). Future Skills und Hochschulbildung „Future Skill Readiness". In J. Hafer, M. Mauch & M. Schumann (Hrsg.), *Teilhabe in der digitalen Bildungswelt.* Medien in der Wissenschaft, 75, (1. Aufl.) (S. 37–48). Waxmann.

Feldhammer-Kahr, M., Tulis, M., Leen-Thomele, E., Dreisiebner, S., Macher, D., Aren-dasy, M., & Paechter, M. (2021). It's a challenge, not a threat. Lecturers' satisfaction during the Covid-19 summer semester of 2020. *Frontiers in Educational Psychology, 12*, 638898. https://doi.org/10.3389/fpsyg.2021.638898

Ghimire, A., Prather, J., & Edwards, J. (2024). Generative AI in Education: A Study of Educators' Awareness, Sentiments, and Influencing Factors. *arXivLabs.* https://doi.org/10.48550/arXiv.2403.15586

Hericks, K. (2019). Geschlechtsdifferenzierung: Klassifikation und Kategorisierungen. In B. Kortendiek, B. Riegraf & K. Sabisch (Hrsg.), *Handbuch Interdisziplinäre Geschlechterforschung* (S. 191–199). Springer VS.

Hwang, G. J., Xie, H., Wah, B. W., & Gašević, D. (2020). Vision, challenges, roles and research issues of Artificial Intelligence in Education. *Computers and Education: Artificial Intelligence, 1*, 100001. https://doi.org/10.1016/j.caeai.2020.100001

Initiative D21 (Hrsg.) (2020). Digital Gender Gap. Lagebild zu Gender(un)gleichheiten in der digitalisierten Welt. https://initiatived21.de/uploads/03_Studien-Publikationen/Digital-Gender-Gap/d21_digitalgendergap.pdf

Janneck, M., Vincent-Höper, S., & Ehrhardt, J. (2013). The Computer-Related Self Concept: A Gender-Sensitive Study. *International Journal of Social and Organizational Dynamics in IT, 3*(3), 1–16.

Kasneci et al. (2023). ChatGPT for good? On opportunities and challenges of large language models for education. *Learning and Individual Differences, 103,* 102274. https://www.sciencedirect.com/science/article/pii/S1041608023000195

Kinshuk, Chen, N.-S., Cheng, I.-L., & Chew, S. W. (2016). Evolution is not enough: Revolutionizing current learning environments to smart learning environments. *International Journal of Artificial Intelligence in Education, 26*(2), 561–581.

Knezek, G., & Christensen, R. (2016). Extending the will, skill, tool model of technology integration: adding pedagogy as a new model construct. *Journal of Computing in Higher Education, 28*(3), 307–325. https://doi.org/10.1007/s12528-016-9120-2

Lin, M. PC., Chang, D. H., & Winne, P. H. (2024). A proposed methodology for investigating student-chatbot interaction patterns in giving peer feedback. *Educational Technology Research and Development.* https://doi.org/10.1007/s11423-024-10408-3

Popenici, S. A., & Kerr, S. (2017). Exploring the impact of artificial intelligence on teaching and learning in higher education. *Research and Practice in Technology Enhanced Learning, 12*(1), 22. https://doi.org/10.1186/s41039-017-0062-8

Richter, T., Naumann, J., Horz, H. (2001). Computer Literacy, computerbezogene Einstellungen und Computernutzung bei männlichen und weiblichen Studierenden. In H. Oberquelle, R. Oppermann & J. Krause (Hrsg.), *Mensch & Computer 2001.* Berichte des German Chapter of the ACM, Vol. 55. Vieweg+Teubner. https://doi.org/10.1007/978-3-322-80108-1_9

Romero-Rodríguez, J. M., Ramírez-Montoya, M. S., Buenestado-Fernández, M. et al. (2023). Use of ChatGPT at University as a Tool for Complex Thinking: Students' Perceived Usefulness. *Journal of New Approaches in Educational Research, 12*, 323–339. https://doi.org/10.7821/naer.2023.7.1458

Schleiss et al. (2023). *Künstliche Intelligenz in der Bildung. Drei Zukunftsszenarien und fünf Handlungsfelder* (Diskussionspapier). https://ki-campus.org/sites/default/files/2023-03/2023-03%20Diskussionspapier_KI_Bildung_Zukunftsszenarien_Handlungsfelder_KI-Campus.pdf

Schmohl, T., Watanabe, A., & Schelling, K. (Hrsg.). (2023). *Künstliche Intelligenz in der Hochschulbildung. Chancen und Grenzen des KI-gestützten Lernens und Lehrens.* Transcript. https://www.transcript-verlag.de/978-3-8376-5769-2/kuenstliche-intelligenz-in-der-hochschulbildung/

Sieverding, M., & Koch, S. C. (2009). (Self-)evaluation of computer competence: How gender matters. *Computers & Education, 52*(3), 696–701. https://doi.org/10.1016/j.compedu.2008.11.016

Siddiq, F., & Scherer, R. (2019). Is there a gender gap? A meta-analysis of the gender differences in students' ICT literacy. *Educational Research Review, 27*, 205–217. https://doi.org/10.1016/j.edurev.2019.03.007

Statistik Austria (2023). *Datawarehouse Hochschulbereich.* Bundesministeriums für Bildung, Wissenschaft und Forschung. https://unidata.gv.at

Strzelecki, A., & ElArabawy, S. (2024). Investigation of the moderation effect of gender and study level on the acceptance and use of generative AI by higher education students: Comparative evidence from Poland and Egypt. *British Journal of Educational Technology, 55*(3),1209–1230. https://doi.org/10.1111/bjet.13425

Tulis, M., & Dresel, M. (2018). Emotionales Erleben und dessen Bedeutung für das Lernen aus Fehlern. In G. Hagenauer & T. Hascher (Hrsg.), *Emotionen und Emotionsregulation in Schule und Hochschule* (S. 73–86). Waxmann.

Tulis, M., & Cramer, L. (2024). Einschätzung und Strategien – Ergebnisse aus qualitativen Interviews mit den Rektoraten österreichischer Hochschulen. In G. Brandhofer, O. Gröblinger, T. Jadin, M. Raunig & J. Schindler (Hrsg.), *Von KI lernen, mit KI lehren: Die Zukunft der Hochschulbildung*, Projektbericht (S. 126–190). Forum Neue Medien in der Lehre Austria. https://www.fnma.at/medien/fnma-publikationen

Tulis, M., Kinskofer, F., & Fischer, E. (2024). Quantitative Erhebung zur KI-Nutzung an Hochschulen. In G. Brandhofer, O. Gröblinger, T. Jadin, M. Raunig, & J. Schindler (Hrsg.), *Von KI lernen, mit KI lehren: Die Zukunft der Hochschulbildung*, Projektbericht (S. 76–125). Forum Neue Medien in der Lehre Austria. https://www.fnma.at/medien/fnma-publikationen

Wagner, M., Gössl, A., Pishtari, G., & Ley, T. (2024). Sammlung und Analyse von Strategiepapieren zu KI in der Hochschullehre im deutschsprachigen Raum und von EU-Institutionen. In G. Brandhofer, O. Gröblinger, T. Jadin, M. Raunig & J. Schindler (Hrsg.). *Von KI lernen, mit KI lehren: Die Zukunft der Hochschulbildung* (S. 36–75). Forum Neue Medien in der Lehre Austria. https://www.fnma.at/medien/fnma-publikationen

Wannemacher, K., & Bodmann, L. (2021). *Künstliche Intelligenz an den Hochschulen. Potenziale und Herausforderungen in Forschung, Studium und Lehre sowie Curriculumentwicklung.* https://hochschulforumdigitalisierung.de/sites/default/files/dateien/HFD_AP_59_Kuenstliche_Intelligenz_Hochschulen_HIS-HE.pdf